首届全国教材建设奖　　"十四五"职业教育国家规划教材

设备管理与预防维修

（第3版）

主编　张映红　韦　林　莫翔明

北京理工大学出版社
BEIJING INSTITUTE OF TECHNOLOGY PRESS

内 容 简 介

本书是依托汽车零部件制造企业，以企业调研、岗位工作分析所确定的职业能力为依据，校企合作，共同确立学习内容、设计学习项目，共同开发出的以工作过程导向为模式的教材。

本书是以汽车零部件制造企业生产设备为学习载体，以汽车零部件企业设备管理人员的职业成长经历（设备操作员——设备点检员——设备管理员——设备主管）所对应的设备管理典型工作任务为学习内容，形成"以职业活动为导向，以职业能力为核心"的新型设备管理与预防维修课程教材。

本书可作为高职高专机电设备维修与管理、机电一体化技术、电气自动化技术、数控技术、机械设备与自动化等专业的教材，也可作为从事设备管理和设备点检、维修的工程技术人员的参考用书和培训教材。

版权专有　侵权必究

图书在版编目（CIP）数据

设备管理与预防维修 / 张映红，韦林，莫翔明主编. —3 版. —北京：北京理工大学出版社，2019.9（2024.2重印）
ISBN 978-7-5682-7671-9

Ⅰ. ①设… Ⅱ. ①张…②韦…③莫… Ⅲ. ①企业管理-设备管理-高等学校-教材②企业管理-设备维修制-高等学校-教材 Ⅳ. ①F273.4

中国版本图书馆 CIP 数据核字（2019）第 217137 号

出版发行 /	北京理工大学出版社有限责任公司
社　　址 /	北京市海淀区中关村南大街 5 号
邮　　编 /	100081
电　　话 /	（010）68914775（总编室）
	（010）82562903（教材售后服务热线）
	（010）68944723（其他图书服务热线）
网　　址 /	http://www.bitpress.com.cn
经　　销 /	全国各地新华书店
印　　刷 /	涿州市新华印刷有限公司
开　　本 /	787 毫米×1092 毫米　1/16
印　　张 /	20.5
插　　页 /	5
字　　数 /	485 千字
版　　次 /	2019 年 9 月第 3 版　2024 年 2 月第 6 次印刷
定　　价 /	55.00 元
责任编辑 /	张旭莉
文案编辑 /	张旭莉
责任校对 /	周瑞红
责任印制 /	李志强

图书出现印装质量问题，请拨打售后服务热线，本社负责调换

前　言

本教材基于工作过程重构和序化设备管理课程内容，以汽车制造设备为载体，以不同岗位设备管理真实工作任务为主线，将理论知识和技能训练有机结合到多个任务中去，突出设备管理的实践性，并注重培养学生的应用能力和解决问题的实际工作能力。教材于 2009 年 9 月出版第一版，2015 年 8 月修改出版第二版，至今在教学实施中取得较好的应用效果。

为贯彻落实党的二十大精神，助推中国制造高质量发展，以物联网、人工智能、大数据、云计算为代表的新一代技术快速发展并与制造业加速融合成为汽车及高端制造装备发展的主要趋势。汽车产业电动化、共享化、智能化、网联化的"新四化"是科技创新的重点方向。随着产业的不断升级，汽车制造产业将会从当前半自动化、自动化程度走向未来的无人工厂、智能工厂，产业转型升级和结构调整对技术技能型人才有新要求，机电设备技术类专业人才培养目标也发生变化，也将从当前单一技能的"手上有油的维修工"，走向懂工艺、懂装备、会维修、会管理、善于信息处理的"设备高级管家"。设备管理的知识和方法也不断发展变化，教学的内容也必须适时更新。

本次修订的主要内容有学习情境 1 操作者级的设备预防维修和学习情境 2 维修班级的设备预防维修的内容，增加智能制造装备认知，学习载体的智能化；增加设备维护保养中的信息化、智能化等；对其余工作任务的内容和案例也进行调整、更新和补充；增加大数据、人工智能技术在设备管理中的应用，更新设备故障统计分析、设备状态监测内容。教材采用图文并茂的形式，使其更加通俗易懂，有利于学读者的自主学习。

本次修订向立体化教材发展，增加大量数字化教学资源，配套精品资源共享课课程网站资源（http://course.jingpinke.com）。

本书在修订过程中得到东风柳州汽车有限公司、上汽通用五菱有限公司、柳州柳新汽车冲压件有限公司、广西柳工集团有限公司、广西柳州钢铁集团有限公司、柳州采埃孚机械有限公司、柳州福臻车体实业有限公司等企业支持，还有湖南机电职业技术学院、山东工业职业学院、安庆职业技术学院、商丘职业技术学院、江西工业职业技术学院、泰山职业技术学院、武汉铁路职业技术学院、梧州学院、广西职业技术学院、广西机电职业技术学院、柳州铁道职业技术学院、广西农业职业技术学院等多家院校提出了许多宝贵的建议，在此表示衷心感谢。

参加本书修订工作的主要成员有：柳州职业技术学院张映红、韦林、陈超山、韦华南、谭琛、朱瑞丹、陈胜裕、曾林、黄朝辉；广西方盛实业股份有限公司莫翔明，全书由张映红、韦林、莫翔明担任主编。

由于职业教育的教育教学改革还在不断地深入发展，加之我们水平有限，疏漏之处在所难免，敬请读者批评指正。

目　　录

学习情境 1　操作者级的设备预防维修 1
- 任务 1.1　认识制造企业的设备 1
- 任务 1.2　机电设备日常保养作业 19
- 任务 1.3　机电设备日常点检作业 31

学习情境 2　维修班组级的设备预防维修 42
- 任务 2.1　设备日常巡检作业 42
- 任务 2.2　设备定期点检作业 53
- 任务 2.3　运用诊断方法，提高工作效率 62

学习情境 3　车间级的设备管理 68
- 任务 3.1　编制设备安全操作规程 68
- 任务 3.2　计算与分析设备管理评价指标 79
- 任务 3.3　编制设备点检作业标准和点检表 91
- 任务 3.4　调整车间设备布局 107
- 任务 3.5　绘制车间设备布置图 114
- 任务 3.6　设备运行状态监测 123
- 任务 3.7　设备故障统计分析 136
- 任务 3.8　设备故障分析法运用 152
- 任务 3.9　编制设备维修计划 162
- 任务 3.10　识别和防范设备危险源 176
- 任务 3.11　开展设备"5S"活动 192
- 任务 3.12　开展设备改善活动 209

学习情境 4　企业级的设备管理 222
- 任务 4.1　编制企业设备管理流程图 222
- 任务 4.2　运用设备管理软件管理设备资产、备件 229
- 任务 4.3　编制企业发展设备规划、选型可行性方案 243
- 任务 4.4　编制设备安装、调试方案 250
- 任务 4.5　编制企业设备技术更新、改造流程和管理办法 256
- 任务 4.6　制订 TPM（全员生产维修）管理推行方案 264

附录 A　相关法规资料 274
- 附录 A-1　中华人民共和国安全生产法 274
- 附录 A-2　企业设备管理条例 284

附录 B　设备管理主要考核指标　288

附录 C　各类管理表格　293
- 附录 C-1　岗位需戴劳保用品表　293
- 附录 C-2　冒冷汗记录　294
- 附录 C-3　工伤事故快报与信息传递单　295
- 附录 C-4　月度预防维修率　296
- 附录 C-5　周计划维修率（月累计）　297
- 附录 C-6　故障管理表格汇总　298
- 附录 C-7　_____年重大停故障对策进度管理表　299
- 附录 C-8　润滑成本统计表　300
- 附录 C-9　普通车床日常保养基准表　301
- 附录 C-10　普通车床日常保养流程表　302
- 附录 C-11　设备日常点检作业标准指导书　303
- 附录 C-12　润滑作业标准指导书　304
- 附录 C-13　维修工作单　305
- 附录 C-14　故障分析表　307
- 附录 C-15　故障回顾总结表　308
- 附录 C-16　维修费汇总表　309
- 附录 C-17　设备修理竣工报告单　310
- 附录 C-18　设备更新/改造申请单　311
- 附录 C-19　设备开箱检查入库单　312
- 附录 C-20　设备安装验收移交单　313
- 附录 C-21　设备固定资产卡片（正面）　314
- 附录 C-22　设备台账表　315
- 附录 C-23　设备封存申请单　315
- 附录 C-24　闲置设备明细表　315
- 附录 C-25　设备变动情况季报表　316
- 附录 C-26　备件清单表　317
- 附录 C-27　培训效果跟踪调查表　318
- 附录 C-28　设备交接班记录本　319
- 附录 C-29　设备故障响应预案　320

参考文献　321

学习情境 1

操作者级的设备预防维修

任务 1.1　认识制造企业的设备

[引言]设备是反映企业生产力水平和智能化程度的重要标志。设备是企业生产产品的质量、产量、生产成本、交货期限、能源消耗及人机环境等的物质资料。随着科学技术的迅速发展，企业的设备技术也在不断更新，设备的自动化、信息化、智能化程度越来越高，对企业的生存发展和市场竞争能力已占据着举足轻重的地位。

▶ 学习目标

（1）明确设备的定义、作用、发展趋势。
（2）了解设备在汽车制造行业中的应用。
（3）熟悉机械加工设备的基本结构。
（4）熟悉机械加工设备的分类、型号。
（5）能读懂设备铭牌的信息。
（6）会编制设备台账。

▶ 工作任务

（1）参观汽车零部件制造企业，设备在汽车制造行业中的应用。
（2）编写某制造企业车间或机电工程实训基地设备台账表。
（3）认识一台设备的基本结构。

▶ 知识准备

1. 设备在制造企业中的作用与发展趋势

设备是制造企业的主要生产工具，如图 1-1-1 所示。对于一个国家来说，设备既是发展国民经济的物质技术基础，又是衡量社会发展水平与物质文明程度的重要尺度。

设备是人们在生产或生活上所需的机械、装置和设施等，可供长期使用，并在使用中基本保持原有实物形态的物质资料。在我国，把直接或间接参与改变劳动对象的形态和性质的物质资料看作设备。在国外，把设备定义为"有形固定资产的总称"，它把一切列入固定资产的劳动资料，如土地、主体建筑物（厂房、仓库等）、基础建筑物（水池、码头、围墙、道路等）、机器（工作机械、运输机械等）、装置（容器、蒸馏塔、热交换器等）以及车辆、

图 1-1-1　设备在制造企业中的作用

船舶、工具（工夹具、测试仪器等）等都包含在其中了。因此，设备也是制造企业固定资产的重要组成部分，通常设备的价值占制造企业固定资产总额的 60%~70%，因此，企业的固定资产越大，说明企业发展规模也越大。

工业演进历程如图 1-1-2 所示，不同的工业时代，运用的设备技术不同。在"中国制造 2025"提出：我国从制造大国向制造强国转型，以加快新一代信息技术与制造业深度融合为主线，以智能制造为主攻防线。加快机械、航空、船舶、汽车、轻工、纺织、食品、电子等行业生产设备的智能化改造，提高精准制造、敏捷制造能力，以降低制造企业运营成本，缩短产品制造周期，降低产品不良率。工欲善其事，必先利其器，因此，现代设备发展趋势已从自动化、精密化、高速化、大型化、柔性化、节能化、安全化、环保化等转向数字化、网络化和智能化方向发展。由于行业不同，企业产品不同，企业运用的设备类型也不同，现以汽车制造行业为例，认识机电设备。

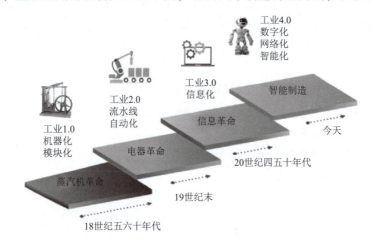

图 1-1-2　工业演进历程

2. 设备在汽车制造行业中的应用

（1）汽车整车制造包括冲压、焊装、涂装和总装四大工艺，因此，生产汽车的设备就是根据汽车整车制造四大工艺进行配置，有冲压自动化生产线设备、车身焊接自动化生产线设备、涂喷自动化生产线设备和整车装配自动化生产线设备四大生产线，如图 1-1-3 所示。其制造流程是，首先经过冲压设备将钢板冲压成车身板件，通过焊接设备连接已经冲压成形

图 1-1-3　汽车整车制造四大工艺运用的设备

的车身板件，再经涂装设备对车身进行喷涂漆处理，最后经总装设备将车身与内饰、底盘、轮胎等装配成整车。

（2）汽车零部件制造的流程是将钢材毛坯、铸造毛坯或锻造毛坯机械加工成汽车零件，再将各种汽车零件装配成汽车变速箱、汽车发动机、驱动桥、底盘、轮胎等汽车零部件总成，最后送汽车整车制造厂进行总装配，如图1-1-4所示。

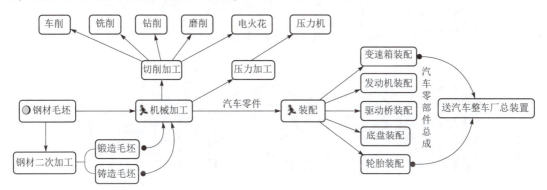

图1-1-4　汽车零部件的制造流程

（3）汽车零部件制造所运用的设备，是从金属原材料生产开始，有炼钢设备、轧钢设备，如图1-1-5所示。还有锻造设备，铸造设备，机械加工设备（车床、铣床、钻床、镗床、磨床、电火花机床、压力机等），装配生产线（汽车变速箱装配生产线、汽车发动机装配生产线、驱动桥装配生产线、底盘装配生产线、轮胎装配生产线等），如图1-1-6所示。

图1-1-5　钢铁厂生产原材料设备

图1-1-6　锻造厂生产锻造毛坯的设备

铸造是将金属原材料加热到熔化成液体，再将熔化的金属水浇铸在砂模中铸型，待其冷却成型后获得具有一定形状、尺寸和性能铸造零件毛坯的成型方法，如图1-1-7所示。

图1-1-7　铸造厂生产铸造毛坯的设备

（4）机械加工是指通过一种机械设备，运用机械力和机械能来切削金属，对工件的外形尺寸或性能进行改变的过程。按加工方式可分为金属切削加工和金属压力加工。

金属切削加工通常包括车削、钻削、铣削、刨削、磨削，其配套设备有车床、钻床、铣床、刨床、磨床，每一类机床又分为数控与普通型，按性能、大小又分为许多种类。每类金属切削加工设备与主要用途，如图1-1-8所示。

另外，可以按汽车零件生产工艺流程，将机械加工设备（车床、铣床、钻床、磨床等）按生产工艺流程将一台一台的数控机床有机的组合起来，但工人需要操作设备和上下料，形成半自动化生产线。其次，将机械加工设备与工业机器人进行系统集成，加工汽车零件时，会自动地由一台数控机床传送到另一台数控机床，并由数控机床自动地进行加工，所有的数控机床设备按统一的节拍运转，高度连续的加工汽车零件，机器人代替工人操作设备和装卸、检验已加工好的汽车零件，从而形成全自动化生产线，如图1-1-9所示。

（5）电火花机床是一种特种电加工设备，是通过电火花的瞬时高温使零件局部的金属熔化、氧化而被腐蚀掉的一种加工方法。因此，电火花线切割机床不受材料性能的限制，可以加工任何硬度、强度、脆性的材料，在现阶段的机械加工中占有很重要的地位。它主要分为电火花线切割机床和电火花成型机床两大类。

电火花线切割机床加工时，是将零件接入脉冲电源正极，采用钼丝或铜丝作为切割金属丝，将金属丝接高频脉冲电源负极作为工具电极，利用火花放电对加工零件进行切割成型（通孔类）。而电火花成型机床加工是在液体（柴油）介质中，通过工具电极（铜或石墨）和零件电极之间的脉冲放电的电蚀作用，在零件上复制出工具电极形状的一种加工方法（型腔类），如图1-1-10所示。

（6）金属压力加工是一种成型加工方法，通常是指冷冲压，是在常温下利用金属在外力作用下所产生的塑性变形，来获得具有一定形状、尺寸和力学性能所需零件的一种加工方法，广泛应用于切断、冲孔、落料、弯曲、铆合和成型等工艺，具有生产效率高等特点。按动力传递形式分，有机械压力机和液压压力机。机械压力机又按驱动滑块机构形式分：有摩擦压力机和曲柄压力机；按床身结构形式分：开式压力机和闭式压力机；按滑块个数形式分，有单点压力机和双点压力机及四点压力机，还有由多台压力机与多个机器人集成，形成冲压自动化生产线压力机设备，如图1-1-11所示。

图1-1-8　金属切削加工设备与用途

图1-1-9　自动化生产线

图 1-1-10　特种电加工设备

图 1-1-11　金属压力机设备

（7）汽车零部件装配线是由输送设备和专业设备构成的有机整体，能充分体现设备的灵活性，它将输送系统、随行夹具和在线专机、检测设备有机的组合，以满足汽车零部件的装配要求。根据汽车零部件总成不同，分为变速箱、发动机、驱动桥、底盘、轮胎等装配线，如图 1-1-12 图所示。

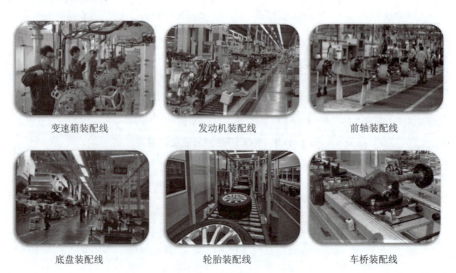

图 1-1-12　汽车零部件各种装配线

（8）工业机器人技术是我国由制造大国向制造强国转变的主要手段和途径，也是实现智能制造的基础。工业机器人是面向工业领域的多关节机械手或多自由度的机器人。它是自动执行工作的机器装置，是靠自身动力和控制能力来实现各种功能的一种机器。它可以接受人类指挥，也可以按照预先编排的程序运行，还可以根据人工智能技术制定原则的纲领行动。

在汽车制造行业中运用工业机器人来代替人做某些单调、频繁和重复的长时间作业，或是危险、恶劣环境下的作业，例如在冲压、压力铸造、热处理、焊接、涂装、机械加工和简单装配等工序上，还可以完成对人体有害物料的搬运或工艺操作。目前运用在汽车整车制造中的工业机器人技术，最常见的有点焊机器人，主要用于汽车整车的焊接工作。弧焊机器人主要应用于各类汽车零部件的焊接生产，涂装焊机器人主要用于汽车整车的油漆工作，移动机器人（AGV）用于汽车整车柔性装配系统物料等搬运工作，如图1-1-13所示。

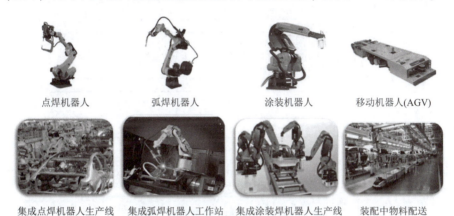

图1-1-13　汽车整车制造运用机器人技术

运用在汽车零部件制造中的工业机器人技术，主要有机床上下料机器人，用机器人代替人员进行机床上下料工作。根据汽车零部件的不同，通过工业机器人配置不同的抓手，可实现各种物料上下件的搬运、生产、装配、检测等功能，如图1-1-14所示。

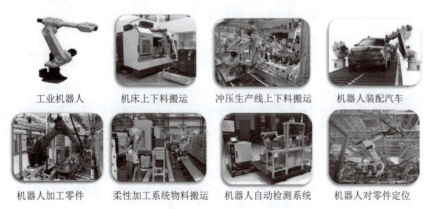

图1-1-14　汽车零部件制造运用机器人技术

3. 机械加工设备的基本结构

机械加工设备种类繁多，其结构也有较大差异，但其基本结构都是一致的。它们都由动力部分、传动部分、电控部分、工作部分、辅助部分五大部分，动力系统、传动系统、电控系统、执行系统、进给系统、变速系统、冷却系统、润滑系统、气动系统、刀具系统、排屑系统、安全防护系统、物料储运及上下料系统等十三个系统组成的。其具体内容如图 1-1-15 所示。

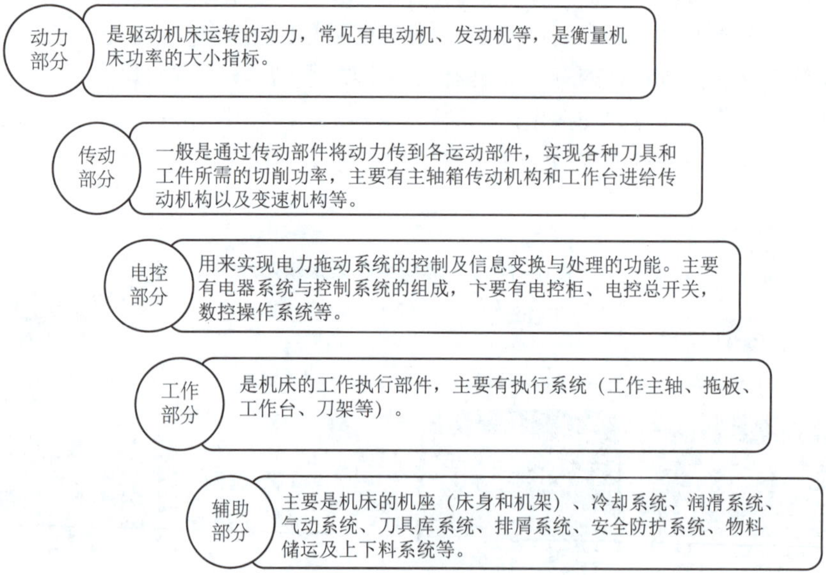

动力部分	是驱动机床运转的动力，常见有电动机、发动机等，是衡量机床功率的大小指标。
传动部分	一般是通过传动部件将动力传到各运动部件，实现各种刀具和工件所需的切削功率，主要有主轴箱传动机构和工作台进给传动机构以及变速机构等。
电控部分	用来实现电力拖动系统的控制及信息变换与处理的功能。主要有电器系统与控制系统的组成，下要有电控柜、电控总开关，数控操作系统等。
工作部分	是机床的工作执行部件，主要有执行系统（工作主轴、拖板、工作台、刀架等）。
辅助部分	主要是机床的机座（床身和机架）、冷却系统、润滑系统、气动系统、刀具库系统、排屑系统、安全防护系统、物料储运及上下料系统等。

图 1-1-15　机械加工设备的基本结构

例 1　写出数控车床的基本结构部分和标出主要零部件名称。

从数控车床的工作原理图 1-1-16 可知，数控车床基本结构是：

动力部分：电动机、Z 轴伺服电机、X 轴伺服电机；
传动部分：皮带轮、主机、X 轴滚珠丝杠、Z 轴滚珠丝杠；
电控部分：电源控制、轴编码器、Z 轴伺服控制、X 轴伺服控制、数控显示器；
工作部分：三爪卡盘、回转刀架、Z 轴导轨、X 轴导轨；
辅助部分：限位保护开关、尾架、床身、润滑系统、冷却系统、限位保护开关。

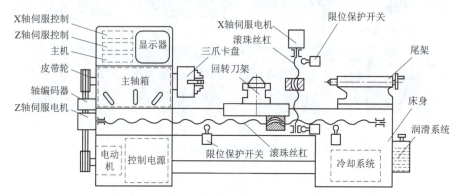

图 1-1-16　数控车床原理示意图

数控车床各部分的零部件名称如图 1-1-17 所示。

图 1-1-17　数控车床基本结构图

例 2　写出数控铣床的基本结构部分和标出主要零部件名称。

动力部分：工作台 X、Y 轴伺服电动机，主轴箱伺服电机；

传动部分：主轴箱 Z、X、Y 轴传动机构等；

工作部分：主轴、工作台等；

电控部分：数控操作面板、电柜、照明灯等；

辅助部分：底座、立柱、拖链、防护板、润滑系统（液压站、润滑油标）、冷却系统（冷却箱、冷却管）。

数控铣床各部分的零部件名称如图 1-1-18 所示。

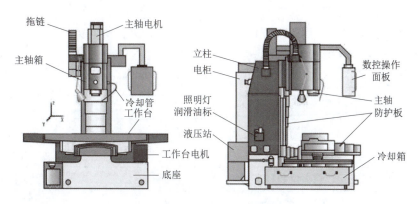

图 1-1-18　数控铣床的基本结构

例 3　写出冲压机的基本结构部分和标出主要零部件名称。

冲压机设备的种类很多，其结构主要也是由动力部分、传动部分、电控部分、工作部分、辅助部分五大部分组成，冲压机各部分主要零部件名称，如图 1-1-19 所示。

主要结构	主要零部件名称
动力部分	电动机
传动部分	传动机构、平衡气缸、连杆/锯牙、飞轮/离合器、凸轮
电控部分	电控箱、操作面板、双手操作台
工作部分	滑块导板、滑块/板、台盘及拉伸孔
辅助部分	机体、模垫（缓冲器）、空气过滤器、光电安全装置、油缸/过载装置

图 1-1-19　冲压机的基本结构

4. 机电设备的分类、型号

（1）机电设备分类。

① 按设备与能源关系分类。通常分为电工设备和机械设备。其中，电工设备又可分为电能发生设备、电能输送设备和电能应用设备；机械设备又可分为机械能发生设备、机械能转换设备和机械能工作设备。

② 按工作类型分类。将设备按工作类型分为 10 个大类，每大类又分 10 个中类，每个中类又分 10 个小类。10 个大类见表 1-1-1。

表 1-1-1　机电设备按工作类型分类

序号	类型	序号	类型
1	金属切削机床	6	工业窑炉
2	锻压设备	7	动力设备
3	仪器仪表	8	电器设备
4	木工、铸造设备	9	专业生产设备
5	起重运输设备	10	其他设备

③ 按设备管理分类。将机电设备分为两大项，即机械设备和动力设备，每大项又分若干个大类，每个大类又分 10 个中类，每个中类又分 10 个小类。大、中类相应类型见表 1-1-2。

表 1-1-2 设备分类与编号

分项	大类别 \ 中类别 \ 编号	0	1	2	3	4	5	6	7	8	9
机械设备	金属切削机床	数控金属切削机床	车床	钻床及镗床	研磨机床	联合及组合机床	齿轮及螺纹加工机床	铣床	刨、插、拉床	切断机床	其他金属切削机床
	锻压设备	数控锻压设备	锻锤	压力机	铸造机	碾压机	冷作机	剪切机	整形机	弹簧加工机	其他冷作设备
	起重运输设备		起重机	卷扬机	传送机械	运输车辆		船舶			其他起重运输设备
	木工、铸造设备		木工机械	铸造设备							
	专业生产用设备		螺钉专用设备	汽车专业设备	轴承专用设备	电线、电缆专业设备	电瓷专业设备	电池专业设备			其他专业设备
	其他机械设备		油漆机械	油处理机械	管用机械	破碎机械	土建机械	材料试验机	精密度量设备		其他专业机械
动力设备	动能发生设备	电站设备	氧气站设备	煤气及保护气体发生设备	乙炔发生设备	空气压缩设备	二氧化碳设备	工业泵	锅炉房设备	操作机械	其他动能发生设备
	电器设备		变压器	高、低压配电设备	变频、高频变流设备	电气检测设备	焊切设备	电气线路	弱电设备	蒸汽及内燃机设备	其他电器设备
	工业炉窑		熔铸炉	加热炉	热处理炉（窑）	干燥炉	溶剂竖炉				其他工业窑炉
	其他动力设备		通风采暖设备	恒温设备	管道	电镀设备及工艺用槽	除尘设备		涂漆设备	容器	其他动力设备

④ 按企业设备管理分类。企业按机电设备使用重要性，分为 A 类、B 类、C 类、D 类四大类，A 类为重要设备，B 类为主要设备，C 类为一般设备，D 类为待处理设备（转产待处理的设备、报废待处理的设备等）。

（2）机电设备的型号表示方法。

机电设备的型号表示方法是以机床产品的代号，来表明机床的类型、通用和结构特性、主要技术参数等。根据国家标准GB/T 15375-94《金属切削机床型号编制方法》规定，我国的机床型号由汉语拼音字母和阿拉伯数字按一定规律组合而成，机械加工设备的型号表示方法如下。

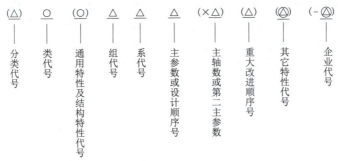

① 有"（）"的代号或数字，当无内容时，不表示，若有内容，则不带扩号；
② 有"○"符号者，为大写的汉语拼音字母；
③ 有"△"符号者，为阿拉伯数字；
④ 有"⊚"符号者，为大写的汉语拼音字母、阿拉伯数字或两者兼有。

a. 机床的类代号：

机床的类代号用汉语拼音字母（大写）表示，位于型号的首位。我国机床为11大类。见表1-1-3。其中如有分类，在类代号前用数字表示区别（第一分类不表示），如第二分类的磨床，在M前加2，写成2M。

表 1-1-3　机床的类代号和分类代号

类别	车床	钻床	镗床	磨床			齿轮加工机床	螺纹加工机床	铣床	刨床	拉床	割床	其他机床
代号	C	Z	T	M	2M	3M	Y	S	X	B	L	G	Q
读音	车	钻	镗	磨	二磨	三磨	牙	丝	铣	刨	拉	割	其

b. 通用特性代号：

当某类型机床，除有普通型式外，还具有表1-1-4所列的通用特性，是在类代号之后，用大写的汉语拼音字母予以表示。如数控车床，在C后面加K；精密车床，在C后面加M。即数控铣床型号为XK＊＊；加工中心型号表达为XH＊＊；高速铣床型号表达为XS＊＊，高速加工中心型号表达为XHS＊＊等。

表 1-1-4　机床通用特性代号

通用特性	高精度	精密	自动	半自动	数控	加工中心（自动换刀）	仿形	轻型	加重型	简式或经济型	柔性加工单元	数显	高速
代号	G	M	Z	B	K	H	F	Q	C	J	R	X	S
读音	高	精密	自	半	控	换	仿	轻	重	简	柔	显	速

c. 机床的组、系划分原则及主要参数：

机床的组、系划分原则是，同一类机床中，主要布局或使用范围基本相同的机床，即为同一组；同一组机床中，其主要参数相同、主要结构及布局形式相同的机床，即为同一系。

d. 机床的组、系代号：是用两位阿拉伯数字表示，位于机床代号或通用特性代号、结构特性代号之后。同一组机床中，其重要参数也是用两位阿拉伯数字表示，见表1-1-5所列。

例如1XK5040，表示数控立式铣床，工作台面宽度为400毫米。其中含义：X—铣床，K—数控，50—立式铣床，40—工作台面宽度为400毫米。

例如2CK6140，表示数控卧式车床，最大回转直径为400毫米。其中含义：C—车床，K—数控，61—卧式车床，40—最大回转直径为400毫米。

表1-1-5 机床组、系代号

机床名称	卧式车床	立式车床	摇臂钻床	台式钻床	立式钻床	外圆磨床	内圆磨床	平面磨床	卧式铣床	立式铣床	牛头刨床	龙门刨床	坐标镗床
组、系代号	61	51	30	40	50	14	21	71	61	50	62	20	41
主参数	最大回转直径	最大车削直径	最大钻孔直径	最大钻孔直径	最大钻孔直径	最大磨削直径	工作台面宽度	工作台面宽度	工作台面宽度	工作台面宽度	最大刨削长度	最大刨削长度	工作台面宽度
第二主参数	最大工件长度	最大工件高度	最大跨距			最大磨削长度	最大磨削深度	工作台面长度	工作台面长度	工作台面长度	最大刨削宽度	最大刨削宽度	

（3）冲压（锻压）机设备的型号。

冲压机型号是由冲压机械名称、主参数、结构特征及工艺用途的代号，由汉语拼音正楷大写字母和阿拉伯数字组成。型号中的汉语拼音字母按其名称读音。冲压机械设备型号表示方法如下：

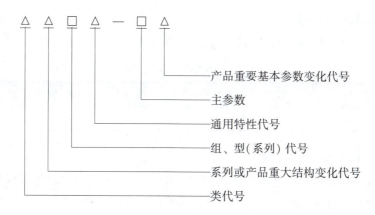

a. 分类及其类代号：

冲压机械分为8类，用汉语拼音字母表示，字母一律用正楷大写。冲压机械的分类及其字母代号见表 1-1-6 所列。

表 1-1-6　锻压机械分类及字母代号

类别	机械压力机	液压机	自动锻压机	锤	锻机	剪切机	弯曲校正机	其他
字母代号	J	Y	Z	C	D	Q	W	T

b. 系列或产品重大结构变化代号：

凡属产品重大结构变化和主要结构不同者，分别用正楷大写字母 A、B、C……区别。位于类代号之后。

c. 锻压机械的组、型（系列）代号及主参数：

在组、型（系列）的划分及型号中，主参数可查国家标准 GB/T 28761-2012《锻压机械型号编制方法》。表 1-1-7 为其中部分内容。

表 1-1-7　锻压机械的组、型代号及主参数表

组	型	锻压机械名称	主参数名称	单位
开式压力机	21	开式固定台压力机	公称力	KN
	22	开式活动台压力机	公称力	KN
	23	开式可倾压力机	公称力	KN
	25	开式双点压力机	公称力	KN
	29	开式底传动压力机	公称力	KN
闭式压力机	31	闭式单点压力机	公称力	KN
	32	闭式单点切边压力机	公称力	KN
	33	闭式侧滑块压力机	主滑块公称力	KN
	36	闭式双点切边压力机	公称力	KN
	37	闭式双点压力机	公称力	KN
	39	闭式四点单动压力机	公称力	KN

d. 通用特性名称与代号：

冲压（锻压）机械的通用特性名称与代号的具体内容，见表 1-1-8 所示

表 1-1-8　通用特性名称及字母代号

通用特性名称	数控	自动	液压	气动	高速	精密
字母代号	K	Z	Y	Q	G	M

e. 产品重要基本参数变化代号：

凡是主参数相同而重要的基本参数不同者，用 A、B、C……字母加以区别，位于主参数之后；凡是次要基本参数略有变化的产品，可不改变其原型号。

例 1　JB39-500A 型号，表示 500 吨闭式四点单动压力机。其中含义：J——机械压力机；B——系列或产品重大结构变化代号；39——闭式四点单动压力机；500——公称力；

A——产品重要基本参数变化代号。

例2 YT25-200C 型号，表示 200 吨开式双点液压机。其中含义：Y——液压压力机；T——系列或产品重大结构变化代号；27——开式双点压力机；2000——公称力；C——产品重要基本参数变化代号。

例3 JN23-100 型号，表示 100 吨开式可倾压力机。其中含义：J——机械压力机；N——系列或产品重大结构变化代号；23——开式可倾压力机；100——公称力。

（4）企业内部机械设备编号。

企业内部机械设备编号是根据机械设备安装的地方、类型、购置时间等因素，而进行设备编号，不同企业有不同的编号方法及规定和要求。如某汽车企业机械设备的编号方法及规定和要求，是将设备的编号分三节：第一节是安装地段或生产线代码；第二节是设备名称代码，以汉语拼音字母表示；第三节是设备顺序号，采用三位数。格式如下：

例如1 CA1-YY-001 表示冲压工段冲压生产线 A1 线，第 001 台油压机。具体含义为：C——冲压工段；A1——冲压生产线 A1 线；YY——油压机，001——第 001 台。

例如2 HS1-XH-012 表示商用车 M31 焊装生产线，第 012 台悬挂点焊机。具体含义为：HS1——焊装商用车 M31 生产线；XH——悬挂点焊，012——第 012 台

（5）企业内部机械设备的分类。

为了更好地管理机械加工设备，根据机械加工设备在生产中所占有重要地位和起关键作用程度，以及在生产线上对均衡生产、产品质量和安全环保等对生产影响大小的因素，将机电设备划分为 A、B、C 三大类：A 类为重点设备，是在生产中占有重要地位和起关键作用的设备，也是重点管理和维修的对象；B 类为主要设备，是直接服务于生产，对生产线影响不是很大的设备；C 类为一般设备，对生产线不产生影响的设备，可实施事后维修。

5. 机电设备的铭牌

每台机电设备及所配电动机，一般都有铭牌。铭牌上有设备名称、型号、规格、生产厂家、生产日期等相关信息。可以让使用者了解设备的名称、型号、电气参数、安全标志、厂名、防爆型式、最高表面温度、检验单位名称、出厂编号、出厂日期等信息。注意每台机电设备都有：本机铭牌+电气数据铭牌+企业管理设备标牌，如图 1-1-20 所示。

6. 设备台账管理

设备台账是为掌握企业设备资产状况，将企业内部的所有设备统计起来，它能反映企业各种类型设备的拥有量、设备分布及其变动情况的主要依据，是企业设备资产管理的一部分。它一般有两种编排形式：一种是设备分类编号台账，它是以《设备统一分类及编号目

机床主机铭牌

机床电气数据铭牌

机床企业内部管理标牌

图 1-1-20　机床上的铭牌类

录》为依据，按类组代号分类，按资产编号顺序排列，便于新增设备的资产编号和分类分型号统计；另一种是按照车间、班组顺序使用单位的设备台账，这种形式便于生产维修计划管理及年终设备资产清点。以上两种设备台账汇总，构成企业设备总台账。

为了便于企业有效地管理设备，而建立企业设备台账，其内容有设备名称、型号规格、购入日期、使用年限、折旧年限、资产编号、使用部门、使用状况等，通常以表格的形式反映出来。每年都需要对设备台账内容更新和盘点，及时掌握企业设备拥有量的变化状况。如某企业车间的设备台账如表 1-1-7 所列。

随着网络技术、信息技术的发展，对设备台账进行信息化、网络化管理，建立设备台账管理系统，实现对企业设备台账的全面动态管理，并与设备管理其他各个业务模块紧密互联，动态更新，打造成一个动态的设备健康档案库，涵盖设备管理全生命周期中的全部信息，如图 1-1-21 所示。设备台账管理系统信息输入介面如图 1-1-22 所示。

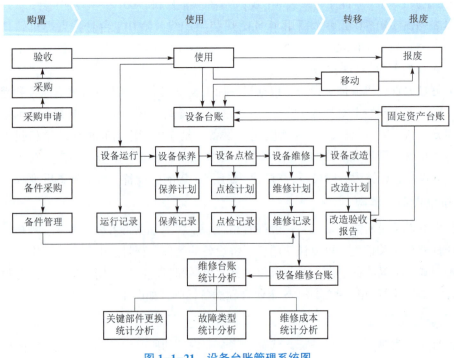

图 1-1-21　设备台账管理系统图

表1-1-7 ××公司一间设备台账

设备序号	设备编号	设备名称	型号规格	出厂编号	电气容量（kW）	制造厂家	进厂年月	安装地点	账面原值（元）	设计年限（年）	设备类型	备注
1	A1-YY-01	油压机	1200T	SY-821007	191	台湾丰煜机器制造公司	1994年1月	冲压工段	5 860 955.3	17	A	
2	C1-YY-04	油压机	1000T	0501#	295	合肥锻压机床有限公司	2005年9月	冲压工段	5 001 258.3	17	A	
3	C01-JY-007	可倾开式压力机	JN23-100	36001	7.5	内江锻压机床厂	1994年3月	冲压工段	191 168	17	B	
4	C1-JY-02	闭式机械压力机	J47-800/1300	9001001	230	济南第二机床厂	1999年5月	冲压工段	5 500 000	17	A	
5	C06-YH-001	直流氩弧焊机	YH-130	Z0012	28	广州长胜焊接设备有限公司	2001年12月	冲压工段	8 654	19	C	
6	C01-FL-001	A组废料线	RX0303.0	04-4-1	183	常熟日新机械有限公司	2004年4月	冲压工段	3 966 200	19	B	
7	C03-JB-001	整平剪板机	NC0603A	530	8	台湾宝兴机械股份有限公司	1994年1月	冲压工段	1 966 200	12	A	
8	C03-PC-002	电动平板车	KPD-25-1	450	6.5	秦皇岛冶金机械有限公司	2006年12月	冲压工段	86 765	15	B	
9	C04-JH-004	交流电焊机	BX3-300-2	75	27.4	北海电焊机厂	1999年2月	冲压工段	6 518	16	C	
10	C-QZ-01	桥式起重机	QD50/10	2005-12-11	120	柳州起重机厂	2006年10月	冲压工段	269 500	19	B	
11	L-QZ-02	单梁吊车	LD-5T/7.5M	T153	4.5	河南矿山起重机厂	2007年1月	冲压工段	7 506	19	B	

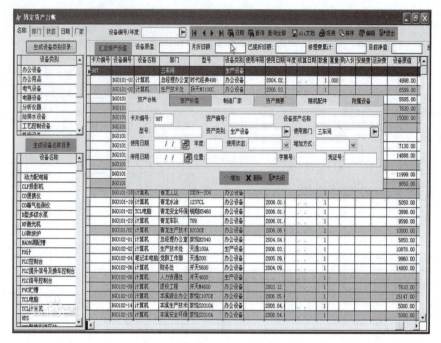

图 1-1-22　设备台账管理系统信息输入介面图

▶ 看一看案例

编制车间机械加工设备台账。

1. 工作准备

（1）学习设备分类、型号、用途等的相关知识。

（2）了解设备台账的基本内容，企业设备台账的标准模式。

（3）电子表格制作设备台账表一份，以便现场采集设备台账信息用。

2. 工具、材料的准备

（1）纸质的设备台账空格表和笔。

（2）计算机电脑（配有常用的电子表工具软件）。

3. 实施

（1）到生产车间（机电实训基地）实际核查设备状况，如设备运行状态、台数、分布位置等。

（2）对照设备现有铭牌，记录设备的基本信息与参数，如设备名称、型号、出厂编号、制造厂家等。

4. 工作检验

根据收集所得到的设备信息，拿到生产车间会同设备技术管理人员一起复查，如发现有设备遗漏，应补充填写，确认无误后，上报车间设备管理部审核查对，最后输入设备台账管理系统内，形成企业的设备台账。

学习情境 1　操作者级的设备预防维修

任务 1.2　机电设备日常保养作业

[引言]　设备的日常保养作业是企业设备维护保养的基础工作，是设备操作者每天工作的内容之一，已形成制度化、规范化、标准化的职业行为。设备操作者必须严格按设备保养作业标准指导书，进行设备的日常保养作业。尤其是当前企业设备不断地更新发展，高精度、高效率、自动化、智能化设备日趋增多，要确保设备正常的运行，更显示出设备日常保养作业的重要性。

◆ 学习目标

(1) 明确机电设备使用管理要求。
(2) 掌握机电设备保养的基本知识
(3) 掌握机电设备润滑管理的基本常识。
(4) 认识机床日常保养作业标准。
(5) 会进行机床的日常保养作业。

◆ 工作任务

能进行机床日常保养作业。

◆ 知识准备

1. 机电设备使用管理

为了保证设备操作人员正确使用和规范维护保养设备，发挥设备的工作效率，控制设备技术状态变化和延缓设备工作性能下降，减少和避免由于设备操作上出现问题而造成设备出现突发性故障。因此，企业需要进行机电设备使用管理。

(1) 岗前设备操作培训。

设备操作员在独立使用设备前，必须经过对设备结构、性能、安全操作、维护保养等方面的技术基础理论和实际操作技能的培训学习，经考核合格后，才能上岗操作设备进行作业。

特种设备操作证，操作者必须到指定的国家培训机构参加培训并考试，合格后，由国家安监总局核发，才能进行相关设备的操作，并将特种设备操作证报送企业设备科备案。而普通设备操作证，是由企业自行培训考试，合格后，由企业设备管理部门核发，才能进行设备的操作。

(2) 凭证操作设备。

凭证操作是保证设备操作人员安全使用、维护保养设备的基本条件。所有操作设备人员必须按规定凭证上岗操作设备，无证操作设备要负法律责任。

设备操作证是准许操作人员独立使用设备的证明文件，也是表明该员工具备了操作该设备的能力证明。凭证操作设备是企业确保员工安全使用、规范维护保养设备的基本要求。

设备操作证分特种操作证和普通操作证。颁发证件有国家级、企业级两种。而特种操作证，是由国家应急管理部统一式样、标准及编号，由国家安监总局考核并发证。设备操作证颁发表情况见表1-2-1。

表1-2-1 设备操作证颁发表

设备操作证	颁发单位	设备类型
特种操作证	国家安监总局	锅炉、压力容器、压力管道、电梯、起重机械、电工作业、焊接与热切割、高处作业等
普通操作证	企业设备管理部	除特种作业或特种设备外，如机械加工设备等

（3）定人定机制度。

定人定机制度是为了保证设备正常运行，延长设备的使用寿命，对操作设备人员严格岗位责任，规范操作秩序，落实日常维护保养工作，确保安全使用设备进行生产而制订的。

机械加工设备操作是按规定配备足够的工作人员，贯彻"谁使用，谁管理"的原则。设备操作人员必须自觉遵守定人定机制度。

（4）设备安全操作规程。

设备安全操作规程是根据设备使用、维护说明书和生产工艺要求制定，是用来指导操作者正确使用和规范维护保养设备的法规性文件。如违反安全操作规程，会发生设备故障，造成安全事故和人员伤亡，给国家、企业带来财产的损失，给家人和自己带来巨大的痛苦。因此，必须严格遵守设备的安全操作规程，才能发挥设备的效能，为企业创造出经济效益。

（5）实施交接班管理制度。

只要企业是实行两班及以上工作制度，设备操作人员就要执行交接班管理制度。上一班操作人员在下班前首先完成对设备的日常保养，然后将本班设备的运行情况、故障及维修情况等记录在"交接班记录表"上，并向下一班接班人介绍设备运行情况，并且当面检查设备，交接班后在交接班记录表上签名，交班人方可离岗，接班人方可上岗。

如果上一班设备操作者不能面对面与下一班交接，那么，交班人可做好设备的日常维护保养，并将设备的运行情况、故障及维修情况等记录在"交接班记录表"后，交本班负责人签字代表，才能离开。

下一班接班人员如果发现设备有异常现象，而且交班记录不明确，或者设备未按规范维护保养，即可拒绝接班。如果交接班不明确，接班人接班后发生的设备问题或事故，那么就要由接班人负责了。

设备交接班的主要内容是"四项标准"，达不到标准，可以不接班。"四项标准"即第一项：设备的风、气、水、油不漏。第二项：设备油路畅通、油质良好。第三项：设备清洁、螺丝不松。第四项：设备工具、附件等清洁完整。"四项标准"又总结为"十交五不接"。

"十交"是：交任务、交原料、交操作、交指标、交质量、交问题、交经验、交工具、交记录、交安全与卫生。

"五不接"是：设备润滑不好不接，工器具不全不接，操作情况没交代清楚不接，记录不好不接，卫生不好不接。为了高效的进行设备交接班，各企业编制了《设备交接表》，样式也各式各样，但基本内容不变。

（6）设备维护保养管理制度。

设备操作工必须对设备做到"三好""四会"的要求。如表1-2-2和表1-2-3所示。

表 1-2-2 设备使用的"三好"

管好	管好自己所使用的设备,未经允许,不准其他人员操作和使用设备,也不能乱用别人的设备,不得随意改动设备功能和结构。管好工具、附件,不丢失损坏,放置整齐,安全防护装置齐全,线路、管道完整
用好	遵守设备安全操作规程和维护保养标准,设备不带病运转,不超负荷使用,不大机小用、精机粗用;安全文明使用设备,防止设备事故发生
修好	做好设备日常维护保养工作,配合设备维修人员进行设备维护与维修工作,同时要提供设备在使用过程中的相关信息和技术状态,及时排除设备故障

表 1-2-3 设备操作员的"四会"

会使用	熟悉设备基本结构,掌握设备的技术性能和操作方法,懂得加工工艺,正确使用设备
会维护	会按设备维护保养作业标准进行日常保养工作,细心检查设备、认真清扫,保持设备内外清洁、整齐、完好,能正确地按设备润滑图表规定加油、换油,保持油路畅通
会检查	熟悉自己所操作设备的日常点检要求,设备完好标准,能规范地进行设备日常点检作业,学会查找设备隐患
会排故	熟悉自己所使用设备的特点,能鉴别设备的正常与异常现象和状态,会进行设备的简单调整和故障的排除,协同和配合设备维修人员排除设备故障

2. 机电设备保养的基本知识

(1)机电设备保养概论。

根据国际设备故障数据统计分析,如图 1-2-1 所示,造成设备故障最高的因素是设备清洁与紧固,占设备故障的 40%,其次是设备润滑不良故障,占设备故障的 13%。因此,设备在投入使用时就实施设备的保养工作,对保持设备完好性、充分发挥设备效能、减少设备磨损和故障、提高企业生产效率和质量具有极其重要的意义。企业积极开展设备自主保全活动,让员工参与机电设备的保养工作,是以设备操作员为主,设备维修员、设备技术人员为辅而开展的全员设备保养工作。

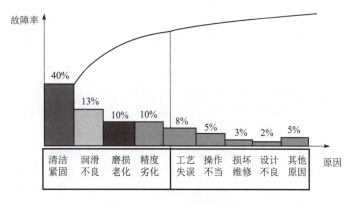

图 1-2-1 设备故障统计图

机电设备在开始使用后,设备就会发生磨损,随着时间的推移,设备性能会逐步下降,下

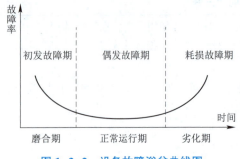

图 1-2-2　设备故障浴盆曲线图

降到一定程度，设备就会发生故障。设备的磨损与故障的发生变化规律为浴盆曲线，如图 1-2-2 所示。从图中可知，设备磨损和发生故障分为三个阶段，不同时间段，设备磨损和发生故障也不同，因此，积极采取不同阶段的设备维护保养管理工作（见表 1-2-4），正确地操作使用设备、认真地维护保养设备、进行设备的状态监测、科学地修理改造、保持设备处于良好的技术状态，才能保证企业设备生产连续、稳定地运行。

表 1-2-4　不同阶段设备保养管理工作

阶段	设备磨损	设备故障	故障特点	设备维护保养管理
第一阶段	磨合期	初发故障期	故障率较高	正确使用设备、做好设备日常保养工作
第二阶段	正常运行期	偶发故障期	故障率较低	做好设备日常保养与定期保养工作
第三阶段	劣化期	耗损故障期	故障率较高	加强设备日常保养与设备更新或改造工作

机电设备保养的作用：使设备达到完好标准，提高和巩固设备完好率，保障设备的正常运行，减少设备磨损，消除隐患，延长设备使用寿命。

（2）机电设备保养类型。

设备保养根据时间、保养内容、人员等因素分为三大类：日常保养、定期保养和专业保养，具体内容见表 1-2-5。

表 1-2-5　设备保养类型

保养类别		保养时间	责任人	保养内容	保养特点
日常保养	日保	每班 10-20 分钟	以操作人员为主，维修人员为辅	下班前清扫设备内外铁削，保持设备周围工作地面无油污、无垃圾等杂物。润滑设备运动部件和各注油孔位加油。紧固设备的连接件松动，防止脱落。如弹簧、皮带、螺栓、制动器及限位器等的紧固和调整。工夹具按"5S"定置摆放整齐	不拆卸设备
	周保	每周 1-2 小时		完成日保内容外，擦净设备无黄袍、无锈蚀。检查操纵传动有无松动部位，调整配合间隙。清洗润滑系统中油线、油毡、滤油器、油箱添加油或换油。检查液压系统油质清洁、有无渗漏、研伤等。更换冷却液，检查管路有无破损。擦拭电气柜或电机、蛇皮管表面，检查绝缘、接地、达到完整、清洁、可靠等项目	

续表

保养类别	保养时间	责任人	保养内容	保养特点
定期保养	每次4-8小时	以维修工为主，操作工为辅。	拆装部分防护罩和部件，擦试设备内外，检查、调整设备各运动部位的配合间隙，更换易损件。检查设备油路，增加需要的油量。清洗设备的各过滤装置，并检查各部位的压力表校验时间，如需要则进行校验。更换冷却液并清洗冷却液装置。按规范清洗设备的各滑动表面，紧固设备各个运动部位。清扫、检查、调整设备电气线路和电气装置	拆卸设备局部
专业保养	每次1周-几周	以设备技术人员为主，维修工为辅	列入设备的检修计划。对设备进行部分或全部解体检查和修理，更换或修复磨损件，清洗、换油，检查修理电气部分，局部或全部恢复设备精度、功能、安全性，满足加工零件的基本要求	部分或全部解体设备

设备日常保养内容可简单归纳为八个字，即清扫、润滑、紧固、调整。

3. 机电设备润滑管理的基本常识

设备润滑是防止和延缓零件磨损和其他形式失效的重要手段之一，对保持设备完好并充分发挥设备效能、减少设备事故和故障、提高企业经济效益和社会经济效益都有着极其重要的意义。因此，搞好设备的润滑工作是设备操作员进行设备维护保养工作中的重要环节。

（1）机电设备润滑管理概论。

对设备运行机械的摩擦表面供给需要的润滑油，从而使机械摩擦面之间化成润滑膜，减少设备运行机械的相互摩擦而产生的磨损。这种变干摩擦为润滑剂分子之间的摩擦，降低设备运行机械的磨损，延长设备使用寿命的技术称为设备润滑。

设备润滑管理是指对企业设备的润滑工作，进行全面合理的组织和监督，按技术规范的要求，实现设备的合理润滑和节约用油，使设备正常安全的运行。

设备润滑管理贯穿于设备的全寿命周期，它是一项系统工程，具体内容包括物质管理和技术管理两个方面：物质管理是指润滑剂的采购、运输、库存、发放和废油处置等方面的工作；技术管理是指润滑剂的选用、维护、分析检测、润滑故障的分析处理等方面的工作。

设备润滑管理的目的是采用科学管理的手段，按照技术规范的要求，正确选用各类润滑材料，并按规定的润滑时间、部位、数量进行润滑设备，防止设备机械摩擦副异常磨损，防止润滑剂污染、泄漏，降低设备润滑故障的发生，提高设备的运行可靠性，节省设备维护修理费用、降低能源消耗。

（2）设备润滑管理的方法。

设备润滑管理的"六定""三过滤""三要素"，是把日常设备润滑技术管理工作科学化、规范化、标准化,确保搞好设备润滑工作的有效方法。它是按照设备润滑技术规范的要求,实现设备的合理润滑,并且降低能耗、节约用油及润滑材料,保证设备正常、安全地运行。

① 设备润滑的"六定"管理。

设备润滑"六定"管理是指定点、定质、定量、定时、定人、定法,具体内容见表1-2-6。

表1-2-6 设备润滑"六定"管理

六定	内容
定人	规定对每台设备进行润滑的负责人,确定责任人的职责
定时	规定设备加油、换油的时间,确定润滑油加换时间
定点	规定设备润滑部位、名称、加润滑油点数,确定润滑到位,如图1-2-3所示
定质	规定设备每个润滑加油点所加润滑油的种类、名称,确定油品质量
定量	规定设备润滑油每次加、换油的数量,确定润滑油的数量
定法	规定设备润滑油的注油方法,取得最佳润滑效果,确定注油方法

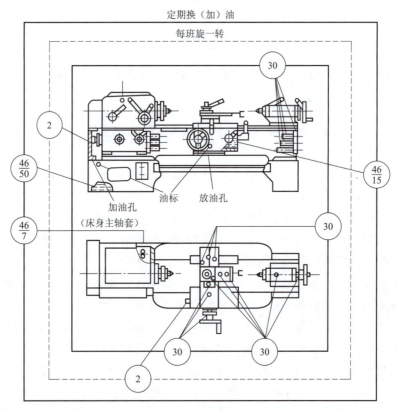

图1-2-3 机床润滑点

设备换油期的长短,应参考设备出厂说明书并结合实际使用情况来确定。

② 设备润滑油的"三过滤"和油品"三要素"管理。

设备润滑油的"三过滤"是指入库过滤、发放过滤、加油过滤,具体内容见表1-2-7。

表 1-2-7 设备润滑"三过滤"管理

级别	内容
入库过滤	入库润滑油要进行第一遍过滤存放，过滤掉生产、运输过程中产生的水分和机械杂质
发放过滤	领用润滑油时要进行第二遍过滤，过滤存放过程中产生的水分、杂质
加油过滤	向设备上加润滑油时要进行第三遍过滤，过滤运输过程中和前两遍没有过滤掉的水分和机械杂质

合格油品到设备加注点前必须经过三次以上不同目数滤网，如图 1-2-4 所示。

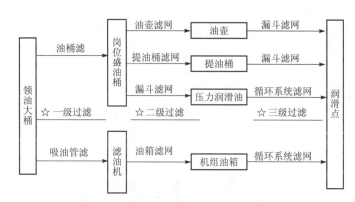

图 1-2-4 设备润滑管理的"三过滤"

润滑油品选用"三要素"管理，具体内容见表 1-2-8。

表 1-2-8 设备润滑油选用"三要素"

三要素	内容
要素一	根据设备结构、特点和实际工况选用润滑油品
要素二	设备生产厂商说明书中指定或推荐选用的润滑油品
要素三	润滑油生产厂商推荐选用的润滑油品

③ 编制设备润滑作业标准指导书。

根据设备润滑图表标明设备润滑部位、油品牌号、加油量及时间间隔等因素，即设备润滑的"六定"，编制润滑作业标准指导书如图 1-2-5 所示，设备日常润滑技术管理工作的科学化、规范化、标准化，是提高设备润滑工作的有效方法之一。

(3) 设备润滑剂的分类与牌号。

润滑剂一般是分馏石油的产物，也有从动植物油中提炼的，一般为不易挥发的油状润滑剂。是用在各种类型机械设备上以减少摩擦，保护机械设备及加工件的液体润滑剂。

润滑剂在机电设备中主要起润滑、冷却、防锈、清洁、密封和缓冲、传递动力的作用。

润滑剂分为气体的（喷雾润滑）、液体的（油液润滑）、半液体的（油脂润滑）及固体的（二硫化钼、石墨、聚四氟乙烯润滑）四种类型，如图 1-2-6 所示，目前常用的有液体润滑剂（润滑油）和半液体的润滑剂（润滑油脂）两种。

图片	作业内容			
 油塞 视镜	润滑部位	油类	油量	加油周期
	灌装机传动蜗轮箱	美孚629	视镜1/2	每季
	图中所示的蜗轮箱加油时,将加油管上的油塞松下,装上加油漏斗。注入美孚629齿轮油,加至油视镜的1/2即止,然后将油塞装回旋紧。			
加油油塞 排油油塞	润滑部位	油类	油量	加油周期
	压盖机传动蜗轮箱	美孚629	视镜1/2	每季
	图中压盖机蜗轮箱加油时,将加油管上的油塞松下,装上加油漏斗。注入美孚629齿轮油,加至油视镜的1/2即止,然后将油塞装回旋紧。			

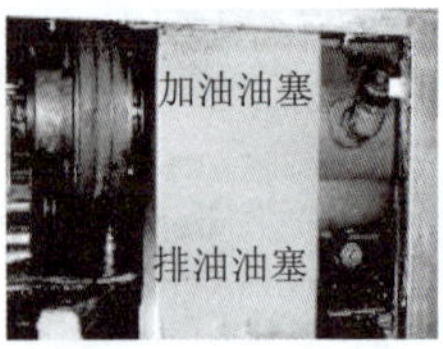

图 1-2-5 润滑作业标准指导书

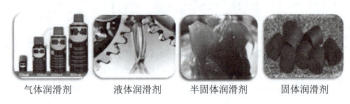

气体润滑剂　　液体润滑剂　　半固体润滑剂　　固体润滑剂

图 1-2-6 润滑剂的四种类型

① 常用的液体润滑剂（润滑油）种类、牌号、用途如表 1-2-9 所列。具体选用都是根据设备说明书用油规定,选用不同牌号的油。

表 1-2-9　常用的液体润滑油

种类	牌号	应用
液压油	L-HN 32 L-HN46 L-HN68	机械设备的液压系统、机械压力机的润滑系统、液压系统用油
工业闭式齿轮油	L-CKB100 L-CKB150 L-CKB220 L-CKB320	机床齿轮传动装置包括涡轮蜗杆副的专用润滑油,用于闭式齿轮、轴承的润滑、链条传动等润滑作用,以及桥式起重机的齿轮减速箱等的润滑作用
工业开式齿轮油	L-CKH 100 L-CKH 150 L-CKH 220 L-CKH 320	特大型齿轮传动装置的润滑作用,如炼钢厂的型混料机、大型锻造机的传动装置润滑。以及机械设备齿轮直径较大的场合下,传动装置的润滑作用

续表

种类	牌号	应用
导轨油	32号、46号、68号	适用于润滑各种精密机床导轨、密封齿轮、拖板、定位器等滑动部位。以及冲击振动摩擦点,尤其是工作台导轨。以及液压电梯、升降机的润滑

② 常用半液体的润滑剂(润滑脂)的种类、牌号及用途如表 1-2-10 所示。

表 1-2-10　常用的半液体润滑脂

种类	牌号	应用
钙基润滑脂	ZG-1、ZG-2	适合于中、低负荷机械设备的润滑:如中小电机、水泵、鼓风机的润滑
钠基润滑脂	2N-2、2N-3	机械设备中不接触水而温度较高,中低负荷的摩擦部位的润滑,使用温度 120℃~135℃以下
铝基润滑脂	ZU-2	耐水性好,适用于较潮湿、工作温度<50℃的机械摩擦部位的润滑
锂基润滑脂	ZL-1、ZL-2、ZL-3	适用于潮湿环境、较大温度变化范围、高转速、高荷载摩擦副的润滑,广泛用于各种电动机、齿轮等的润滑

③ 常用润滑剂的存储和取用。

润滑剂购买后,通常有三种存储取用方式,即润滑剂仓库集中存储,车间润滑剂存储站,生产区域润滑剂发放点,如图 1-2-7 所示。每种润滑剂应有专用容器,并在容器上注明所盛的润滑剂名称、牌号。不宜将润滑油(脂)长久储存于过热或过冷的地方,并做好安全防火措施。润滑脂在发放点取用后将桶盖盖紧。

润滑油存储库

润滑油存储站

润滑油分发点

润滑脂存储库

润滑脂存储站

润滑脂分发点

图 1-2-7　润滑油(脂)存储方式

④ 设备润滑常用工具。

设备每天都要进行润滑，需要一定的工具进行设备润滑保养工作，对于汽车制造行常用的润滑工具有油壶、油枪、加油车等，如图1-2-8所示。

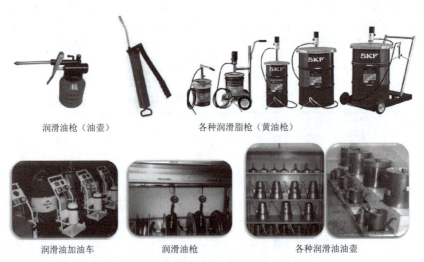

图1-2-8 常用的润滑工具

4. 机床日常保养作业方法

通过清扫、润滑、紧固等一般方法，每天每班后对机床进行保养，以保持机床的工作性能和技术状况正常，称为机床日常保养作业。

掌握机床日常保养作业方法，是为了科学化、规范化、标准化的进行机床日常保养工作，高效率的实施机床日常保养作业。首先，制订和建立机床日常保养管理考核制度，激励员工自主维护保养设备，奖罚分明。其次，制订机床日常保养工作流程，如图1-2-9所示，机床日常保养的顺序、出现问题如何处理等，让员工一目了然，以提高机床日常保养工作效率。第三，编制《机床日常保养作业标准》。例如《数控铣床日常保养作业标

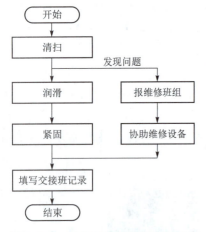

图1-2-9 设备日常保养作业流程图

准指导书》见图1-2-10所示，具体根据机床种类、型号及实际使用情况，并参照机床使用说明书要求制订。让新老员工都按统一的标准进行机床日常保养工作，避免出现遗漏项目或错误等问题，规范机床日常保养工作行为。

另外，在机电设备日常保养作业中，需要用到一些工具。正确合理地使用这些工具，有利于提高设备保养的工作效率。常用的工具主要有清洁用类工具，如图1-2-11所示；润滑类工具（前面已介绍），如图1-2-6所示；紧固类工具和个人防护用品类工具，如图1-2-12所示。

数控铣床日常保养作业标准指导书					
设备名称	数控铣机床	设备编号	088-1	设备规格	ZW6050

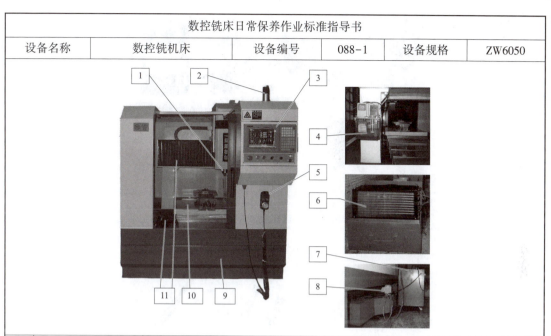

序号	部位	基准	作业方法	周期
1	主轴	清洁、润滑	用棉纱沾湿擦拭，涂油	
2	指示灯、照明灯	灯亮	手动开关、目视灯	
3	数控操作面板	各按键无损坏，各轴回归零点、无灰尘	班后用干毛巾擦拭操作面板，工作结束前，应将各轴回归零点后停机。	
4	润滑油箱、油管	油量保持在上下限之间、无滴漏	目视，不足则添加润滑油，滴漏则用扳手扭紧管接	
5	操作手轮	完好无损	手动检查、目视	
6	散热片	清洁、无灰尘	用毛刷清扫	每班
7	电气柜	无积尘	目视，柜门常闭、用干毛巾擦拭	
8	冷却水泵和管、冷却液	泵无损坏、管畅通、无漏水、冷却液无锈	目视泵、管、液，无漏水，冷却液杂质太多则更换，管异常则用高压气枪通气，	
9	机床底座、排屑器	机床外观表面清洁、无污渍、机床周围无漏水、漏油漏气、排屑器正常工作	目视，开机检查排屑器，班后先用清洗液兑水（清洗液兑水比例为1/10），然后用棉纱沾湿清洗液擦拭机床所有的油漆面部位，从上到下（内到外）擦拭。	
10	工作台面、虎钳	无铁屑、杂乱异物、润滑	用毛刷清扫铁屑，用棉纱沾湿擦拭，涂油。	
11	丝杆罩、导轨罩	无铁屑、杂乱异物、积尘	用毛刷清扫铁屑，用干棉纱擦拭	

图 1-2-10 数控铣床保养作业标准

图 1-2-11　清洁类工具

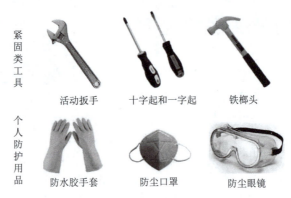

图 1-2-12　紧固类工具和个人防护用品类

5. 设备的日常保养作业步骤

设备的日常保养作业主要依据《设备日常保养作业标准》进行。《设备日常保养作业标准》是指导操作者进行设备保养工作的指导性文件。每个企业因设备类型不同，编制的《设备保养作业标准书》方法或格式也各不相同，但工作内容与要求是相同的，即清扫、润滑、紧固。机床的日常保养作业基本步骤：

第一步，认识机床的基本结构和功能。

第二步，准备好机床日常保养所需要的四大类工具。

第三步，依据《机床日常保养作业标准》内容与要求，逐项进行作业。

第四步，机床日常保养作业完成后，将所有工具按"5S"管理的定置归位。

第五步，填写《交接班记录》表。

≫ 看一看案例

进行数控铣床日常保养作业。

1. 工作准备

（1）熟悉数控铣床的基本结构，认识数控铣床的润滑系统、液压系统、气动系统、冷却系统、传动系统、数控系统、电控系统等，看懂机床润滑加油图等。

(2) 熟悉《数控铣床日常保养作业标准书》的项目、内容与要求，如图 1-2-8 所示。

2．工具、材料的准备

（1）清洁工具：扫帚、铲子、刷子、棉纱、毛巾、清洁剂等。

（2）润滑工具：油壶、油枪。

（3）紧固工具：起子、活动扳手。

（4）个人防护用品：工作服、防水胶手套。

3．实施

（1）下班前，按《数控铣床日常保养作业标准书》中的项目、内容、方法等，数控铣床进行日常保养工作。

（2）机床日常保养作业完成后，将所有工具按"5S"管理的定置归位。

（3）填写《交接班记录》表。

4．工作检验

要达到《数控铣床日常保养作业标准书》的保养标准。

任务 1.3　机电设备日常点检作业

[引言] 设备日常点检作业是企业生产现场设备维护保养最基础的作业之一，是设备操作人员根据设备日常点检作业标准，对设备的关键部位进行技术状态检查和监视，掌握设备在运行中的状态，及时发现设备异常，防患于未然，保证设备正常运转。同时，开展自主保全活动，树立自己操作的设备自己维护的观念，按规范化、标准化进行作业，养成良好的职业习惯，不断提高自身职业素质 。

学习目标

（1）掌握机电设备点检的基本知识。
（2）读懂机电设备日常点检作业标准。
（3）会机电设备日常点检作业。
（4）读懂机电设备日常点检表。
（5）会填写机电设备日常点检表。

工作任务

机电设备日常点检作业 。

知识准备

1．机电设备点检的基本知识

（1）设备点检由来与发展。

现代企业必须依靠设备来进行生产，而现代化的设备不仅需要巨大的投资，而且一旦停产会造成巨大的损失，加以资源的不足和市场竞争的需要，二者都对设备管理提出更高的要求，要求提高设备的综合效率；要求企业全员都来参加设备维修工作，以实现设备"零故障"，如图1-3-1所示。为此，设备管理引入了人类健康管理预防医学方法即日常自我保养，定期体检诊断、确诊早期治疗。建立"查找设备隐患"的设备点检队伍，利用检查手段，对设备实行预防维修，及时发现设备隐患，在发生设备故障之前，有计划将设备隐患修复，将设备故障消灭在萌芽之中，以实现设备"零故障"的目标。如图1-3-2所示。

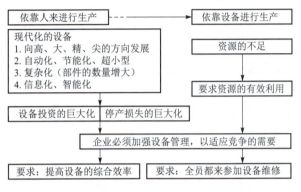

图1-3-1 设备发展需求

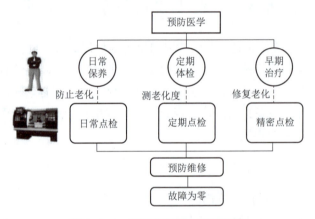

图1-3-2 设备管理引入预防医学

（2）机电设备点检的定义、目的。

设备点检就是为了维持生产设备的原有性能，通过人的五感（视、听、嗅、触、摸）或简单的工具、仪器，按照预先设定的周期和方法，对设备上的规定部位（点）进行有无异常的预防性周密检查的过程，以使设备的隐患和缺陷能够得到早期发现、早期预防、早期处理，这样的设备检查称为设备点检。

设备点检是企业生产车间设备管理的一项基本制度，设备点检是一种预防性检查。目的是通过点检准确掌握设备技术状况，维持和改善设备工作性能，预防故障发生，减少停机时间，延长设备寿命，降低维修费用，提高设备的综合效率，保证正常生产。同时，改变设备人员的意识，按规范化、标准化进行作业，养成良好职业行为，学会解决问题的能力，树立自己操作的设备要自己维护的观念，以母亲照顾婴儿的立场来看护设备，如图1-3-3所示，成为一位设备意识强烈的操作者。设备点检制不仅仅是一种检查方式，而且是一种制度和管理方法。

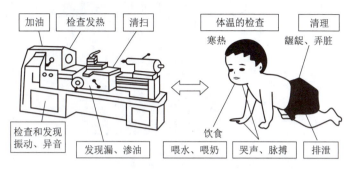

图 1-3-3　以母亲照顾婴儿的立场来看护设备

（3）机电设备点检的分类与方法。

根据设备点检的种类、方式、周期可分为如图 1-3-4 所示类型，每类所对应的点检方法也不同。通常我们都是按设备点检周期来分类，即日常点检、定期点检、精密点检三大类。

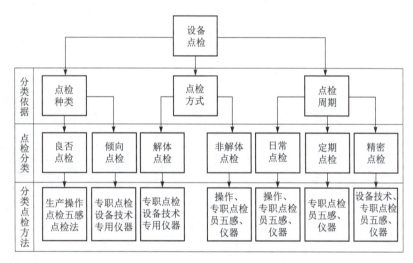

图 1-3-4　设备点检分类与点检方法

这三大类的设备点检人员岗位、工作内容也不同，岗位生产人员（设备操作人员）负责日常点检、设备点检人员（专职点检员）负责定期点检、设备专业技术人员（设备技术专职点检员）负责精密点检，形成设备"三位一体"点检制，如图 1-3-5 所示。

具体的日常点检、定期点检及精密点检的主要工作如图 1-3-6 所示和见表 1-3-1 所列。设备点检管理重点是尖端设备、关键设备、大型设备、精密设备及产品主作业生产线（大批量生产线）上的设备。

图 1-3-5　三位一体点检制

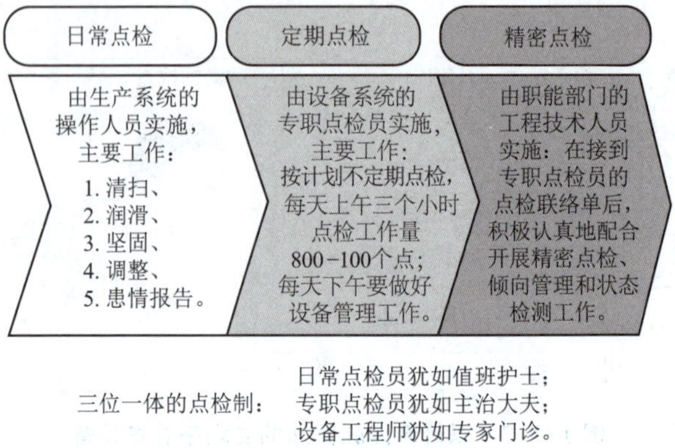

```
┌─────────┐  ┌─────────┐  ┌─────────┐
│ 日常点检 │  │ 定期点检 │  │ 精密点检 │
└─────────┘  └─────────┘  └─────────┘
```

由生产系统的操作人员实施，主要工作： 1. 清扫、 2. 润滑、 3. 坚固、 4. 调整、 5. 患情报告。	由设备系统的专职点检员实施，主要工作：按计划不定期点检，每天上午三个小时点检工作量800-100个点；每天下午要做好设备管理工作。	由职能部门的工程技术人员实施；在接到专职点检员的点检联络单后，积极认真地配合开展精密点检、倾向管理和状态检测工作。

三位一体的点检制：日常点检员犹如值班护士；
专职点检员犹如主治大夫；
设备工程师犹如专家门诊。

图 1-3-6 设备点检分工内容

表 1-3-1 设备点检分工内容

种类	检查方法	设备对象	责任人	周期	检查内容
日常点检	无需解体，主要凭五官感觉来检查	关键设备、大型设备、精密设备的单台设备	设备操作员	每天每班 10－20 分钟	设备运转前后或运转中的检查，即振动、温升、磨损、异响、松动、漏水、气、油、润滑状态等
定期点检	无需解体，凭五官及简单仪器进行检查	产品主作业生产线	专职点检员	按维护保养计划而定，通常为 0.5 天-1 天	设备运行前检查振动、温升、磨损、异响、松动、漏水、气、油、润滑状态等
定期点检	局部解体或循环维修的方法，或用仪器、仪表测试等方法	单台设备或产品主作业生产线	专职点检员	按设备维护保养计划定，通常为 1 天-1 周	传动机构、进给机构、润滑系统、冷却系统等检查、清扫、紧固、调整
精密点检	设备全部解体，使用特殊仪器、仪表或特殊方法进行各种测试、试验	单台设备或产品主作业生产线	设备专业技术员	按设备大修计划及委托计划而定，通常 1 周-几个月	定量检测有关机械量物理、成分分析，探伤、失效分析等，判断劣化程度，进而修复，恢复设备的精度、性能、可靠性

2. 机电设备日常点检作业

机电设备日常点检作业是指岗位生产人员（设备操作人员），每天根据机电设备日常点检标准书，对重要设备关键部位的声响、振动、温度、油压等运行状况，通过人的五感进行的检查，并将检查结果记录在设备点检表中的工作。

（1）设备点检的五感法。

设备点检的五感法是指通过人的五感"视、听、嗅、味、触"的感觉，对设备的振动、异声、湿度、压力；联接部的松弛、龟裂；电路的损伤、腐蚀、异味、泄漏等内容进行检查，如图 1-3-7 所示，尽早发现设备异常的一种方法。五感法具体检查设备的内容见表 1-3-2 所列。

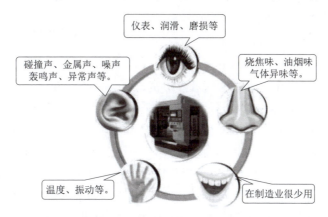

图 1-3-7 设备点检"五感"法

表 1-3-2 设备点检五感法内容

五感	检查部位	检查内容
视觉	仪表	各仪表（包括电流、旋转、压力、温度和其他）的指示值以及指示灯的状态，将观察值与正常值对照
	润滑、液压	油箱油量多少、管接头有无漏油、有无污染等
	冷却	水量多少、管接头有无漏油、有无变质等
	磨损	皮带松弛、龟裂、配线软管破损、焊接脱落
	清洁	机床外表面有无脏物、生锈、掉漆等
听觉	异响声	碰撞声。紧固部位螺栓松动、压缩机金属磨损
		金属声。齿轮咬合不良，联轴器轴套磨损，轴承润滑不良
		轰鸣声。电气部件磁铁接触不良，电动机缺相
		噪声。（"喳——喳——"的周期响声）泵的空化，鼓风机的喘振
		断续声：轴承中混入异物
触觉	温度	电机过载发热，润滑不良
	振动	往复运转设备的紧固螺栓松动、轴承磨耗、润滑不良、中心错位及旋转设备的不平衡。拧紧部位的松弛

续表

五感	检查部位	检查内容
嗅觉	烧焦味	电动机、变压器等有无因过热或短路引起的火花，或绝缘材料被烧坏等
	臭味	线圈、电动机的烧损，电气配线的烧损
	异味	气体等有无泄漏
味觉		很少使用

企业积极培养全员的"五感"法，提高感知设备的能力，尽早发现设备异常，排除设备故障，是最经济实惠的一种检查设备的方法。

（2）机电设备日常点检作业标准书。

机电设备日常点检作业的基本内容是：每日开机前应检查设备各类紧固件有无松动；设备各种指示灯的指示及各类表的读数是否正常；设备各转动部位是否转动灵活，有无卡转、堵转现象，润滑是否良好；设备各部件气压是否在规定范围之内，气路接头有无漏气现象，及有无松动现象；设备有无漏油，温度过高等情况，设备上的水管及接头有无漏水现象；设备的异常现象，跑、冒、滴、漏情况；发生紧急情况后（如漏电），应立即停电，并马上上报设备维修班组；设备不用或下班后必须停机，总电源、房间灯开关、气阀门以及水阀门都必须关闭；使用设备过程中，注意设备运行状态。为了高效率、规范化、标准化进行设备点检工作，由企业设备管理部门与设备操作者一起编制了《机电设备日常点检作业标准书》。

《机电设备日常点检作业标准书》是指导操作者进行机电设备日常检查的技术性文件，是将机电设备日常点检作业的基本内容，通过表格的形式展示出来，其主要有设备名称与型号、版本号、点检部位简图及点检的"八定"（点检部位、点检项目、点检内容、点检方法、点检要求规格、点检周期、点检状态、点检人员）等要素。

《机电设备日常点检作业标准书》有各种版式，不同行业、不同企业，有不同的版式，如数控车床日常点检作业标准书（见表1-3-3），只是其中一种样式。

《机电设备日常点检作业标准书》的作用，是指导设备操作员每天每班开机前，根据点检项目，运用五感法对设备进行逐项检查，以提高设备点检效率，防止漏检或错检。同时，树立自己操作的设备自己维护的观念，按规范化、标准化进行作业，养成良好的职业习惯，不断提高自身职业素质。

（3）机电设备日常点检表。

《机电设备日常点检表》是由设备点检者根据《机电设备日常点检作业标准书》中的点检项目，每天每班对设备进行检查结果的记录，是反映设备当班运行状态的记录性文件，是设备预防维修基础资料的积累。

每台机电设备日常点检作业标准书是与机电设备日常点检表配合使用。表格形式或版本样式都没有国标，只有企业标准。因此《机电设备日常点检表》样式也是多种多样的，如数控车床日常点检表的样式（见表1-3-4）就是其中之一。机电设备日常点检表通常有：设备名称、设备型号、版本号、编制时间、车间班级、点检项目、点检要求规格、点检方法、点检状态、点检标识、点检人、班次、检查日期等内容。注意点检的项目、点检要求规格、点检方法、点检状态一定是与《机电设备日常点检作业标准书》中的内容一样。检查日期有一周的，有两周的（半个月）、也有四周的（一个月）。班次有一个班次（白班），有两个班次（白班、晚班），也有三个班次（早班、中班、晚班）等，根据企业的生产班次决定。

《机电设备日常点检表》作用是对设备操作员，每天每班如实点检设备，并将点检结果真实的记录，及时掌握设备每天每班运行状态。此表每月由生产班组统一上交车间设备管理科，对《机电设备日常点检表》统计一次，收集机电设备运行状态数据，为分析设备状态和预防维修提供依据。

另外，填写机电设备日常点检表时，要求真实、有效，不允许字迹潦草、随便涂改。

（4）机电设备日常点检作业步骤。

机电设备日常点检作业是设备点检管理的基础，是全员参与的设备维护保养基本工作，具有持久性、连续性、循环性的特征，需要设备操作者每天每班不间断的重复性工作。它的工作步骤如下：

第一步，明确点检的设备名称与型号。

读懂所操作设备的《机电设备日常点检作业标准书》中点检设备部位、点检的项目、点检的内容、点检的方法、点检的要求规格、点检状态等内容，明确所要点检的设备部位和项目。查看设备的《交接班记录》，了解设备的运行状态有无异常。

第二步，掌握机电设备日常点检作业的原则。

① 检查的完整性。要按照《机电设备日常点检作业标准书》中的点检项目逐项检查、逐项确认，不能有遗漏。

② 标记的真实性。对确认无问题的，按标明规定符号记录；未经检查的，不得作标记。对有问题的，要注明相应标记并作好记录，并向上级报告。

③ 解决问题的及时性。对于点检发现的问题要及时解决，并记录解决情况和效果。但是，在问题未解决前，必须连续记录问题符号，不能擅自取消。

第三步，熟悉机电设备日常点检作业的流程。

为了快捷、方便、一目了然地让设备操作者明确设备日常点检工作顺序，遇到问题如何处理，企业设备管理部门编制了机电设备日常点检作业的流程，如图1-3-8所示。

第四步，填写好机电设备日常点检表。

准备好与所要点检的设备《机电设备日常点检表》，并与《机电设备日常点检作业标准书》配套好的，依据《机电设备日常点检作业标准书》中的点检项目，逐项检查、逐项确认，按规定符号记录在《机电设备日常点检表》中，点检发现的问题要按《机电设备日常点检作业的流程》及时解决。

（5）日常点检与日常保养的区别。

根据日常点检与日常保养的工作时间段、工作内容以及工作对象等来区别，见表1-3-5所列。

表 1-3-3　数控车床日常点检作业标准书

设备名称：数控车床	设备型号：QTN251ⅢL	单位：柳州职业技术学院		标记符号：点检状态 ○运行 ■停止		点检周期：S 班　D 天　W 周　X 月　Y 年		编制：甘露	共 2 页，第 1 页		
版本号：LZY-20190002		2019.5.20								点检分工	
点检部位简图	点检部位	点检项目	图号	点检内容	点检方法	要求规格（标准值）	点检周期	点检状态	操作者	维修者
	机床外表面	1. 机床外表面及周围	1	损坏	目视	机床内外表面有无损坏，机床周围地面清洁无油污	1S	■	√	
		2. 机床门窗	3	损坏	目视	机床门窗玻璃完好，清洁透明，安全门使用正常	1S	■	√	
	工作部分	1. 主轴卡盘	2	异响	听音	机床卡盘无异响，表面清洁无切屑	1S	○	√	
		2. 刀具盒	5	损坏	目视	刀具和刀柄安装牢靠，有无破损	1S	○	√	
		3. 机床尾座	4	损坏	目视	机床尾座进退自如，顺畅	1S	○	√	
	气动系统	1. 空气压力表	7	压力	目视	空气压力表指针在绿色范围内	1S	○	√	
		2. 喷雾器	8	损坏	目视	油雾器清洁透明，润滑油外观良好，油位正常	1S	○	√	
		3. 气管及接头	6	泄露	目视	气管及接头良好，无漏气	1S	○	√	
	液压装置	1. 液压装置油量	10	外观	目视	液压装置装油量，润滑油良好，油位正常	1S	■	√	
		2. 压力表	9	外观	目视	液压装置压力表指针在绿色范围内	1S	○	√	

表 1-3-4 数控车床日常点检表

设备名称：数控车床　　设备型号：QTN2511L　　版本号：LZY-20190002　　编辑时间：2019.5　　车间班级：

序号	点检项目	要求规格	点检方法	点检状态	班次	1	2	3	4	5	6	7	8	9	10	11	12	13	14	15	16	17	18	19	20	21	22	23	24	25	26	27	28	29	30	31
1	机床外表面及周围	机床外表面无损坏、机床周围无油污	看	停机	1																															
					2																															
					3																															
2	机床门窗	机床门窗玻璃完好、清洁透明、无损坏、机床安全门使用正常	看	停机	1																															
					2																															
					3																															
3	主轴卡盘	机床卡盘无异响、表面清洁无切屑	听、看	运行	1																															
					2																															
					3																															
4	刀具盘	刀具和刀柄安装牢靠、有无破损	看	运行	1																															
					2																															
					3																															
5	机床尾座	机床尾座进退自如、顺畅	看	运行	1																															
					2																															
					3																															
6	空气压力表	空气压力表指针在绿色范围内	看	运行	1																															
					2																															
					3																															
7	喷雾器	油雾器清洁透明，润滑油外观良好、油位正常	看	运行	1																															
					2																															
					3																															
8	气管及接头	气管及接头无漏气	看听	运行	1																															
					2																															
					3																															
9	液压装置油量	液压装置油量、油位正常	看	停机	1																															
					2																															
					3																															
10	压力表	液压装置压力在绿色范围内	看	运行	1																															
					2																															
					3																															
				点检人签名																																	

注：1. 点检标记：正常"√"，异常"×"，维修"○"。
2. 设备异常时通知维修人员，并填写。

制表人：　　　　　　　　　　审核人：　　　　　　　　　　批准人：

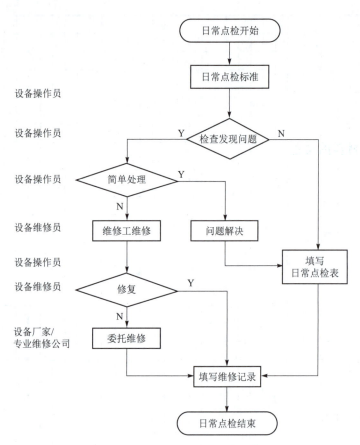

图 1-3-8 机电设备点检作业流程图

表 1-3-5 日常点检与日常保养区别

类型	时间段	内容	设备对象	填表
日常点检	班前	检查	关键设备、大型设备、精密设备等及产品主作业生产线	点检表
日常保养	班后	清扫、润滑、紧固	所有机电设备	交接班记录表

由于企业现代设备都趋向智能化，设备都属于关键设备、大型设备、精密设备及产品主作业生产线，因此，将日常点检与日常保养作业合为一体称为设备日常维护保养，工作的内容主要是：检查、清扫、润滑、紧固。工作时间主要是班前和班后，其工作步骤简称七步法：第一步开机前的检查；第二步填写设备点检表；第三步班后设备清扫，第四步设备润滑；第五步设备紧固；第六步工具归位（按"5S"定置）；第七步填写设备交接班记录表。

》 看一看案例

进行数控车床日常点检作业。

1. 工作准备

（1）确定点检的数控车床，熟悉数控车床的基本结构，查看《交接班记录》，了解数控车床运行状况。

（2）读懂《数控车床日常点检作业标准书》（见表1-3-2），明确点检部件、点检项目、点检方法、点检内容、点检要求规格、点检的状态等内容，以及数控车床所要点检的部位和项目的位置。

（3）读懂《数控车床日常点检表》（见表1-3-3）所要记录点检的项目、班次、检查日期，标记符号等内容。

2. 工具、材料的准备

《数控车床日常点检作业标准书》、《数控车床日常点检表》、笔。

3. 实施

（1）按《数控车床日常点检作业标准书》的点检项目要求，采用五感法（视、听、嗅、味、触），逐项对数控车床进行点检。

（2）真实、有效地按规定符号填写好数控车床日常点检表。每检查一项，就填写一项。

（3）点检过程中发现问题，按《设备日常点检作业流程图》办理。

（4）工作检验。

达到《数控车床日常点检作业标准书》的点检标准要求。

学习情境 2

维修班组级的设备预防维修

任务 2.1　设备日常巡检作业

[引言] 现代企业的生产效率越来越高，生产节奏越来越快，对设备的稳定和可靠运行依赖度越高，实施"以点检为核心"的设备管理，即通过设备日常巡检作业，及时掌握在线生产设备运行状态和周围环境的变化，采取早期防范在线生产设备的劣化措施，实行有效的预防计划维修，维持和改善在线生产设备的工作性能和生产线的安全环境，以提高在线生产设备工作效率，生产出品质一流、顾客满意的产品。

▶ 学习目标

（1）明确设备点检员的工作职责。
（2）了解设备巡检的目的和作用。
（3）熟悉现场设备巡检的内容。
（4）掌握设备巡检的方法和手段。
（5）了解设备巡检作业的信息化。
（6）了解智能型的设备巡检工具。

▶ 工作任务

生产线的设备巡检作业。

▶ 知识准备

1. 设备巡检的基本知识

（1）设备巡检概论。

设备巡检就是运用人的五感法或简单测量仪器，对企业生产区域中关键设备、在线生产设备、异常设备进行巡查，对照标准，及时掌握设备运行状况及周围环境的变化，发现设备异常和危及安全的隐患，及时采取有效措施，将故障消灭在萌芽阶段，保证设备生产产品的稳定和安全的一项检查工作。

同时，设备点检员对在线生产设备进行巡检工作时，督查设备操作者正确使用设备和设备日常点检作业，及时纠正错误的行为和方法，防止错误操作造成设备故障的发生。

设备巡检是现代设备点检制管理方法之一，是一种不定量的设备运行动态检查，一种预防性检查，是由设备点检员（维修工）负责完成的一项设备维护保养工作。

设备点检员职责是对在线生产设备（系统）进行定点、定期的巡检，对照标准发现设备的异常现象和隐患，分析、判断其劣化程度，提出检修方案，并对方案的实施进行全过程监控的人员。其主要工作内容如下：

① 对设备信息进行分类、编码、更新和管理维护；

② 检测设备关键点的运行状态；

③ 采集和分析设备状态信息；

④ 确定设备检修方式；

⑤ 编制设备维修方案，监控设备维修过程。

设备点检员可通过参加国家职业资格考试合格后，获得职业资格证书。

（2）设备巡检目的及作用。

任何设备事故的发生，都有一个从量变到质变的过程，都要经历从设备正常、事故隐患出现（故障征兆）、再到事故发生这三个阶段。从设备正常到出现事故隐患的渐变过程，是个量变的集聚过程，在这个过程中，设备的量变都由具体特征表现出来。

例如高压管道爆裂，必定有个泄漏、变形的过程，表现是漏气、外形改变、振动，同时发出异常声响，介质慢慢地越漏越大，响声越来越响，管壁变形、变薄、鼓包或者裂纹延伸，这是个量变的过程，如果此时大家视而不见，或发现、处理不及时，甚至未发现，管道就会爆破或者爆炸，事故就随之发生。因此，通过巡检，及时发现在线生产设备在量变过程中出现的细微变化和这些变化反映出来的特征，在设备事故发生质变前进行处理，积极预防质变，才能有效防止设备事故的发生。

每台设备经过长时间运行，或多或少都会出现故障，而且在线生产设备类型各不相同，磨损和发生故障的部位、程度、时间也不同，一旦有一台设备发生故障产生停线，会给企业生产造成非常大的损失。

设备巡检的目的是让设备点检员就像保健医生一样，通过每天检查在线生产设备，及时发现在线生产设备异常或周围环境的安全隐患，并能及时处理，消除设备缺陷，防止事故的发生，保证在线生产设备安全运行和延长寿命。

设备巡检的作用是保证在线生产设备系统安全稳定运行；延长在线生产设备使用寿命；降低在线生产设备"故障率"；防止欠维修和过度维修，降低维修费用；实现点检人员工作的有效管理；实现对在线生产设备运行状态的掌握。

2. 在线生产设备巡检作业

在线生产设备巡检作业就是设备点检员对在线生产设备，通过收集观察量（用眼观察到的设备运行情况，比如漏油、脏乱与现场管理5S相结合）、抄表量（一些重要的现场现存的测量仪表显示的数值）、测量量（现场临时测量的数值，比如振动、温度），记录并保存起来，作为在线生产设备运行的基本数据的一项工作。

（1）设备完好标准。

要做好生产现场设备巡检工作，必须要了解所负责的设备巡检作业区中的设备类型，各种设备或产品主作业生产线的基本结构和功能，同时，掌握各设备的完好标准。

设备完好是指设备处于完好的技术状态，设备完好基本标准要求见表2-1-1所列，凡不符合表中精度好、性能好、可靠性好、清洁好四项要求的设备，称为不完好设备。因设备类型不同，每类设备都有具体的完好标准。各企业依照《设备说明书》和结合企业标准的格式，制定了企业各设备完好标准，为确定与核算设备完好率提供了更科学合理的依据。

表 2-1-1 设备完好标准的基本要求

序号	内 容	备注
1	设备精度好。机械设备各项精度能稳定地满足生产工艺要求；动力设备的功能达到原设计或规定标准，运转时无超温、超压现象	
2	设备性能好。设备各传动系统运转正常，操作系统动作灵敏、可靠。滑动部件运动正常，各滑动部位、零部件无严重拉、研、碰伤。磨损、腐蚀程度不超过规定的技术标准，控制系统、计量仪器、仪表工作正常，安全可靠。润滑（液压）系统、冷却系统等装置齐全、完好。电控系统装置及管路齐全、完好、灵敏、安全可靠。原材料、燃料、动能、润滑油料等消耗正常，无漏水、漏油、漏气、漏电等不良现象	
3	设备可靠性好。设备的制动、离合、连锁、安全防护装置等齐全、安全可靠	
4	设备清洁好。设备内外清洁，无黄袍、油垢、锈蚀等现象	

（2）设备巡检内容。

设备巡检作业的主要内容：第一，检查在线生产设备的项目，即压力、温度、流量、泄漏、润滑状况、异音、异味、龟裂、振动、磨损、松弛和移位等，如表 2-1-2 所列。第二，检查在线生产设备周围环境的安全。第三，检查设备操作员行为规范，即操作和维护设备的职业行为规范。也就是检查巡检作业区内的在线生产设备有无变形、腐蚀、开焊；有无异响、压力是否正常、有无振动、有无泄漏、有无松动、连接是否可靠；在线生产设备周围有无安全隐患；设备操作员是否规范作业和维护保养设备职业行为。

表 2-1-2 常用设备状态检测的内容及方法

检测部位	检查项目	故障现象
机械的检测	轴承、电动机、导轨、齿轮、传动带、链、传动连接处等	变形、裂纹、振动、异声、松动、磨损等
电气的检测	电流表、电压表、电控箱绝缘、触头、电磁阀、节点等	漏电、短路、断路、击穿、焦味、老化等
剧热的检测	辐射、传导、摩擦、相对运动、无润滑等	泄漏、变色、冒烟、温度异常、有异味等
化学的检测	酸性、碱性、异常、电化学、化学变化	腐蚀、氧化、剥落、材质变化、油变质等

(3) 设备巡检区域和线路。

为了规范化、标准化、高效率的进行设备巡检工作，根据企业类型、产品性质和在线生产设备特点，科学的制定设备巡检区域、巡检线路。设备巡检区域划分原则是作业最方便、线路最短、辅助时间最少。因此，根据企业产品的关键设备、在线生产设备等布局，结合设备巡检区域划分原则，将企业设备划分成若干个设备巡检区，通常以一条产品作业生产线为单元，实施巡检作业，以完成设备巡检的使命。

同时，一个设备巡检作业区，视其企业产品类型、在线生产设备的特点，设置相应的机械、电气、仪表等点检员。一般一个点检小组由专职点检员4~6人组成。

在线生产设备（产品主作业生产线）是按企业产品生产工艺，由不同功能、不同数量的设备组合而成的生产线，即将原料或半成品从投入开始到生产出一种产品或一种半成品或一个产品总成为止的生产线。因此，不论设备是否高、大、精、尖，只要在产品生产线上，作为生产过程中不可缺少的设备，称为产品主作业生产线。如汽车发动机曲轴加工生产线、车门冲压生产线、车门焊接生产线等。

非产品主作业生产线设备是除产品主作业生产线上的设备以外的其他设备。如：汽车总装配线为产品主作业生产线，而车门装配线为非产品主作业生产线，如图2-1-1所示。在线生产设备包括产品主作业生产线和非产品主作业生产线。

汽车总装配线——产品主作业生产线

车门装配线——非产品主作业线

图2-1-1 汽车总装配产品作业生产线

设备巡检路线是根据企业产品性质、在线生产设备特点划分好的设备巡检作业区，结合"全面、合理、快捷、精悍"四大要素，科学地制定设备巡检路线。其目的是提高巡检效率和质量，避免重复点检，防止巡检项目漏检或误检，确保设备巡检作业的到位。

(4) 设备巡检的方法和手段。

设备巡检传统的检查方法和手段有两类：

一类是主观检测法，利用人的五感法，即依靠设备点检员的眼、耳、手、鼻的感知和观察（见表2-1-3）以及工作经验对设备的技术状态进行检查和判断。这是使用最多也是最简单的一种方法，但这种方法可能会由于人的经验、感觉不同，对同一现象会得出不同的结论，因此检查结果的可靠程度因人而异。

表 2-1-3　五感法的运用

五感	检查内容
一看	看设备的外观是否完好，连接是否可靠，设备及管路有无跑、冒、滴、漏和其他缺陷隐患。设备运行参数是否符合规定要求，如电流、温度、压力等
二听	听设备的运行声音是否平稳，有无异常杂音
三摸	摸设备轴承部位及其他部位的温度是否有异常，如发热、振动等
四闻	闻设备有无异常气味，如烧焦糊臭、绝缘损坏绝缘漆味等

二类是客观检测法。利用各种检测仪表直接对设备的关键部位进行检测，如温度、振动、噪声等，以此获得设备技术状态的客观数据，因此应用较广泛。

巡检设备使用的便携式检测仪器，主要有测温仪、测振仪、测噪声等，如图 2-1-2 所示，能及时发现设备零部件过热、振动异常等情况。

测温仪　　测振仪　　测噪音

图 2-1-2　设备巡检的检测仪表

因此，传统的设备巡检方法将是主观与客观检测相结合，概况为："一看、二听、三摸、四闻、五测"。

（5）设备巡检工具。

传统的设备巡检工具：测温枪、测振仪、手电筒、对讲机、扳手、螺丝刀、听音棒、抹布、电笔、万用表等，根据点检员分工不同，所配备的工具也不同，如表 2-1-4 所列。

表 2-1-4　传统的设备巡检工具

职务	应配工具
机械点检员	听音棒、手电筒、点检锤、扳手、螺丝刀、测电笔、测温枪、测振仪、对讲机
电气点检员	手电筒、万用表、螺丝刀、电笔、尖嘴钳、扳手、测温枪、测振仪、对讲机
仪表点检员	手电筒、万用表（小号）、扳手、螺丝刀、电笔、尖嘴钳、对讲机

随着信息化、网络化、智能化技术的发展，设备巡检工具也随之发生变化。目前，在汽车制造等行业中，运用设备巡检管理信息系统，设备巡检工具只有巡检仪（采集器），而电力行业等运用设备巡检机器人、设备巡检无人机等，如图 2-1-3 所示。

设备巡检机器人的结构如图 2-1-4 所示。设备巡检无人机的结构如图 2-1-5 所示。

图 2-1-3　智能型的设备巡检工具

图 2-1-4　设备巡检机器人的结构

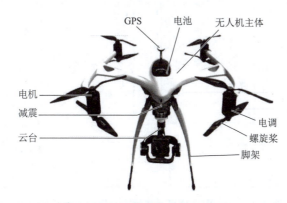

图 2-1-5　设备巡检无人机的结构

(6) 设备巡检作业的目视化。

为提高设备巡检的质量和效率，降低巡检的难度，将巡检区域的设备部位、项目确认正确之后，将其做成目视化的标记。如压力表、电表正常范围的标记，润滑油位标记、螺母的防松标记等，如图 2-1-6 所示。

(7) 设备巡检作业的步骤。

第一步，明确设备巡检作业区域。

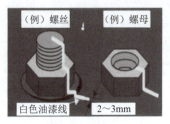
螺母的防松标记

巡检线路标记

关键部位的巡检内容

图 2-1-6　设备巡检作业的目视化

第二步，熟悉巡检作业区域内设备类型、基本结构、巡检的内容。

第三步，熟悉设备巡检作业路线和检查标准。

第四步，正确穿戴劳保用品，带上工具和记录本。

第五步，设备巡检作业实施。

第六步，处理巡检作业中发现的设备问题。

第七步，工量具按"5S"定置回位。

第八步，将设备巡检结果录入设备巡检系统。

专职点检员一天的标准化作业时间安排表如图 2-1-7 所示。

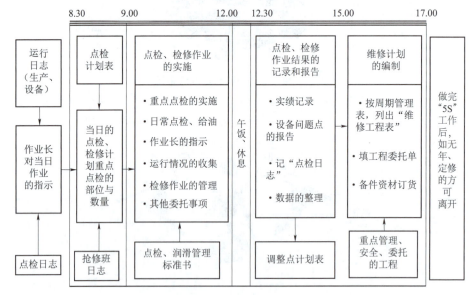

图 2-1-7　专职点检员一天的标准化作业时间安排表

3. 设备巡检作业的信息化和智能化

运用信息化、网络化、智能化技术构建了统一的设备巡检管理平台，实现信息共享，全方位开展设备状态跟踪，使设备零故障成为可能，及时掌握现场设备运行状态的第一手资料，为设备管理决策提供依据，现代设备管理思想通过系统平台固化、传达，使管理不走样，实现从粗放式设备管理到精细化设备管理的转变，从而打造智能化工厂，共赴智能制造新时代。

设备巡检作业信息化主要体现在巡检有计划，过程有监督，事后有分析。例如某企业的设备巡检信息化管理平台系统，如图 2-1-8 所示。实现设备点检员从领取巡检任务，下载巡检计划，现场设备巡检记录，设备巡检结果上传，设备巡检报表查询，设备巡检数据挖掘分析，设备异常现象处理，设备巡检的管理，设备巡检数据生成报表等功能，形成一套完整的设备巡检作业管理信息化。下面简单说明此系统的运用过程。

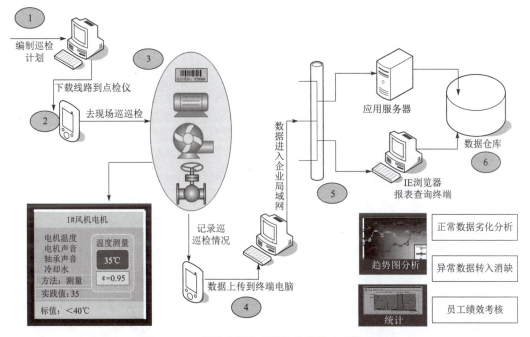

图 2-1-8　某企业设备巡检信息化管理平台系统

第一，设备点检员领取巡检任务，设备点检员进入设备管理信息平台，领取自己当天的设备巡检任务，如图 2-1-9 所示。

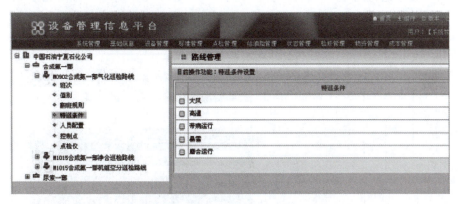

图 2-1-9　设备管理信息平台

第二，下载设备巡检计划，具体内容见图 2-1-10 所示。

第三，现场设备巡检和记录。设备点检员使用巡检仪，到设备巡检作业区，现场巡检和采集设备关键部位的运行数据。设备巡检不是最终目的，只是个过程。关键是要收集设备运行数据，再进行数据分析，掌握设备运行状态。

第四，设备巡检数据上传。设备点检员现场巡检完毕后，将巡检仪收集到的数据，上传到设备巡检管理系统。通过采集现场设备运行的大量数据，形成设备运行正常数据、异常数据等数据库，如图 2-1-11 所示。

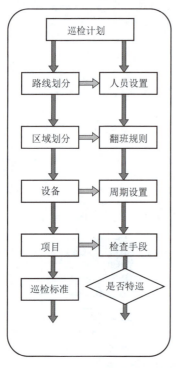

图 2-1-10　下载巡检计划

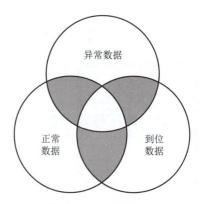

图 2-1-11　数据库图

第五，设备巡检数据分析。运用系统数据进行多维度的统计分析，采用图表形式呈现，再进一步分析设备运行的振动等，以及设备运行状态的发展变化趋势，如图 2-1-12 所示。

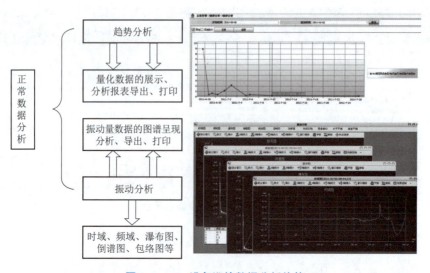

图 2-1-12　设备巡检数据分析趋势

学习情境 2　维修班组级的设备预防维修

第六，设备异常问题的处理流程。通过设备运行数据的分析，发现设备异常，设备巡检管理平台系统给予提示，并转入设备缺陷管理模块，启动设备维护管理系统如图 2-1-13 所示。

第七，设备巡检绩效考核管理。通过设备点检员将设备巡检信息录入设备巡检管理平台后，也会自动与设备巡检作业标准进行比较，检查设备点检员是否有漏检、巡检路线是否正确、工作时间多少、点检设备到位数量等工作质量情况，作为考核设备点检员的绩效，如图 2-1-14 所示。

第八，设备巡检结果生成报表。设备巡检管理平台可将企业需要的各种设备巡检数据，自动生成巡检日报表、巡检周报表、巡检月报表等，如图 2-1-15 所示。

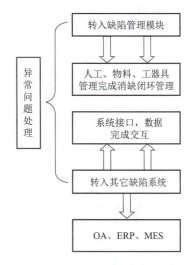

图 2-1-13　设备异常问题处理流程

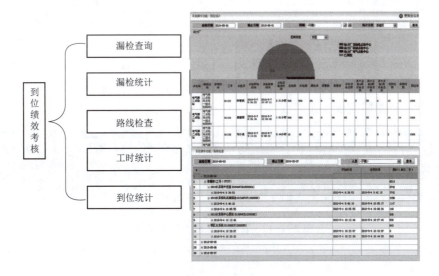

图 2-1-14　设备巡检绩效考核管理

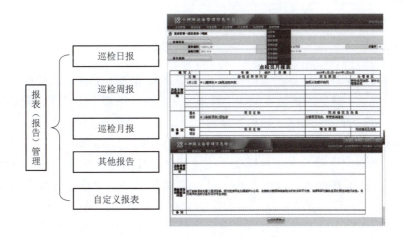

图 2-1-15　设备巡检的报表管理

51

设备巡检作业信息化具有无纸化、高准确率、高效化、信息透明、管理简单、智能分析等优点，如图2-1-16所示。

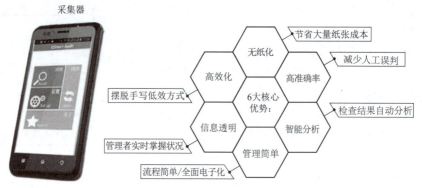

图2-1-16 设备巡检作业信息化的优势

设备巡检作业是实施"以点检为核心"的设备管理方式的一种有效模式，随着网络化、信息化、智能化技术等科学技术的发展，充分运用二维码识别、移动互联网、工业APP、激光雷达、图像识别、AI飞行等智能核心技术，开发智能型的设备巡检作业管理系统和设备巡检机器人和巡检无人机等工具，如图2-1-17所示。实现设备巡检作业的优化、以获取高质量的设备巡检数据，提升设备巡检效率和质量、加强设备巡检运行状态的监管，促进设备巡检作业管理过程的智能化。

图2-1-17 智能设备巡检作业工具
(a) 机器人自动巡检；(b) 电力无人机自动巡检

看一看案例

某车间汽车半自动生产线设备巡检作业。

1. 准备工作

（1）领取设备巡检作业任务，了解设备巡检作业区是汽车半自动生产线，其由半自动车床2台、数控立车1台、多轴钻3台和单臂吊车4台组成的加工生产线。其巡检作业线路是从A点开始，虚线表示的方向，即从半自动车床1前面开始，到多轴钻3，再转到设备后面巡检，从多轴钻3直至半自动车床1右侧面为此。如图2-1-18所示。

（2）明确设备巡检作业的内容与标准。此生产区域设备巡检主要是检查在线设备的传动部分、电控部分、工作部分、润滑系统、冷却系统等内容，即检验各设备有无变形、腐蚀、开焊；有无异响、压力是否正常、有无振动、有无泄漏、有无松动、连接是否可靠等；检查在线生产线周围有无安全隐患；检查操作人员是否规范作业等。具体查阅《汽车半自动生产线设备巡检作业标准》。

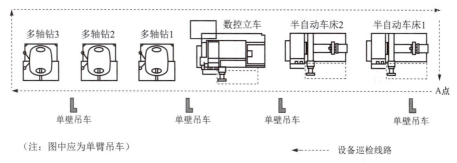

（注：图中应为单臂吊车）

图 2-1-18　汽车半自动生产线设备巡检线路图

（3）正确穿戴劳保用品，带上巡检工具和巡检记录表。

2. 设备巡检作业实施

（1）由当班的机械设备点检员，每班按巡检线路图巡检汽车半自动生产线的设备至少 1 次，严格按《汽车半自动生产线设备巡检作业标准》逐项检查，并填好《设备巡检记录表》（见表 2-1-5）。

表 2-1-5　设备巡检记录表

日期：　　年　　月　　日　　时间：　　时至　　时　　班次：　　班　　班长：

序号	在线生产设备名称	巡检异常情况记录	巡检时间	巡检人	备注
1					
2					
3					
4					
5					
6					

（2）当巡检作业中发现在线生产设备、环境等有异常，要及时处理，编制设备维修方案，监控设备维修过程。

（3）最后将设备巡检结果录入车间设备巡检系统。

（4）将所有物品按"5S"定置管理归位。

任务 2.2　设备定期点检作业

[引言] 设备定期点检是按设备的预防维修计划，定期对设备的功能性和技术性进行检查，通过定性与定量数据收集，掌握设备运行状态，准确把握设备潜在的故障，采取针对性强的预防措施，把故障消除在萌芽状态。

▶ 学习目标

（1）正确认识设备定期点检的作用和意义。
（2）掌握设备定期点检的工作内容与工作流程。

（3）能够进行数控机床定期点检作业。

工作任务

（1）普通车床的定期点检作业。
（2）数控机床的定期点检作业。

知识准备

1. 设备定期点检的作用和意义

设备定期点检也就是通常所说的预防检查。按照设备不同的特性，依靠人的"五感"及检测仪器，对设备运行的状态进行定期检查，再根据测量的数据和检查的结果、作业的动态过程记录，进行综合性的分析、研究，预测故障的发生，及早地发现隐患，采取适当的预防措施，把设备故障消灭在萌芽状态。

定期点检的主要项目在时间间隔上相对较长，检查、检测的劣化主要包括设备运行过程中由于受到各种力的作用、运行环境、工作条件的影响，导致零件、部件、机构的逐渐磨损、松动，损耗周期变短，精度发生变化等。

2. 设备定期检查的对象、目的及内容

设备定期点检主要是对设备进行定期的功能性、精度、可靠性检查和检测，通过对设备状态的定量和定性数据收集，进行综合性的分析、研究。一般设备定期检查的对象、目的及内容见表2-2-1。

表 2-2-1　设备定期检查的对象、目的及内容

序号	名称	执行人	检查对象	检查内容和目的	检查时间
1	性能检查	主要人员：维修工、点检员；协作人员：操作员	主要生产设备（包括重点设备及质控点设备）	掌握设备的故障征兆及缺陷，消除在一般维修中可以解决的问题，保持设备正常性能，并为下次计划修理提供准备工作意见	按定检计划规定时间
2	精度检查	主要人员：维修工、点检员；协作人员：操作员	精密机床，大型、重型稀有及关键设备	掌握设备的故障征兆及缺陷，消除在一般维修中可以解决的问题，保持设备正常性能，并为下次计划修理提供准备工作意见	每6~12个月进行一次
3	可靠性试验	指定试验检查人员，持证检验人员	起重设备、动能动力设备、高压容器、高压电器等有特殊试验要求的设备	按安全规程要求进行负荷试验、耐压试验、绝缘试验等，以确保安全运行	以安全要求为准

设备定期点检具体内容同时还与企业的生产性质、设备类型、设备故障频率、设备故障停工影响、维修人员数量、设备使用状况等有关。

设备定期点检针对设备故障是以磨损、腐蚀或松动等类型为主。这类项目平时检查比较困难或需要时间较多，如刹车片（制动片）、离合片的磨损，离合器行程等；轨道水平、机床精度等；滑触线接口、电线电缆接头的松动；集电器、电机电刷等的磨损消耗；电机的绝缘电阻、接地点的接触检查；轴承润滑、油质测试；油气密封圈等。

（1）点检标准是按设备技术状态的完好标准执行，详见表 2-1-2 设备完好标准的一般要求和表 2-1-4 电控系统完好标准要求。

（2）设备定期点检是按标准作业指导书中的项目进行，主要分为两大部分：一是设备的机械部分，包含液压、机械传动、气动等部分；二是设备的电控部分。

由于行业、企业产品、设备不同，设备定期检查的对象、目的及内容也就不同。如金属切削机床定期检查内容及判定方法，见表 2-2-2。

表 2-2-2　金属切削机床定期检查内容及判定方法

检查部位	检查重点		检查内容	检查方法及判定标准
机床主体、主轴箱、传动及变速装置	机体	振动、裂纹、破损、腐蚀	检查床身、支柱、机架等有无异常振动、破损、裂纹、腐蚀等	用目视及接触判定其微动、振动、破损、裂纹、腐蚀等
	主轴箱、刀架砂轮磨头	振动、破损	检查运转中有无异常振动及主轴的振摆，必要时用千分表测定	以有无异常振动及加工件精度为标准，判定微振的振动情况
	主轴轴承	温度、破损	用触觉检查转动中的轴承温度，用工件精度检查轴承的磨损	如温度较高时可用测温计，正常测试应在室温 30 ℃ 之下；不允许有影响精度的波纹存在
	齿轮箱	噪声、振动、破损、损伤	检查运转中齿轮的噪声、振动、齿轮啮合情况，磨损和损伤程度	用视觉、听觉和触觉检查噪声、振动和磨损。异常的噪声、振动、啮合误差及磨损不得超出规定标准
	变速装置	操纵动作	检查操作动作是否灵敏，各级变速是否正确可靠	进行运转操作，正反向动作应平稳、灵敏、可靠
	正反向装置	操纵动作	检查操作动作的性能是否灵敏可靠	进行运转操作，正反向动作应平稳、灵敏、可靠
	启动/停止装置	操纵动作	启动、停止装置是否灵敏、正确、可靠	进行操作，启动、停止时不应有冲击现象；启动、停止动作要灵敏、可靠
	传动装置	磨损、损坏、变形、松弛	检查三角带的根数、磨损、变形、松弛情况；检查皮带轮、链轮、链条的磨损变形情况；传动用的连接器、齿轮、丝杠副的磨损情况	修整

续表

检查部位		检查重点	检查内容	检查方法及判定标准
机床主体、主轴箱、传动及变速装置	滑动面进给操纵	伤痕、磨损、保护装置操纵动作	检查滑动面有无新的伤痕、磕碰及磨损;检查润滑情况;检查导轨行程的保护装置是否良好;进行手动和自动进给,检查全行程的进给行程	进行操作,启动、停止时不应有冲击现象,启动、停止动作要灵敏、可靠 操纵检查,自动进给时应均匀,不得出现中断、停滞现象,中断时不得出现进给
电气装置		电动机控制线路与接地	异声、温度、振动绝缘动作	电动机运转时有无异声、振动及不正常发热 控制线路是否完整,绝缘是否良好,动作是否可靠,接地是否良好	用听觉及触觉检查应无异声和异常振动,温度要符合规定要求 目视和万用表检查,线路应完整、动作可靠,绝缘在 0.2 MΩ 以上,保险元件符合规定,接地装置良好
液压润滑系统		液压及润滑装置	压力、动作、油质、泄漏	检查系统压力是否正常,动作是否平稳,油质是否良好清洁,有无泄漏	目视检查,压力符合规定,液压传递平稳,油质清洁良好,无泄漏现象

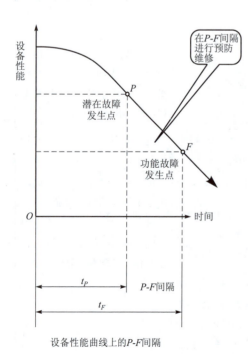

图 2-2-1 设备性能曲线图

3. 设备定期点检周期的选取

(1) 与设备性能劣化过程有关。

点检周期与 P-F 间隔有关。P-F 间隔期是指设备性能劣化过程,从潜在故障发展到功能故障的时间间隔。潜在故障不是故障,但已经存在可感知的迹象,相当于人处于亚健康状态;功能故障是使设备丧失功能的故障,是真正意义上的故障。

P-F 间隔的理论是指导确定点检周期的根据。设备性能曲线上的 P-F 间隔如图 2-2-1 所示。从图 2-2-1 中可以看出,不同的设备其设备性能曲线的斜率是不一样的,因此点检周期的长短也是不相同的。一般而言,点检周期不应超过 P-F 间隔,而且要留出预防维修的准备时间。例如,如果 P-F 间隔为 3.5 个月,留有 0.5 个月的预防维修准备时间,点检周期以 3 个月为宜。

(2) 与设备运行的生产制造工艺有关。

设备是为生产、制造产品服务的,生产制造工艺简单,设备功能相对也就单一,点检周期可长一些;

反之，产品精密，生产制造工艺繁杂，对设备要求高，点检周期要短一些，几乎每班，甚至在一个班 8 小时内就要点检数次才行。其次，点检周期还与工艺的可行性有关，如旅客列车、航班飞机的点检，必须在停站时才能进行，这时的点检周期，就必须是运行完这站路程的时间。所以，在火车停站时，人们经常会听到有铁路员工拿着点检锤，在点检敲击机车的避振弹簧、机车轮毂等的声音。

（3）与设备的运行安全有关。

必须保证设备运行安全，点检周期的长短不能超过设备功能故障发生的时间，否则就失去意义了。

总之，设备定期点检周期是与设备性能劣化过程、企业的生产性质、设备类型、生产班制、工作环境等因素来确定的，既要达到解决问题的目的，又要防止维修过剩，可节约费用。

4. 设备定期点检的方法和手段

（1）对于设备功能性的检查。主要通过"五感"（视、听、嗅、触、味）或简单的工具、仪器，按照预先定期点检标准、规定的周期和方法，对设备上的规定部位（点）进行有无异常的预防性周密检查。通常为平时检查比较困难或需要检查时间较多的设备部位。

（2）设备技术性能的检查。主要是运用设备故障诊断技术，如图 2-2-2 所示。设备诊断技术就是利用各种检测器械、仪器仪表对设备重要部位进行检测，以获得设备运行的技术状态变化的数据、参数等准确信息，再通过数据统计分析，发现设备异常，进一步分析产生设备故障的原因，及时把故障消除在萌芽状态。应尽可能在不拆卸设备的情况下，准确把握设备的现状，定量地检测和评价设备的性能和可靠性。因此，定期系统地检查设备的状态，及时掌握设备运行时的精度情况，有助于保证生产正常运行和产品的质量。

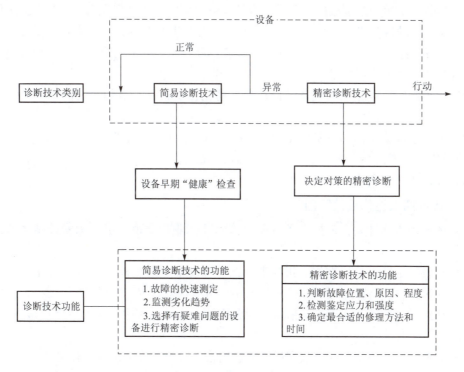

图 2-2-2　设备诊断技术功能图

① 静态检测法。检查、测量设备处于静态下的几何精度等参数，如机床的平行度、水平度、垂直度、导轨间隙等。

② 油样分析法。一般情况下，机械设备的磨损过程也是其材料表面剥落成微粒的过程，特别是以油为工作媒介的设备，如油压机、机械压力机的油路部分等。通过分析油样中所含的磨损的微粒或油质，在不拆卸设备的情况下了解设备表面、密封等磨损的程度，主要运用于液压设备液压油或润滑油等。采用油质质量测试仪，可以检测油中的水分含量、某种直径（如 60 μm 以上）的金属颗粒，如图 2-2-3 所示。

5. 设备诊断技术运用步骤

（1）检测。运用各种检测手段对设备的重点部位进行检测，并记录相关数据。

（2）判断。根据检测数据结果，对照设备完好标准、出厂参数、验收参数记录等进行判断，得出设备状态的结论，正常或异常。

（3）分析异常原因。

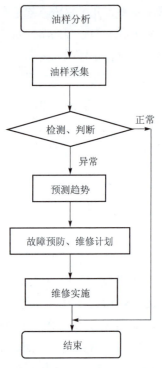

图 2-2-3 分析油样的步骤

（4）谋求对策。

6. 设备诊断技术的运用范围

设备诊断技术运用范围很广，几乎所有的设备都可以运用，但设备诊断技术的运用主要依赖于价格不菲的检测设备，这就在一定程度上限制了其广泛应用。企业设备管理部门应从企业现状出发，结合实际，推广和使用一些设备诊断技术。一般情况下，以下四种类型的设备应尽可能考虑使用诊断技术。

（1）发生故障影响很大的设备，特别是自动化程度很高、节拍快的流水生产线以及相关的联动设备。

（2）安全性能要求高的设备，如动力设备、锅炉、压力容器等。

（3）精、大、稀设备。

（4）停机维修费用高、损失大的设备。

7. 设备定期点检作业流程图

（1）按预防维修计划，依据设备定期点检标准作业指导书，组织和安排维修员，明确职责。

（2）从设备定期点检标准作业指导书中，了解设备定期点检的项目、完好的标准（参数）和检查的方法、检查的时机（停机状态还是运转状态）、检查的周期。

（3）状态检查和监测。点检员依据《设备定期点检标准作业指导书》逐项检查、检测，并做好记录。

（4）分析判断。收集到检测数据后，通过比较、对照、分析、判断有无异常。

（5）差距调整。标准-实测=差距。差距不在正常值范围之内时，就要对其进行调整，某些设备如果确实无法达到出厂值或者验收标准，就需要工艺部门进行确认能否满足企业的生产工艺要求。如果仍然无法达到生产工艺要求，就要考虑大修或改造了。为了提高设备定期点检作业效率，进行规范管理，制订了设备定期点检作业流程，如图2-2-4所示。

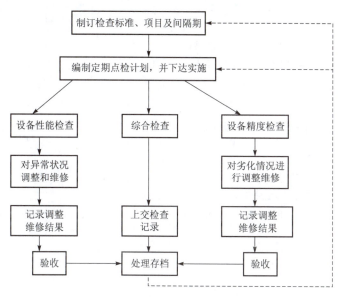

图2-2-4　设备定期点检管理流程图

看一看案例

机械压力机定期点检作业。

1. 工作准备

（1）准备好机械压力机定期点检标准作业指导书，见表2-2-3。

表2-2-3　机械压力机定期点检标准作业指导书

设备名称	闭式机械压力机	设备编号	A2-JY-03
型号规格	KA4537-500T	使用班组	
点检人		点检时间	

分类	点检项目和标准	点检周期/月	责任人	状态	点检记录
外部	清洗机床外表、罩盖，保持外表清洁、无锈蚀	3	操作人员	停机	
	清理各T形槽和螺丝孔内的油污和废屑	1		停机	
	补齐螺钉、螺帽、手柄并加以紧固	1		停机	
传动部分	检查传动系统有无异响	3	维修人员	运转	
	检查及调整皮带的松紧情况	3		运转	

续表

分类	点检项目和标准	点检周期/月	责任人	状态	点检记录
传动部分	检查离合器、制动器工作情况，检测离合器、制动器的磨损程度，行程是否达到要求（4~6 mm）	12		运转	
精度	检查工作台水平度，滑块平行度、垂直度	12		停机	另附记录
	检查、调整滑块导轨间隙（滑块处于上死点和下死点两个位置时），并做好相应的记录	12		停机	
油气部分	检查油质、压缩空气，油、气过滤装置，保持良好	3	维修人员	停机	
	检查油路、气路是否有泄漏现象	3		运转	
	检查液压、气动元件是否有异常现象	3		运转	
	调整各润滑点，保证供油良好	3		运转	
电气部分	清擦电动机并给轴承加注润滑油，检查其地脚螺栓是否牢固	3		停机	
	清擦电器装置，保证安全、固定、整齐	3		停机	
	检查和调整安全限位装置，保证安全可靠	3		停机	
	检测电动机对地绝缘电阻，相间绝缘电阻，检查各接地点接触是否良好	12		停机	
	检查主电机转子集电环及碳刷是否良好	3		停机	
附件	检查确认零部件完整，附件齐全	3		停机	
	检查确认安全、防护装置齐全可靠	3		停机	

（2）机械压力机的定期精度检查记录见表 2-2-4。

表 2-2-4　机械压力机定期精度检查记录

机床精度检查记录

一、底座水平度

精度要求：0.15（mm/m）

实际检查：

二、工作台水平度

精度要求：0.15（mm/m）

实际检查：

三、滑块下平面对工作台面的平行度

（工作台尺寸：3 000 mm×1 800 mm）

精度要求：0.52（mm）

实际检查：

四、滑块运动轨迹对工作台面的垂直度

精度要求：0.16/500（mm/mm）

实际检查：

1. 前后方向　⊥　/500

2. 左右方向　⊥　/500

五、导轨间隙

精度要求：对应角的双边间隙之和应在 0.15~0.2 mm 之间。

实际检查：

1. 滑块在上

2. 滑块在下

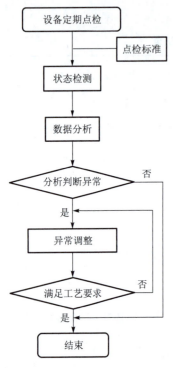

图 2-2-5 定期点检作业流程图

(3) 查阅设备说明书,设备精度数据与上次精度检查数据等信息。

(4) 学习设备定期点检的相关知识。

(5) 熟悉设备的结构、使用性能、精度参数。

2. 工量具、材料的准备

(1) 百分表、间隙尺、水平仪、万用表、兆欧表。

(2) 记事本和笔,油漆记号笔。

(3) 棉纱。

(4) 起子、扳手等日常维修员具。

3. 实施步骤

设备定期点检作业主要由设备点检员或维修人员来执行。主要有如下几个步骤,设备定检流程如图 2-2-5 所示。

(1) 要事先明确设备定期点检的项目、完好的标准(参数)和检查的方法、检查的时机(停机状态还是运转状态)、检查的周期,检查部位等。

(2) 按照巡检项目进行人员分工,运用各种检查方法,逐一检查确认。

(3) 根据设备平时运行的状况和操作者反映的问题,对相关的部位、部件进行检查。

(4) 及时、真实记录检查和确认的结果。

(5) 为提高设备的巡检效率,降低巡检的难度,检查确认正常或者是重新调整之后,补充或修改相应的目视化的标记是非常必要的,特别是螺母的防松标记等。

(6) 整理记录结果,向上级设备管理部门反映存在的问题,提出改善意见。

任务 2.3 运用诊断方法,提高工作效率

[引言] 实施点检作业等手段获得故障信息,再运用现代管理方法和手段进行分析,依照原先设定好的各类标准,作出设备劣化状态的判断,为设备维修提供决策数据。因此,妙用诊断分析方法提升诊断效率是每位点检员的共同愿望。

学习目标

(1) 掌握常用的设备诊断分析方法。

(2) 会灵活运用诊断工具进行故障诊断。

工作任务

编制液压设备故障的直方图,以便指导维修员作。

知识准备

在设备点检过程中,不但要对设备进行点检,还要对出现的问题及时处理,特别是要通过现象,运用诊断分析方法,快速判断设备劣化状态,预测故障的发生。掌握诊断的方法和手段是非常重要的,诊断方法有许多,但常用的有下面几种:

1. 用契合法解决问题

契合法
在被研究现象出现的若干场合中,如果某一个或一组事件屡次出现,那么这个屡次出现的情况或者事件就是被研究对象的原因(或结果)。 公式:场合　　　　先续(或后续)事件　　　　被研究对象 　　　(1)　　　　　　A　B　C　　　　　　　　　a 　　　(2)　　　　　　A　D　E　　　　　　　　　a 　　　(3)　　　　　　A　F　G　　　　　　　　　a 结论:A 事件是 a 现象的原因(或结果)。

如机器表面发黑,预示着温度可能偏高;轴承外壳有噪声,表明里面可能有碎滚珠。因为它们总是成对出现,故构成某种"契合"。

这种方法的运用主要在锅炉泄漏中进行。无论漏水、漏蒸汽,总会发出特殊的声音,需要仔细倾听,这"声音"和"泄漏"就构成了一种契合。不过,凭借声音大小、频率高低判断漏点的大小、位置,要靠经验的积累。

2. 用差异法解决问题

差异法
在被研究现象出现与不出现的场合,如果某一个或一组事件同时出现或者不出现,那么这个与众不同的情况或者事件就是被研究对象的原因(或结果)。 公式:场合　　　　先续(或后续)事件　　　　被研究对象 　　　(1)　　　　　　A　B　C　　　　　　　　　a 　　　(2)　　　　　　—　B　C　　　　　　　　　— 结论:A 事件是 a 现象的原因(或结果)。

例如,在检查省煤器时,发现管子上有一堆煤灰,平常上面光光的,不应该有灰,这就是差异。用铁锨捅,果然把泄漏点暴露出来,漏气的声音也加大了。这是因为管子泄漏水汽,飞灰受到水汽阻挡堆积起来。发现设备某种变化和差异,联想产生差异的伴随因素,这就是差异法的本质。

用差异法判断汽缸冒黑烟故障			
（1）A缸不松	B缸不松	C缸不松	冒黑烟
（2）A缸不松	B缸松	C缸不松	冒黑烟
（3）A缸不松	B缸不松	C缸松	冒黑烟
（4）A缸松	B缸不松	C缸不松	无黑烟

结论：A缸故障导致冒黑烟（a）发生。

常用的差异法还包括轮流切换法、换件法。以上汽缸诊断采用的是轮流切换法。

如有一台进口的丝焊机，刚过保修期就发现送丝动作太小，不能正常进行金丝焊接，把送丝参数调到最大，故障依然。对机械传动部分进行检查，仍不见效果。经仔细观察发现，驱动送丝的直线电动机动作不够，判断可能是驱动直线电动机的控制板出了问题。同类丝焊机厂内有五台，拆下一台正常机的CPU控制板，替换上去，马上见效，一切恢复正常。

这就是通过更换零件的方式查找故障的。这个方法在工厂里很实用。如果你找到图纸，按照线路来分析故障，也许时间很长，就是真分析出问题，找到原因，可能已经给生产造成很大损失。在工厂里，减少损失、快速恢复生产才是硬道理。不过，用这种方法也有一定风险。当在没有弄清原因换件时，容易损坏新安装上的零部件、元器件。因此，在检查线路没有烧焦、过热，线路没有短路或超压的状况下，才能使用换件法，在高压、强电情况下要注意安全措施完备才可进行换件试验。

3. 用契合、差异并用法解决问题

契合、差异并用法		

有两组事件：一组是由被研究对象出现的若干场合组成的正事件组；另一组是被研究对象不出现的若干场合组成的负事件组。如果某事件在正事件组均出现，在负事件组均不出现，则此事件为被研究对象的原因（或结果）。

公式：场合	先续（或后续）事件	被研究对象
（1）	A B C D	a
（2）	A D E G	a
（3）	A F G C	a
……		
（1）	— B C D	—
（2）	— D E G	—
（3）	— F G C	—

结论：A事件是a现象的原因（或结果）。

4. 用共变法解决问题

共变法
在被研究对象发生变化的各个场合，若其中只有一个事件或一组事件是变化着的，而其他事件都保持不变，那么这一变化着的事件便是被研究对象的原因（或结果）。
公式：场合　　　　　　　先续（或后续）事件　　　　　　　被研究对象
（1）　　　　　　　A_1　B　C　D　　　　　　　　　a_1
（2）　　　　　　　A_2　B　C　D　　　　　　　　　a_2
（3）　　　　　　　A_3　B　C　D　　　　　　　　　a_3
结论：A 事件是 a 现象的原因（或结果）。

例 1　某合成氨厂，最近氢回收单元的制冷设备冷箱的工艺参数总不正常。先查看了设备运行参数记录，发现从 2007 年年底到 2008 年年底，参数 AE11009 的值变化最大，由 18 到 30，再到 37，再到 54，而别的参数虽有起伏，但变化不大。这个参数代表低压尾气中的含氢量。说明可能有氢气泄漏，而且从参数上看是泄漏越来越严重。采用充压试验检查氢气出口管线是否泄漏时，将冷箱顶部三个减压阀和入口大阀关闭，然后打开冷箱充压阀充压，压力平衡后关闭该阀，20 min 后压力从 9.76 MPa 降到 3.2 MPa。根据压力变化速度，估计泄漏超过每小时 2 m³；而且，在冷箱压力下降过程中，有的管线表面结霜严重，有的管线表面不结霜，说明管线温度不同，这也是内漏的迹象。清理了冷箱内壁、内件，并进行了吹管，终于找到了泄漏点，进行了堵漏修复。

例 2　巡检柴油机，发现柴油机敲缸严重，试验调整间隙、转速、水温和喷油提前角，发现前三个参数有变化，敲缸程度没有变化。当前三个参数不变，调整喷油提前角，随着喷油提前角的变化，敲缸程度由小逐渐变大。具体如下表所示：

汽缸敲缸共变法诊断				
公式：场合	先续（或后续）事件			被研究对象
喷油提前角	缸筒间隙	转速	水温	敲缸程度
（1）　20°	0.2	1 500	85°	小
（2）　25°	0.2	1 500	85°	中
（3）　30°	0.2	1 500	85°	大
结论：喷油提前角不当引起敲缸。				

5. 用剩余法解决问题

剩余法
对于多个研究对象的情况，若已知一部分对象是某些事件的结果（或原因），则剩余对象就是剩余事件的结果（或原因）。
公式：a、b、c、d 是被研究对象，
A、B、C、D 是作用事件。
对象 a 是事件 A 作用的结果。
对象 b 是事件 B 作用的结果。
对象 c 是事件 C 作用的结果。
结论：对象 d 是事件 D 作用的结果。

例3 进行锅炉火检时,发现状况较差。火检是亮度和闪烁频率的叠加,从燃烧亮度上看是足够了,问题就出在频率;闪烁频率又与探头角度有关,调整火检探头角度,果然火检探头状况明显好转。剩余法还可以用以下形式表达:

剩余法

对于多个研究事件只对应一个结果(或原因)的情况,若已知其中一部分研究事件不对应这个结果(或原因),则剩余事件就对应这个结果(或原因)。

公式:a、b、c、d 是被研究事件,它们均对应某结果 A。

　　事件 a 不对应结果 A。
　　事件 b 不对应结果 A。
　　事件 c 不对应结果 A。

结论:事件 d 对应结果 A。

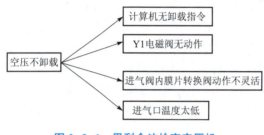

图 2-3-1 用剩余法检查空压机

例4 某厂的德国进口螺杆空压机有一次出现油气混合物外喷现象。运行人员报警,说空压机长时间工作在加载状态,压力一直在 0.78 MPa 以上却未卸载,由于油气分离器内的压力过高,安全阀动作不灵活,导致油气混合物喷出。按螺杆空压机修理经验(图 2-3-1)逐条检查发现,前两条都没有问题,显然问题出在第三、第四条。这时剩余法就发挥了作用。果然,由于室外进气口温度只有 -5℃,使进气阀内膜片转换阀动作不灵活,进气阀无法关闭,空压机始终处于加载状态。对封闭室外进气口、开通室内进气口重新设定了卸压值,空压机完全恢复正常。

6. 直方图法

在设备管理中,通过对收集到的貌似无序的设备点检数据进行处理,反映设备故障的分布情况是一种直方形矩形图表,用来判断和预测设备故障率。

例5 依据变压器每次出故障记录,如出问题的时间、现象、原因、部位等数据,绘制出变压器故障直方图,如图 2-3-2 所示。

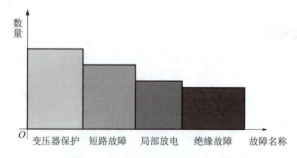

图 2-3-2 变压器故障的直方图

每次检查可按主次图故障率高的变压器的保护动作开始,然后检查是否有短路,再看是否有局部放电。而且从变压器的保护动作这个问题开始解决,最不会损害设备,符合由表及里、由浅入深的原则。在每一故障问题中还有很多下层问题，称为"儿子问题"，再往下也可能有"孙子问题"。也可把"儿子问题"的主次图画出来，要查变压器故障，依据总的主次图，先从最容易发生的问题开始，也就是先从保护动作开始。如果要准确地定位和排除故障，就应该看第一层的"儿子问题"主次图。如查到短路故障，应该先从出口短路查起，如出口短路，再逐渐向下查，看引线是否有短路；如果引线没有问题，再看绕组是否有短路，最后再看相间是否短路，直到找出问题源头。

设备巡检过程很多，如何优化诊断的过程，提高诊断的工作高效率，就要不断学习，掌握现代管理方法和手段，运用现代检测工具，最主要的是要用心工作，细心观察，做好记录，勤思考，善总结。

学习情境 3

车间级的设备管理

任务 3.1　编制设备安全操作规程

[引言]"安全第一、预防为主"是《中华人民共和国安全生产法》(简称《安全生产法》)的指导方针,要做到安全生产,设备安全操作是保证和前提。《设备安全操作规程》是指导和规范设备操作者安全、正确使用设备,保证自身和他人的人身安全、设备安全和产品安全的技术文件。

▶ 学习目标

(1) 了解《设备管理条例》对安全操作规程的要求。
(2) 了解《安全生产法》对安全操作规程的要求。
(3) 了解国家标准《金属切削机床安全防护通用技术条件》。
(4) 熟悉编写设备安全操作规程的基本内容与要求。
(5) 会编制设备安全操作规程。

▶ 工作任务

编写数控设备的安全操作规程。

▶ 知识准备

1. 学习《安全生产法》和《设备管理条例》的主要内容

《安全生产法》主要分为总则、生产经营单位的安全生产保障、从业人员的权利和义务、安全生产的监督管理、安全生产事故的应急救援与调查处理、法律责任、附则共七个部分(条款见书附录 A-1《安全生产法》)。主要目的是为了加强安全生产监督管理,防止和减少安全生产事故,保障人民群众的生命和财产安全,促进经济发展。坚持"安全第一、预防为主、综合治理"的方针。从法律角度强调从业人员在作业过程中,应当严格遵守本单位的安全生产规章制度和操作规程,服从管理,正确佩戴和使用劳动防护用品。

《设备管理条例》主要分为总则、设备使用管理、设备资产管理、设备安全运行、设备节约能源、设备环境保护、设备资源市场、注册设备工程师、法律责任、附则共计 10 部分(详细条款见书附录 A-2《企业设备管理条例》)。主要目的是规范设备管理活动,提高设备管理现代化水平,保证设备安全经济运行,促进国民经济持续发展。设备管理应当遵循依靠技术进步、保障生产经营与服务活动和预防为主的方针,坚持设计、制造与使用相结合,维护与检修相结合,修理、改造与更新相结合,专业管理与群众管理相结合,技术管理与经济管理相结合的原则。从法规角度强调企业对各类设备均应制定安全操作规程和保养、检修规程。严禁违章操作、带病作业和超过负荷运行。特种设备要按照国家有关部门制定的规程,定期进行安全检测,发现异常应停止使用,及时修理。

2. 学习《金属切削机床安全防护通用技术条件》

《金属切削机床安全防护通用技术条件》(GB 15760—2004)是针对金属切削机床和机床附件存在的主要危险,规定应采取的基本安全防护技术要求和措施以及验证方法。根据《金属切削机床安全防护通用技术条件》(GB 15760—2004),机床存在的主要危险有:机械危险,电气危险,热危险,噪声危险,振动危险,辐射危险,物质和材料产生的危险,设计时忽视人类工效学产生的危险,能量供应中断、机械零件破损及其功能紊乱造成的危险,安全措施错误、安全装置安装不正确或定位不正确产生的十大类危险。金属切削机床是机械制造工厂中应用最为普遍的加工设备,容易发生人身伤害事故。因此,各企业必须加强对机械加工设备安全评估和检查,机械加工设备安全评估表如表3-1-1所示。同时,企业应及时对从业人员进行设备安全操作规程的培训学习,规范设备操作行为,减少安全生产事故的发生。

表 3-1-1　机械加工设备安全评估表

序号	评估内容	安全要求	是否符合 Y	是否符合 N	是否符合 NA	备注
1	设备布局	符合设备布置安全距离:大型设备之间不得少于2 m,中型设备之间不得少于1 m,小型设备之间不得少于0.7 m;大型设备与墙和立柱距离不得少于0.9 m,中型设备与墙和立柱距离不得少于0.8 m,小型设备与墙和立柱距离不得少于0.7 m				
2	设备安装与调试	设备安装单位及人员必须具备相应的安装资质				资质需安装单位提供
3		机械加工设备必须保证按规定运输、搬运、安装、拆卸、调试时,不发生危险和危害				现场确认
4		对于重心偏移的设备和大型部件应标志重心位置或吊装位置,保证设备安装的安全				厂家提供或现场确认
5	主体结构	机械加工设备必须有足够的强度、刚度、稳定性和安全系数及寿命,以保证人身和设备的安全				需厂家提供,再现场确认

续表

序号	评估内容	安全要求	是否符合 Y	N	NA	备注
6	材料	机械加工设备本身使用的材料应符合安全卫生要求，不允许使用对人体有害的材料和未经安全卫生检验的材料				需厂家提供，再现场确认
7	外形	机械加工设备的外形结构应尽量平整光滑，避免尖锐的角和棱				需厂家提供，再现场确认
8	加工区	凡加工区易发生伤害事故的设备，应采取有效的防护措施				需厂家提供，再现场确认
9		防护措施应保证设备在工作状态下防止操作人员的身体任一部分进入危险区，或进入危险区时保证设备不能运转（行）或作紧急制动				需厂家提供，再现场确认
10	加工区	机械加工设备应单独或同时采用下列防护措施： a. 完全固定、半固定密闭罩 b. 机械或电气的屏障 c. 机械或电气的联锁装置 d. 自动或半自动给料出料装置 e. 手限制器、手脱开装置 f. 机械或电气的双手脱开装置 g. 自动或手动紧急停车装置 h. 限制导致危险行程、给料或进给的装置 i. 防止误动作或误操作装置 j. 警告或警报装置 k. 其他防护措施				需厂家提供，再现场确认
11		凡易造成伤害事故的运动部件均应封闭或屏蔽，或采取其他避免操作人员接触的防护措施				需厂家提供，再现场确认
12	运动部件	以操作人员所站立平面为基准，凡高度在 2 m 以内的各种传动装置必须设置防护装置，高度在 2 m 以上物料传输装置和带传动装置应设置防护装置				需厂家提供，再现场确认
13		为避免挤压伤害，直线运动部件之间或直线运动部件与静止部件之间的距离必须符合 GB 12265 中 4.2 条的规定				需厂家提供，再现场确认
14		机械加工设备根据需要应设置可靠的限位装置				需厂家提供，再现场确认
15		机械加工设备必须对可能因超负荷发生损坏的部件设置超负荷保险装置				需厂家提供，再现场确认

续表

序号	评估内容	安全要求	是否符合			备注
			Y	N	NA	
16	运动部件	高速旋转的运动部件应进行必要的静平衡或动平衡试验				需厂家提供，再现场确认
17		有惯性冲撞的运动部件必须采取可靠的缓冲措施，防止因惯性而造成伤害事故				需厂家提供，再现场确认
18	工作位置	机械加工设备的工作位置应安全可靠，并应保证操作人员的头、手、臂、腿、脚有合乎心理和生理要求的足够的活动空间				需厂家提供，再现场确认
19		机械加工设备的工作面高度应符合人机工程学的要求： a. 坐姿工作面高度应在 700~850 mm b. 立姿或立—坐姿的工作面高度应在 800~1 000 mm				需厂家提供，再现场确认
20		机械加工设备应优先采用便于调节的工作座椅，以增加操作人员的舒适性并便于操作				需厂家提供，再现场确认
21		机械加工设备的工作位置应保证操作人员的安全，平台和通道必须防滑，必要时设置踏板和栏杆				需厂家提供，再现场确认
22		机械加工设备应设有安全电压的局部照明装置				需厂家提供，再现场确认
23	紧急停车装置	机械加工设备如存在下列情况，必须配置紧急停车装置： a. 当发生危险时，不能迅速通过控制开关来停止设备运行，终止危险的 b. 不能通过一个总开关，迅速中断若干个能造成危险的运动单元 c. 由于切断某个单元可能出现其他危险 d. 在控制台不能看到所控制的全部				需厂家提供，再现场确认
24		需要设置紧急停车装置的机械加工设备应在每个操作位置和需要的地方都设置紧急停车装置				需厂家提供，再现场确认
25	防有害物质	机械加工设备应有处理和防护尘、毒、烟雾、闪光、辐射等有害物质的装置，在使用过程中不得超过标准				需厂家提供，再现场确认
26	噪声	机械加工设备的噪声指标应低于 85 dB（A）				需厂家提供，再现场确认

续表

序号	评估内容	安全要求	是否符合 Y	是否符合 N	是否符合 NA	备注
27	防火防爆	机械加工设备应按使用条件和环境的需要，采取防火防爆的技术措施				需厂家提供，再现场确认
28	电气装置	机械加工设备的电气装置按 GB 4064 执行				需厂家提供，再现场确认
29	控制机构	机械加工设备应设有防止意外起动而造成危险的保护装置				需厂家提供，再现场确认
30		控制线路应保证线路损坏后也不发生危险				需厂家提供，再现场确认
31		自动或半自动控制系统，必须在功能顺序上保证排除意外造成危险的可能性，或设有可靠的保护装置				需厂家提供，再现场确认
32		当设备的能源偶然切断时，制动、夹紧动作不应中断，能源又重新接通时，设备不得自动启动				需厂家提供，再现场确认
33		对危险性较大的设备尽可能配置监控装置				需厂家提供，再现场确认
34	显示器	显示器应准确、简单、可靠				需厂家提供，再现场确认
35		显示器的性能、形式、数量和大小及其度盘上的标尺应适合信息特征和人的感知特性				需厂家提供，再现场确认
36		显示器的排列应考虑以下原则： a. 最常用、最主要的视觉显示器尽可能安排在操作人员最便于观察的位置 b. 显示器应按功能分区排列，区与区之间应有明显的区别 c. 视觉显示器应尽量靠近，以缩小视野范围 d. 视觉显示器的排列应适合人的视觉习惯（即优先从左到右，从上到下）				需厂家提供，再现场确认
37		显示器的显示应与控制器的调整方向及部件运动方向相适应				需厂家提供，再现场确认
38		危险信号的显示应在信号强度、形式、确切性、对比性等突出于其他信号，一般应优先采用视、听双重显示器				需厂家提供，再现场确认

学习情境 3　车间级的设备管理

续表

序号	评估内容	安全要求	是否符合 Y	N	NA	备注
39	控制器	机械加工设备的控制器的排列应考虑以下原则： a. 控制器应按操作使用频率排列 b. 控制器应按其重要程度排列 c. 控制器应按其功能分区排列 d. 控制器应按其操作顺序和逻辑关系排列 e. 控制器的排列应适合人的使用习惯				需厂家提供，再现场确认
40		控制器应以间隔、形状、颜色或触感、形象符号等方式使操作人员易于识别其用途				需厂家提供，再现场确认
41		控制器应与安全防护装置联锁，使设备运转与安全防护装置同时起作用				需厂家提供，再现场确认
42		控制器的布置应适合人体生理特征				需厂家提供，再现场确认
43		控制器的操纵力大小应适合人体生物力学要求				需厂家提供，再现场确认
44		对两人或多人操作的机械加工设备，其控制器应有互锁装置，避免因多人操作不协调而造成危险				需厂家提供，再现场确认
45		控制开关的位置一般不应设在误动作的位置				需厂家提供，再现场确认
46	安全防护装置	安全防护装置应结构简单、布局合理，不得有锐利的边缘和突缘				需厂家提供，再现场确认
47		安全防护装置应具有足够的可靠性，在规定的寿命期限内有足够的强度、刚度、稳定性、耐腐蚀性、抗疲劳性，以确保安全				需厂家提供，再现场确认
48		安全防护装置应与设备运转联锁，保证安全防护装置未起作用之前，设备不能运转				需厂家提供，再现场确认
49		安全防护罩、屏、栏的材料，及至运转部件的距离符合安全要求				需厂家提供，再现场确认
50		光电式、感应式等安全防护装置应设置自身出现故障的报警装置				需厂家提供，再现场确认

续表

序号	评估内容	安全要求	是否符合 Y	N	NA	备注
51	紧急停车开关	紧急停车开关应保证瞬时动作时，能终止设备的一切运动。对有惯性运动的设备，紧急停车开关应与制动器或离合器联锁，迅速终止运行				需厂家提供，再现场确认
52		紧急停车开关的形状应区别于一般控制开关，颜色为红色				需厂家提供，再现场确认
53		紧急停车开关的布置应保证操作人员易于触及，不发生危险				需厂家提供，再现场确认
54		设备由紧急停车开关停止运行后，必须按启动顺序重新启动才能重新运转				需厂家提供，再现场确认
55	日常检修	机械加工设备的加油和日常检查一般不得进入危险区内				需厂家提供，再现场确认
56		机械加工设备的检验与维修，若需要在危险区内进行的，必须采取可靠的防护措施，防止发生危险				需厂家提供，再现场确认
57		机械加工设备需要进入检修的部位应有适合人体测量尺寸要求的开口				需厂家提供，再现场确认
58	安全标志和安全色	机械加工设备易发生危险的部位应设有安全标志或涂有安全色，提示操作人员注意				需厂家提供，再现场确认
59	标牌	机械加工设备的标牌，应注明安全使用的主要参数				需厂家提供，再现场确认
60	环境	设置托油盘，防止油或水泄漏到地上污染环境				设备安装时考虑
61	技术文件	机械加工设备的技术文件中应有设备的安全性能、安全注意事项以及检修的安全要求等方面内容				需厂家提供
62	设备正常投入使用	操作人员接受相应的操作技能及安全培训				需厂家提供
63		设备操作规程及作业指导书				设备管理部编制
64		日常维护保养记录				设备管理部编制

注：Y——是，N——不是，NA——不适用。

3. 设备安全操作规程的基本概要

设备安全操作规程（Safety Operation Process，SOP），是指导和规范操作者安全、正确地使用设备，保证自身和他人的人身安全、设备安全和产品安全的技术文件，也是企业建立安全生产制度的基本文件，是进行安全操作训练与培训的重要内容，也是处理生产安全伤亡事故的依据之一。

（1）设备安全操作规程的作用。

设备安全操作规程的作用是指导和规范设备操作者的行为，消除从业人员操作设备时猜测和不明确的工作流程，降低生产安全的风险，确保从业人员的生命和国家、企业财产的安全。

（2）编制设备安全操作规程的依据与原则。

编制设备安全操作规程的依据是《安全生产法》《设备管理条例》等国家相关法律法规和《金属切削机床安全防护通用技术条件》等国家标准，结合企业生产性质、机器设备的特点和《设备使用说明书》的技术要求、设备运行环境及工作经验等。

编制设备安全操作规程的原则是科学性、针对性、可操作性，并要求突出重点，文字简洁，通俗易懂，一目了然。

（3）设备安全操作规程的内容。

设备安全操作规程的内容主要有设备安全管理要求、设备安全技术要求、设备安全操作步骤三大部分。

① 设备安全管理要求的内容。

设备安全管理要求主要是设备的基本信息和对操作者安全的要求规定，重点是对设备操作人员的要求规定。

a. 设备操作人员须持证上岗（电工、起重机工、金属焊接（气割）工、机动车辆驾驶等特种作业人员，必须经过专门培训，并取得特种作业资格后方可上岗）。新设备投入使用前，设备制造厂家要负责培训设备操作人员，进行设备的操作和日常维护。操作人员考核合格后，才能上岗操作设备。

b. 设备操作人员必须正确佩戴和使用劳动防护用品。

c. 设备操作人员明确所操作设备的危险源和防范措施。

d. 设备操作人员保持良好的精神状态。

某公司编制设备安全操作规程时，对设备操作人员安全基本要求见表3-1-2。

表3-1-2 某公司设备操作人员的安全性基本要求

（1）杜绝操作者在精神状态差的情况下上岗，如酒后未完全清醒、患重感冒等。
（2）所有设备操作人员须持证操作，未获得设备操作证或资格证书的不能操作相应的设备。对于非操作人员，经过严格培训，了解机床的性能特点，并熟练掌握操作方法的，须经领导批准，才可上机操作。
（3）工作前，各工种人员必须按要求穿戴劳保用品。严禁穿戴起不到防护作用的劳保用品。
（4）患有高血压、恐高症、心脏病等疾病与酒后人员，不得登高作业。

② 设备安全技术要求内容。

设备安全技术要求主要是对设备运行安全状态的监控，保证设备技术质量满足要求规定，重点是设备运行过程中的点检、停机后的维护保养。

a. 设备开机前和运行中的检查项目。

b. 设备停机后的维护保养。

c. 设备异常的处理和报告。

某公司编制设备安全操作规程时，对设备运行安全的基本要求见表3-1-3。

表3-1-3 设备运行的安全基本要求

（1）设备使用前，必须检查设备和附属设施（设备）的完好性，严禁设备带病工作，发现设备运行异常，必须立即停止使用，关闭动力源，通知检修。 （2）严禁超负荷（如超容量、超高、超宽、超重、超速等）使用设备。严禁在不能满足设备使用条件的情况下使用设备。 （3）工作结束后，必须关闭水、电、气等动力源，并清扫工作现场，不得拖延。 （4）所有设备，执行设备日常维护作业，进行设备维护保养管理。 （5）多人操作、检修一台（套）设备时，操作者之间必须相互配合，确保其他操作者在安全位置的情况下，才允许操作。

③ 设备安全操作步骤内容。

设备安全操作步骤是针对设备类型，操作者操作设备的部位和顺序及方法，设备安全运行的操作程序要求而规定的，具有很强的针对性和可靠性，是设备安全操作规程的核心。如果设备安全操作步骤较多，一般可将设备系统或工作系统划分为若干部分展开编写，实际划分情况可根据设备的系统组成、作业性质、操作特点等制订。

④ 编制设备安全操作规程基本要求。

a. 标题：指明设备安全操作规程所对应的设备名称。

b. 防护用品要求：根据设备操作人员作业中所接触的物品和所处环境的危险特性，明确设备操作人员正确佩戴和使用劳动防护用品要求。

c. 安全作业要求：持证上岗、身体状态要求、禁止事项。

d. 操作步骤和方法：设备运行工作前、工作中、工作后，设备运行工作注意事项。

e. 基本信息：设备名称、型号、作业区域、责任人、编制者、编制日期、审核者、批准者、实施日期、版本。

⑤ 其他要求：为增强目视化效果，可以附上设备相关的图片或图表。

4. 编制设备安全操作规程（SOP）的步骤

（1）确定要求编制设备安全操作规程（SOP）的设备。

（2）调查、收集设备资料信息。

a. 该类设备现行的国家、行业安全技术标准，安全管理规程，有关的安全检测、检验技术标准规范。

b. 该设备说明书的操作维护要求和设备基本结构与性能。

c. 同类设备曾经发生的危险、事故及其原因等。

d. 同类设备的安全检查表。

e. 作业环境条件、工作制度、安全生产责任制等。

（3）起草编制设备安全操作规程（SOP）。

确定设备安全操作规程（SOP）内容后，即可按统一格式编写，设备安全操作规程（SOP）的格式一般可分为全式和简式两种。

全式一般由总则或适用范围、引用标准、定义或名词说明、设备操作安全要求等构成，通常用于适用范围较广的规程，如行业性规程。

简式一般由设备安全管理要求、设备安全技术要求、设备安全操作步骤三大部分构成，其针对性很强。企业内部制订的设备安全操作规程（SOP）通常采用简式，而各企业也有不同设备安全操作规程（SOP）的标准格式。

（4）试用、修订呈报设备主管部门审核，发布正式版的设备安全操作规程（SOP）。

（5）执行正式版设备安全操作规程（SOP）。

看一看案例

编制数控抛光机安全操作规程。

1. 工作准备

（1）认真学习《安全生产法》《设备管理条例》《金属切削机床安全防护通用技术条件》等安全生产法律、法规和国标，掌握人与设备的安全基本要求。

（2）查阅数控抛光机说明书，了解数控抛光机使用时的具体安全要求和操作步骤等相关信息。

（3）熟悉数控抛光机的结构、使用性能等，明确数控抛光机操作的关键部位和功能。

（4）到生产现场了解数控抛光机使用情况和工作环境等。

（5）熟悉编制设备操作规程的基本要求和设备安全操作规程（SOP）标准编写格式。

2. 工量具、材料的准备

（1）记事本和笔及照相机。

（2）电脑一台（配置常用办公系列软件）。

3. 实施步骤

第一步，综合所收集到的数控抛光机信息，进行分析，起草数控抛光机操作规程初稿。如表3-1-4所示。

表 3-1-4　数控抛光机安全操作规程

数控抛光机安全操作规程（SOP）		
设备型号：C-PO001		编号：　008
区域：汽车曲轴加工线	工位：8	负责人：张结
	个人防护用品（PPE）要求： 带侧盾的防护眼镜 防铁屑劳保鞋 长袖工作服，扣紧衣袖	
1. 上岗要求 1.1　操作人员必须熟悉机床性能，经过操作技术培训，考核合格后，方可上岗操作。 1.2　操作人员应遵守本机床安全操作规程，按车间本工位要求穿戴好劳动防护用品，扎好袖口，戴好防护眼镜。过颈长发操作员或女工应戴好工作帽。严禁戴围巾和敞开衣服操作机床。		

续表

1.3 杜绝操作者在精神状态差的情况下上岗,如酒后未完全清醒、患重感冒等。

1.4 患有高血压、恐高症、心脏病等疾病与酒后人员,不得登高作业。

2. 开机准备

2.1 开机前检查机床各安全防护装置是否齐全、可靠,确认无误后方可操作。

2.2 检查确认机床的危险区域内没有人员后,方可操作。

2.3 机床内及机床操作面板上不得放置工、量具或其他物品。

2.4 只能在防护门关闭并联锁的状态下开机运行。

3. 开机操作

3.1 接通电控柜上的主电源开关。

3.2 按下按钮"开机"接通控制电压。长按此按钮3秒钟,接通液压装置。

3.3 按"应答故障"将"自动运行—调整运行—关"转换开关拨到"自动运行"位置,按下"基准位置"按钮,等待机床自动运行至基准位置。

3.4 运行模式选择:自动运行,把运行方式选择开关调节到"自动运行",按下软键"F14""Machine Overview"——"F1 Cycle Type",进行节拍方式选择,按下"循环开始"按钮,机床进行自动运行状态。

4. 设备运行

4.1 设备运行期间不允许任何人停留在安全防护装置之内。

4.2 设备运行时不允许打开各安全防护门。

4.3 加工过程中发生故障或有异常,必须立即停机进行检查;不能排除的,及时通知相关人员处理。

5. 停机

5.1 在"调整运行"时关机:按下"节拍结束后停"按钮——按下"关机"按钮。

5.2 在"自动运行"时关机:按下软件"F14""Machine Overview"——"F1 Cycle Type",操作软键"Runout Cycle(On)"(空运转接通),按下"关机"按钮。

6. 注意事项

6.1 操作中确需两人以上工作时,应协调一致,有主有从,在机床或人员未发出规定信号之前,禁止下一步骤的操作。

6.2 保持机床清洁,不要弄脏、刮伤和弄掉安全警示牌。如字迹、图案模糊不清或遗失,应及时补充或更换。

6.3 严禁任意开启电气柜、数控装置盖板。

6.4 工作前必须检查润滑系统、液压系统及气动系统的油量、油压及气压,必须符合要求。

6.5 更换抛光带时必须在机床停机状态下能量锁定后进行。

| 编制:陈松 | 审核: | 批准: | 日期:2013年12月 |

第二步,让操作者试行数控抛光机安全操作规程初稿,再修改,最后报设备主管审核,公司批准执行。

第三步,将数控抛光机安全操作规程录入电脑中,作为设备管理资料备案。

任务 3.2　计算与分析设备管理评价指标

[引言] 设备管理的评价指标体系是检验和衡量设备管理水平重要的方法之一。企业通过设备管理评价指标体系，对各部门设备管理和预防维修员作进行控制、监督、分析、评价和考核，引导和激励员工参与设备管理工作，促进设备管理工作的优化，发挥设备的效能，提高企业经济效益。

学习目标

（1）了解设备管理评价指标体系。
（2）掌握设备管理的主要考核指标。
（3）计算与分析设备管理评价指标。
（4）掌握设备经济性评价指标的运用。

工作任务

（1）计算与分析设备的综合效率（OEE）。
（2）计算与分析设备的平均故障间隔时间（MTBF）和平均修理时间（MTTR）。

知识准备

1. 设备管理评价指标体系

由于设备管理工作涉及物资、财务、劳动组织、技术、经济和生产计划等诸方面，要检验和衡量各个环节的管理水平和经济效益，就必须建立和健全设备管理评价指标体系。在构建设备管理评价指标体系时，必须结合企业设备特点和设备管理实际情况，突出管理创新特点；以企业战略目标为航标，引导设备管理的持续改善；按企业设备管理组织功能目标，设定不同评价、考核项目与指标；以评价为主，考核为辅；将平时考核和周期考核统一起来；单一评价指标和多种评价指标相结合，进行设备管理综合评价，来反映设备运行和管理水平的信息，实现对设备的有效管理和资金投入。

设备管理评价指标体系体现科学化、规范化，必须遵循系统性原则、科学性原则、典型性原则、动态性原则，可比、可操作、可量化原则和综合性原则。随着企业设备管理的深化，设备管理评价和考核指标体系也在不断地发展和变化，新老评价和考核指标的取舍和优化，正沿着科学性、系统性、准确性、公正性等方面发展。不同的行业、企业，设备管理评价考核指标体系表现形式不同，评价与考核指标项目也会不同。

实际应用中可根据企业设备管理设三个主要层次：即企业级——战略目标；车间级——管理流程；班组级——执行层面。配套不同的评价、考核指标和项目构成企业设备管理不同层次评价指标体系，各层次评价指标相互关系如图 3-2-1 所示。

各企业没有统一的设备管理评价指标，国内使用过的设备管理评价指标通常有四大类：第一类为设备性能维护和发挥类指标；第二类为设备维护成本类指标；第三类为维修组织管理类指标；第四类为综合评价类指标。各类具体指标与计算公式见附录 B。

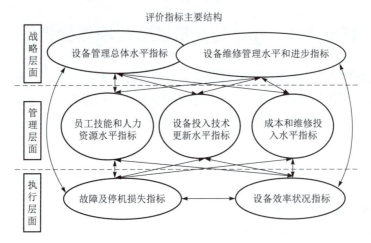

图 3-2-1　设备管理不同层次的评价指标体系结构图

例如某汽车制造企业设备管理评价指标体系从公司级、车间级、班组级，全部按安全、人员、质量、响应、成本、环保五个项目进行评价与考核，如表 3-2-1 所示，但各层次的考核指标值是不一样的。

表 3-2-1　某汽车制造企业设备管理考核表

考核项目	安全	人员	质量	响应	成本	环保
考核内容	安全零故障	人员培训和发展、绩效考核	维修质量、MTBF、设备改善	停线率、MTTR、现场故障响应	维修成本、备件库存	工作环境、节能降耗

2. 现代设备管理主要评价指标的计算

目前国际上通常采用设备综合效率（OEE）和完全有效生产率（TEEP）两个指标来全面衡量设备的效率发挥情况。

（1）设备综合效率。

设备综合效率（Overall Equipment Effectiveness，OEE），是表现实际的生产能力相对于理论产能的比率，它是一个独立的测量工具。设备综合效率（OEE）是企业设备效能的一个考核指标，是设备分析改善的一个工具，也是设备投入决策的一个依据。计算公式为：

设备综合效率（OEE）= 时间开动率×性能开动率×合格品率

其中，时间开动率反映设备的时间利用情况；性能开动率反映设备的性能发挥情况；而合格品率则反映设备的有效工作情况。反过来，时间开动率度量设备的故障、调整等停机损失，性能开动率度量设备短暂停机、空转、速度降低等速度损失；合格品率度量设备加工废品的损失，如图 3-2-2 所示。设备综合效率（OEE）使各类设备损失定量化，并可用量化的数据来描述设备改善的效果。

按照国际统一的标准，一个世界级的制造业，其设备综合效率（OEE）指标大于 85%，时间开动率大于 90%，性能开动率大于 95%，合格品率大于 99%，完全有效生产率（TEEP）指标大于 75%。

设备综合效率（OEE）既可运用于计算单台设备的设备综合效率（OEE），也可用于计算一条生产线或一个工作站的设备综合效率（OEE），甚至可计算整个工厂设备的设备综合效率（OEE），具体的计算公式如表3-2-2所示。

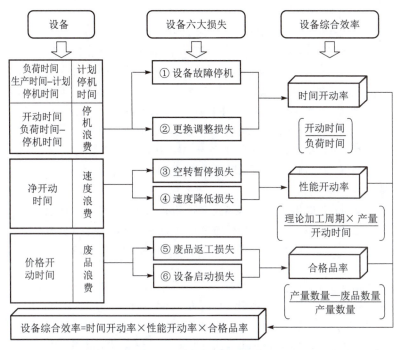

图 3-2-2 设备综合效率图

表 3-2-2 设备综合效率指标用语与计算公式表

名称	定义与计算公式
日历工作时间（生产时间）	是从事生产活动的时间。一般指每天8小时的工作时间。如果有延点或未满8小时时间，则按实际时间计算
计划停机时间	在日历工作时间内有计划地安排设备停机时间。如日常管理上必要的早晚会、休息时间、设备维护保养时间、产品试制时间等
非计划停机时间	在日历工作时间内，设备因故障、换模和调整、待料等造成的停机时间
负荷时间（计划利用时间）	为了完成生产任务设备所需的开动时间 负荷时间=日历工作时间-计划停机时间（单台设备用） 计划利用时间=日历工作时间-计划停机时间（生产线用）
开动时间	设备实际开动的时间 开动时间=负荷时间-非计划停机时间=日历工作时间-所有停机时间（单台设备用） 开动时间=计划利用时间-非计划停机时间（生产线用）

续表

名称	定义与计算公式
时间开动率	反映设备的时间利用情况,是衡量因设备故障、更换模具和调整设备而造成设备停机的损失 时间开动率=开动时间÷负荷时间×100%（单台设备用） 时间开动率=开动时间÷计划利用时间×100%（生产线用）
性能开动率	反映设备的性能发挥情况,是衡量设备暂停、空转以及速度降低等性能损失 性能开动率=速度开动率×净开动率（单台设备用） 　　　　　=理论加工周期×加工数量÷开动时间×100% 性能开动率=实际节拍数÷计划节拍数×100%（生产线用） 其中,计划节拍数=开动时间÷标准节拍时间
速度开动率	衡量在性能开动率中因设备速度降低而发生时间浪费大小的指标 速度开动率=理论加工周期÷实际加工周期×100%（单台设备用） 　　　　　=产品计划生产时间÷产品实际生产时间×100%
净开动率	衡量在性能开动率中因设备空转、暂停而发生时间浪费长短的指标 净开动率=实际加工周期×加工数量÷开动时间×100%（单台设备用）
合格品率	反映设备的有效工作情况,衡量设备加工废品造成的损失。 合格品率=（加工数量-废品数量）÷加工数量×100%（单台设备用） 合格品率=合格品数量÷加工数量×100%（生产线用）
设备综合效率	OEE=时间开动率×性能开动率×合格品率

计算设备综合效率（OEE）值的目的,是为了分析设备的损失,寻找造成设备停机损失的主要原因,以进行设备改善,提高设备的效能。根据设备综合效率（OEE）数据统计分析,造成现场设备和生产率降低的主要原因有设备故障损失；更换模具与调整损失；设备空运转与暂停损失；设备速度降低损失；次品废品返工损失；设备启动损失等六大损失。只要改善设备的六大损失,就可以大幅度提高设备使用效率。

例1 某台设备一天运行数据统计为：日历工作时间 8 h,早会 10 min,设备保养 20 min,设备故障停机 30 min,设备换模、调整 40 min,加工数量 430 件,废品 5 件,理论加工周期 0.64 min/件,实际加工周期 0.8 min/件,要求计算此设备的时间开动率、性能开动率、合格品率、设备综合效率,并说明这台设备效能状况。

解：负荷时间=日历工作时间-计划停机时间=8×60-20-10=450（min）

开动时间=负荷时间-非计划停机时间=450-30-40=380（min）

时间开动率=开动时间÷负荷时间×100%=380÷450×100%≈84.4%

速度开动率=理论加工周期÷实际加工周期×100%=0.64÷0.8×100%=80%

净开动率=实际加工周期×加工数量÷开动时间×100%=0.8×430÷380×100%≈90.1%

性能开动率=速度开动率×净开动率=80%×90.1%=72.4%
合格品率=(加工数量−废品数量)÷加工数量×100%=(430−5)÷430×100%=98.8%
设备综合效率（OEE）=时间开动率×性能开动率×合格品率
=84.4%×72.4%×98.8%=60.4%

因为设备综合效率≥85%为好的，该设备的综合效率（OEE）=60.4%，小于85%，说明该设备综合效能比较低，而设备的性能开动率是最低的，只有72.4%，需进一步分析造成设备损失的原因，并进行设备改善和管理改善。

（2）完全有效生产率。

完全有效生产率（Total Effective Equipment of Production，TEEP），也称产能利用率，是将所有与设备有关和无关的因素都考虑在内来全面反映企业设备的生产效率。计算公式为：

完全有效生产率（TEEP）=设备利用率×设备综合效率（OEE）

其中，设备利用率=（日历工作时−计划停机时间−非设备因素停机时间）÷日历工作时间×100%=开动时间÷日历工作时间×100%

在实际工作中，会遇到非设备本身因素引起的停机，如无订单、停水、停电、停气等因素，即设备外部因素停机损失。如果运用设备综合效率（OEE）来计算与分析，就不能全面体现设备的效率，通过完全有效生产率（TEEP）把非设备因素所引起的停机损失分离出来，作为利用率的损失来度量，是对设备综合效率（OEE）的补充和完善。

完全有效生产率（TEEP）与设备综合效率（OEE）之间的关系，如图3-2-3所示。完全有效生产率（TEEP）能把因为设备本身保养不善的损失和系统管理不善、设备产能不平衡、企业经营不善导致的损失全面地反映出来，即能全部反映设备因素造成的停机损失和非设备因素造成的停机损失（八大损失）。而设备综合效率（OEE）则主要反映了设备本身系统维护、保养和作业效率状况，仅反映设备因素造成的停机损失（六大损失）。

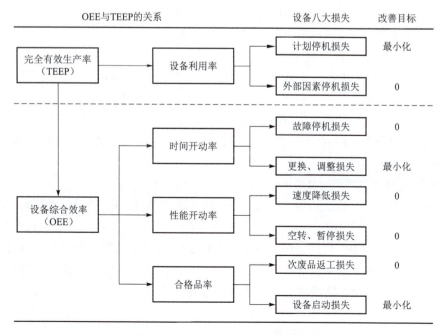

图3-2-3 TEEP与OEE的关系图

完全有效生产率 TEEP 与设备综合效率 OEE 公式的本质内涵：

$$设备综合效率 OEE = 时间开功率 \times 性能开功率 \times 合格品率$$

$$= \frac{理论加工周期 \times 合格品数量}{负荷时间}$$

即：完全有效生产率设备综合效率 OEE 反映了合格品生产时间占计划利用时间（负荷时间）的比例：

$$完全有效生产率 TEEP = 设备利用率 \times 设备综合效率$$

$$= \frac{负荷时间}{日历工作时间} \times \frac{理论加工周期 \times 合格品数量}{负荷时间}$$

$$= \frac{理论加工周期 \times 合格品数量}{日历工作时间}$$

即：TEEP 反映了合格品的生产时间占日历时间的比例。

例 2　某设备一天的工作时间为 8 h，班会 20 min，故障停机 20 min，更换产品设备调整 10 min，产品理论加工周期为 0.5 min/件，实际加工周期为 0.8 min/件，一天共加工 400 件，有 8 件废品，求这台设备的 OEE 和 TEEP。

解：负荷时间 = 日历工作时间 - 计划停机时间 = 8×60-20 = 460（min）

开动时间 = 负荷时间 - 非计划停机时间 = 460-20-10 = 430（min）

时间开动率 = 开动时间÷负荷时间×100% = 430÷460×100% = 93.5%

性能开动率 = 速度开动率×净开动率

= 加工数量×理论加工周期÷开动时间×100%

= 400×0.5÷430×100% = 46.5%

合格品率 = (加工数量-废品数)÷加工数量×100% = (400-8)÷400×100% = 98%

OEE = 时间开动率×性能开动率×合格品率 = 93.5%×46.5%×98% = 42.6%

设备利用率 = 开动时间÷日历工作时间×100% = 430÷480×100% = 89.6%

TEEP = 设备利用率×OEE = 89.6%×42.6% = 38.2%

（3）平均故障间隔时间（MTBF）。

平均故障间隔时间（Mean Time Between Failure，MTBF），又称平均无故障时间，是在一定的时间范围内，设备从本次故障到下次故障的平均间隔时间，即某设备故障发生期间的时间平均值。一般以小时为单位。MTBF 是衡量一个设备可靠性的定量指标。它反映了设备的时间质量，体现设备在规定时间内保持功能的一种能力。MTBF 数值越大则表示设备可靠性越好，设备故障率越低。

（4）平均故障处理时间（MTTR）。

平均故障处理时间（Mean Time To Repair，MTTR），是在一定的时间范围内，设备从故障发生起到修理结束，能够正常运行为止的平均处理时间。它包括确认设备失效发生所需要的时间，以及修理所需要的时间。同时也包含获得配件的时间，维修团队的响应时间，记录所有任务的时间，还有将设备重新投入使用的时间。MTTR 是衡量一个设备的维修性指标，一般以分钟为单位。MTTR 数值越小则表明设备性能恢复越快，维修人员现场故障响应快，维修能力强等。

MTBF 与 MTTR 的计算公式如图 3-2-4 所示。

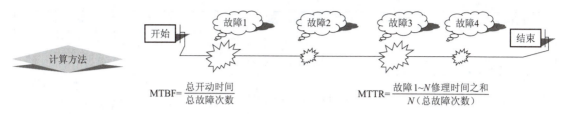

图 3-2-4 MTBF 与 MTTR 的计算公式

例 3 某设备运行数据图 3-2-5 所示，求设备的 MTBF 和 MTTR，并分析设备运行的可靠性。（考核指标 MTBF≥25 h、MTTR≤15 min）

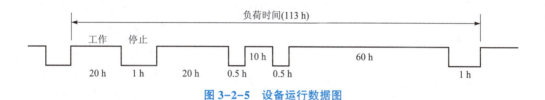

图 3-2-5 设备运行数据图

解：设备总开动时间 = 负荷时间 - 总停止时间 = 113 - (1+0.5+0.5+1) = 110（h）

设备总故障次数 = 1+1+1+1 = 4（次）

MTBF = 总开动时间÷总故障次数 = 110÷4 = 27.5（h）

故障总修理时间 = 1+0.5+0.5+1 = 3（h）

MTTR = 故障总修理时间÷总故障次数 = 3÷4 = 0.75（h） = 45（min）

设备的 MTBF 为 27.5 小时，大于考核指标 25 小时，说明设备可靠性较好。而 MTTR 为 45 分钟大于考核指标 15 分钟，说明维修人员响应能力和维修技能等较差，有待进一步的培训学习。

（5）故障停机率（EFR）。

故障停机率（Equipment Failure Rate，EFR），是指设备事故（故障）停机时间与设备应开动时间的百分比。简单地说是一台设备（或一条生产线）丧失功能时间占设备工作运转时间的比率。其中设备故障停机时间包含设备维修时间和等待时间等，是考核设备技术状态、故障强度、维修质量和效率一个指标。在企业里面通常都是按月统计计算设备故障停机率。故障停机率对生产线来说也称停线率。其计算公式为：

$$K_f = \frac{T_s}{T_T} \times 100\%$$

式中 K_f——故障停机率；

T_s——设备故障停机时间；

T_T——设备运转开动时间。

由于行业、企业、设备类型等不同，设备故障停机率的考核指标值也就不同。

（6）关键绩效指标（KPI）。

常用的设备管理关键绩效指标（KPI）统计在表 3-2-3 内。

表 3-2-3　常用的设备管理关键绩效指标（KPI）

指标名称	单位	计算公式	目的
设备综合效率	%	时间开动率×性能开动率×合格品率	评估设备综合效能
完全有效生产率	%	设备利用率×设备综合效率	评估设备综合效率
故障率（停线率）	%	∑故障时间÷∑开机时间	评估设备技术状态、故障强度、维修质量和效率
平均故障间隔时间	小时	（∑开机时间−∑故障时间）÷∑故障次数	评估设备的维护保养水平，衡量设备可靠性，即平均无故障工作时间
平均故障修复时间	分钟	∑故障时间÷∑故障次数	评估设备的快速维修能力，衡量设备保养性，即发生故障后的平均修复时间
故障台时率	分钟/台	∑故障时间÷∑设备台数	反映设备维修性和修理作业的效率，是一个相对指标，为了比较不同厂区的设备故障时间水平
故障台次率	次/台	∑故障次数÷∑设备台数	是一个相对指标，为了比较不同厂区的设备故障次数水平
故障强度率	%	∑故障停机时间÷∑故障次数	评价设备故障对生产影响的程度
故障频率	%	∑故障次数÷∑开机时间	评价设备故障维修水平

3. 设备经济性评价指标

为了取得良好的设备投资效益，达到设备寿命周期费用的最佳化。在考虑设备技术的先进性、适用性的同时，还应重视设备的经济评价，使之在经济上合理。设备经济性评价指标常用下列几种方法。

（1）设备寿命周期费用。

设备寿命周期费用（Life Cycle Cost，LCC），是设备从购置（研究、设计、制造）、安装、调试、使用、维护、修理、改造和报废的整个寿命周期内所消耗费用的总和。LCC 是衡量设备经济性的一个指标，也是企业设备投入、更新和改造的重要决策依据。LCC 的计算是一个十分重要而复杂的问题，LCC 常用估算方法有工程估算法、类比估算法、专家判断估计法、参数估算法四种。

LCC 的工程估算法，是按设备寿命周期费用分解结构，如图 3-2-6 所示，从基本费用单元起自上而下逐项将整个设备系统在设备寿命周期内的所有费用单元累加起来。其计算公式为：

$$C_T = \sum_{i=1}^{n} C_i$$

式中　C_T——LCC；

　　　n——费用单元数；

C_i——第 i 项费用单元的费用。

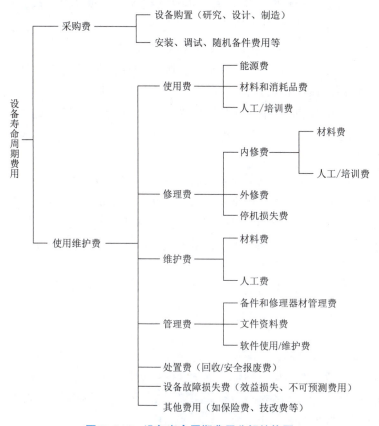

图 3-2-6　设备寿命周期费用分解结构图

LCC 管理理念核心在于：设备的采购费用（研制、生产成本、安装调试等）不足以说明设备总费用的高低，而应将采购费和使用维护费结合起来综合考虑。

LCC 管理的作用：对设备采购费和使用维护费进行综合评估，如图 3-2-7 所示，找出最优方案，有利于提升设备性能、RAMS（可靠性、可用性、维修性和安全性）等，降低设备后期的使用成本。

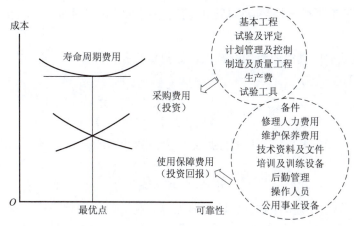

图 3-2-7　设备寿命周期费用与可靠性的关系图

研究 LCC 的意义：

第一，对于使用寿命较长的机器设备，不论其技术水平较高或一般，也不论是生产设备或者军事装备甚至生活上的商用消费品，在设备一生的费用支出中，使用阶段的维持费都占有很大比重，一般总是大大高于购置阶段的费用支出。因此，无论是自行设计、制造设备或是从市场上选购设备，都不能只着眼于初期购置费用的高低，而更要注意分析、研究设备在使用阶段维持费用的大小，否则就会"因小失大"，导致设备的长期使用过程中费用上升。寿命周期费用的观点是指导设备经济管理的基本观点。运用这一观点来全面、系统地加强设备经济管理，就能以较少的费用支出创造更多的产出，从而获得良好的经济效益。

第二，设备的规划、设计阶段对设备使用阶段维持费用的大小具有决定性的影响。因为在规划、设计阶段就决定了设备的规格、参数、性能、总体布局与具体结构，这就从总体上决定了设备的技术参数、生产效率、能耗的大小，可靠性、维修性的优劣以及维修费用的高低。为了获得经济合理的寿命周期费用，设备的规划设计阶段必须在考虑设备技术性能的同时，综合考虑降低维持费用的要求。

第三，在对设备项目、产品进行评价时，通过计算与分析 LCC，提出费用效益，追求 LCC 的最佳经济。特别是在大型设备投资项目中，通过对 LCC 进行计算与分析评价，能科学地选择最佳投资方案。

随着现代化设备的数控化、智能化、大型化、精密化，设备维护成本在寿命周期费用中的比例不断增加。在国内外的设备招标评标中，LCC 成为用户的一项基本要求。

LCC 方法被广泛应用于设备选型、维修决策、更新改造、维修费用控制等方面。

（2）设备投资回收期法。

① 设备投资回收期法含义。

设备投资回收期法又称归还法或还本期法，常用于设备购置投资方案的评价和选择。它是指企业用每年所得的收益偿还原始投资所需要的时间。

这种方法是把财务流动性作为评价基准，用投资回收期的长短来判定设备的投资效果，最终选择投资回收期最短的方案作为最优方案。

② 计算方法。

由于对企业每年所得的收益应包括的内容有不同的见解，因而投资回收期有三种不同的计算方法。

a. 用每年所获得的利润或节约额补偿原始投资。我国大多数企业常用这一方法计算投资回收期。其计算公式为：

$$投资回收期 = \frac{设备投资额（元）}{年利润或节约额（元/年）}$$

b. 用每年所获得的利润和税收补偿原始投资。其计算公式为：

$$投资回收期 = \frac{设备投资额（元）}{年利润+年上缴税金（元/年）}$$

c. 用每年所获得的现金净收入，即折旧加税后利润补偿原始投资，这种方法常被西方企业采用。其计算公式为：

$$\text{投资回收期} = \frac{\text{设备投资额（元）}}{\text{年现金净收入（元/年）}}$$

在上述公式中，若各年收入不等，可逐年累计其金额，与原始投资总额相比较，即可算出投资回收期。

③ 设备投资回收期法的缺点。

a. 没有考虑货币的时间价值。

b. 只强调了资金的周转和回收期内的收益，忽略了回收期之后的收益。

就某些设备投资在最初几年收益较少的长期方案而言，如果只根据回收期的长短来做取舍，就可能会做出错误的决策。

(3) 设备投资现值法。

① 设备投资现值法含义。

设备投资现值法是把不同方案设备的每年使用费用利息率折合为"现值"，再加上最初投资费用，求得设备使用年限中的总费用（也称现值总费用），据此进行比较，从而判断设备投资方案经济性优劣的一种方法。

② 计算公式。

设备投资现值法总费用的计算公式为：

设备使用年限中的总费用=最初投资费用+（每年使用费用×现值系数）

$$\text{现值系数} = \frac{(1+i)^n - 1}{i(1+i)^n}$$

式中　i——年利率；

　　　n——设备使用年限。

现值系数除了可以用上面的公式计算外，还可通过查表求得。例如，某企业需购置某种设备，其中有 A、B 两种型号，有关资料见表 3-2-4 所示。

表 3-2-4　A、B 型号设备比较表

相关费用设备型号	A 型号设备	B 型号设备
最初投资费用/元	8 000	10 000
每年使用费用/元	1 000	800
使用年限/年	10	10
年利率/%	10	10
残存价格/元	0	0

当年利率 $i=10\%$，设备使用年限为 10 年时，现值系数为 6.444，则：

A 设备现值总费用为：8 000+（1 000×6.444）= 14 444（元）

B 设备现值总费用为：10 000+（800×6.444）= 15 155.20（元）

由于 A 型号设备现值总费用比 B 型号低 711.2（15 155.20-14 444）元，因此应选择 A 型号的设备。

(4) 设备投资年费用法。

① 设备投资年费用法含义。

设备投资年费用法是把不同方案的年平均费用总额进行比较,以评价其经济效益的方法。

② 计算方法。

年平均费用总额是指每年分摊的原始投资费用与每年平均支出的使用费用之和,用公式表示:

$$年平均总费用 = 年使用费用 + (设备最初投资费用 \times 投资回收系数)$$

其中,

$$投资回收系数 = \frac{i(1+i)^n}{(1+i)^n - 1}$$

式中　i——年利率;

　　　n——设备使用年限。

可见,投资回收系数是现值系数的倒数,它既可以按上式计算,也可以通过查表求得。仍以表 3-2-4 的资料为例,说明设备投资年费用法的评价方法。

当 $i=10\%$,$n=10$ 年时,投资回收系数为 0.162 75。

A 型号设备的年平均总费用为:1 000+(8 000×0.162 75)= 2 302(元)

B 型号设备的年平均总费用为:800+(10 000×0.162 75)= 2 427.5(元)

计算结果表明,设备投资费用 A 型号比 B 型号低 125.5(2 427.5-2 302)元,故应选择 A 型号的设备。决策方案与现值法的结果相同。

看一看案例

例 4　某汽车制造生产线的设备运行数据统计在表 3-2-5 内,计算生产线的停线率、MTTR、MTBF,并分析第一季度生产线运行状况(设备管理考核指标:停线率≤3.6%、MTTR≤5 min,MTBF≥1.3 h)。

表 3-2-5　某汽车生产线设备运行数据统计表

项　目	1月	2月	3月	一季度
开动时间/min	18 820	20 020	26 490	65 330
停线时间/min	732	1 184	670	2 586
故障次数/次	204	243	246	693

解:先计算 1 月份生产线的停线率,MTTR、MTBF 的数据如下:

1 月份:停线率 = 停线时间÷开动时间×100% = 732÷18 820×100% = 3.89%

1 月份:平均故障处理时间(MTTR)= 停线时间÷故障次数 = 732÷204 = 3.59(min)

1 月份:平均故障间隔时间(MTBF)= 运行时间÷故障次数 = 18 820÷204

　　　　　　　　　　　　　　= 92.25(min)

　　　　　　　　　　　　　　= 1.55(h)

再将 2、3 月份和一季度数据依次进行类似计算,并将其结果填入表中得表 3-2-6。

表 3-2-6　汽车生产线设备运行数据统计表

项　　目	1月	2月	3月	一季度
开动时间/min	18 820	20 020	26 490	65 330
停线时间/min	732	1 184	670	2 586
故障次数/次	204	243	246	693
停线率/%	3.89	5.91	2.53	3.96
MTTR/min	3.59	4.87	2.72	3.73
MTBF/h	1.55	1.38	1.80	1.58

分析生产线运行状态：

（1）根据计算数据可知，一季度的生产线停线率为 3.96%＞3.6%，超过企业考核指标值 3.6%，特别是 2 月份高达 5.91%，说明一季度的生产线运行状态（可靠性）比较差。

（2）一季度的平均故障间隔时间（MTBF）为 1.58 h，大于考核指标 1.3 h，说明生产线故障频率没有超出控制范围，生产线的可靠性较好。

（3）一季度的平均故障处理时间（MTTR）为 3.73 min，小于 5 min，故障处理时间没有超过控制范围，说明维修人员现场故障响应快，技能较好。

任务 3.3　编制设备点检作业标准和点检表

[引言]　编制设备点检作业标准和点检表，以形成设备点检作业标准化、规范化，是提高设备现场维护保养的质量和效率的方法之一。

▶ 学习目标

（1）了解设备维修标准体系的内容和作用。
（2）熟悉编制设备点检作业标准的方法。
（3）熟悉编制设备点检表的方法。
（4）会编制数控机床点检作业标准和点检表。

▶ 工作任务

编制数控机床点检作业标准和点检表。

▶ 知识准备

1. 设备维修标准体系

设备维修标准体系是由维修技术标准、点检作业标准、润滑作业标准、维修作业标准、法定检查标准等五大项组成，如图 3-3-1 所示。

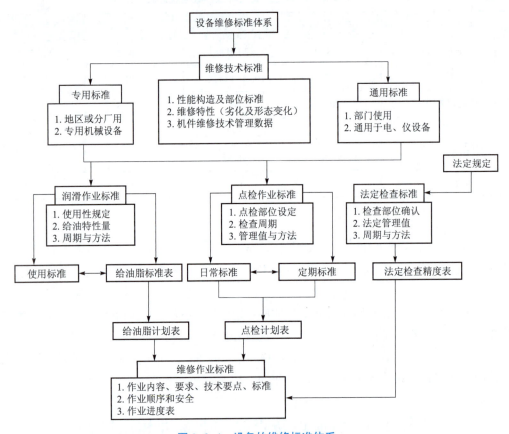

图 3-3-1 设备的维修标准体系

设备维修标准体系是对设备进行维修、点检检查、维护保养以及检查修理等规范化作业的依据，也是衡量管好、用好和修好设备的基本准则。它为设备操作者和设备维修人员进行设备维护、修理等提供了方法、步骤和具体要求。

（1）维修技术标准。

维修技术标准反映了设备装置的性能构造；劣化倾向、异常状态等维修特性；维修技术管理值；零部件的维修标准。维修技术标准包括通用维修技术标准和专用维修技术标准。

通用维修技术标准规定了用于通用设备零部件的标准值，而专用维修技术标准则规定了专用设备的固有维修标准，如电机定期测量标准，变压器绝缘电阻值的定期测量标准等。

维修技术标准主要内容：设备名称、装置名称、部位简图、零件名称、材质、维修标准（包括图纸尺寸、图纸间隙、劣化极限容许量）、点检方法、点检周期、更换或修理周期和检修方面的特别事项等，轧机传动减速机维修技术标准如表 3-3-1 所示。

表 3-3-1 轧机传动减速机维修技术标准

设备名	初轧机	装置名	传动减速机							

S：班、M：月、D：天 Y：年、W：周

部位简图	件名	材质	维修标准			点检或者检查		调换周期	备注
			图纸尺寸 /mm	图纸尺寸间隙 /mm	容许量	方法	周期		
	①小齿轮	SCM4	M=10 N=17 PCD=170	齿间隙 0.290-1.150	齿厚磨损 20%	测定	2Y		
	②大齿轮	S45C	M=10 N=109 PCD=1 090		齿厚磨损 30%	测定	2Y		
	③轮	SCM4	M=16 N=19 PCD=304	齿侧隙 0.38-1.710	齿厚磨损 30%	测定	2Y		
	④大齿轮	S45C	M=16 N=87 PCD=13.92		齿厚磨损 30%	测定	2Y		
	⑤轴承	SUJ2	23 072RW 33C-C3	0.34-0.450	1.130				
	⑥轴承	SUJ2	23 044RW 33C-C3	0.220-0.290	0.730	测量	2Y		
	⑦轴承	SUJ2	23 128RW 33C-C3	0.145-0.190	0.480	测量	2Y		
	⑧齿接手	MT-CCA470			齿厚磨损 30%	测定	2Y		

维修技术标准是设备维修标准的基础，是编制点检作业标准、润滑作业标准、维修作业标准等的技术依据。

（2）润滑作业标准。

润滑作业标准是为了减少设备运动机件之间的摩擦和磨损，达到工作面的防护、冷却、防止腐蚀等目的，对设备运动的工作面（点）进行加注润滑油（脂）的工作流程和要求。润滑作业标准包括润滑部位、润滑方式、润滑品种牌号、润滑点数；润滑油量、润滑油更换及周期；润滑作业的分工等，即满足设备润滑的"五定"。

设备投入运行时，均需预先制订出润滑作业标准，让设备操作者和专职点检员（维修员）进行设备的维护保养。润滑作业标准是绝对专用的，不具有通用性，是由设备管理员或设备工程师根据设备类型、设备工作环境、设备润滑要求，结合实际工作经验编制的，由设备主管审查批准执行。如表 3-3-2 所示。

表 3-3-2 润滑作业标准表

工厂名称	×××车间	生产线	酸轧线		设备名称	酸轧 1b 步进梁装置		版本：1/A	
设备编号	10001961	同型台数	1		日期			2013年7月18日 星期四	
序号	润滑部位	润滑点数	润滑方法	油脂品种牌号		补充油标准		更换油标准	分工
				冬季	夏季	周期	油量	周期	油量	
1	偏心机构轴承	4	GE	美孚 EP2	美孚 EP2	3 M	150 mL			点检员
2	导向轮轴承	4	GE	美孚 EP2	美孚 EP2	3 M	150 mL			点检员
3	连接轴	1	GE	美孚 EP2	美孚 EP2	3 M	30 mL			操作员
4	铰接轴	2	GE	美孚 EP2	美孚 EP2	3 M	30 mL			点检员
5	减速机	1	OB	美孚齿轮润滑油 EP220	美孚齿轮润滑油 EP220			6 M	200 L	点检员
编制：				审核：					

（3）维修作业标准。

维修作业标准是检修责任单位进行检修作业的依据和基准，也是确定修理工时及修理费用的依据。其作用是提高检修作业质量和缩短检修作业时间、避免或减少检修作业事故的发生，规范维修作业。设备维修作业标准有作业名称、作业的工艺顺序、安全事项和工器具清单等要素，如表 3-3-3 所示。

（4）点检作业标准。

点检作业标准是指导操作者（点检员）进行点检作业规范化和标准化的技术文件。运用设备点检作业标准能高效、快速、规范地实施设备点检作业，切实把握设备的运行状态，为制订设备维修计划提供依据，以降低维修成本，提高点检效率和经济效益。

点检作业标准主要内容包括：点检部位、点检项目、点检内容、点检方法、点检结果的判断基准、点检状态、点检分工、点检周期，简称设备点检的"八定"，如图 3-3-2 所示。

2. 编制设备点检作业标准的方法

（1）编制设备点检作业标准的要求。

编制设备点检作业标准要求是简明扼要、目视化、规范化、标准化、可持续性。其内容按设备点检的"八定"和作业顺序等，以表格的形式编制成规范的作业指导书，增加设备点检部位的图片，一目了然地表达设备所要点检的部位和作业步骤等内容。

（2）编制设备点检作业标准的程序。

先确定设备编制初稿，由设备主管审查批准，交点检员或操作者试行。在试行半年至一年中，根据设备运行状态、故障和维修等因素，采用 PDCA 法再逐步修正，以趋向合理，以达到动态、有效的管理。新增设备或改造过的设备，在投入使用前，必须制订好点检作业标准。

表 3-3-3 维修作业标准表

维修作业标准表

编号	04 08 215	日期		总工时(M×H)	52.5
工厂名称	冷轧	设备名称	30t起重机	工程名称	主卷减速机 解体精密点检

工时工序表

```
1─检修准备  2─停止位置确认  3─工安确认  4─取下制动机  5─阿角连接螺栓
6─卷筒固定  7─钢盖子  8─减速机精密点检  9─卸盖子  10─放油
11─加煤油  12─清洗  13─加油  14─装螺栓  15─盖骨油
16─加骨油  17─三方联络  18─卷筒固定松开  19─7S运转确认  20─警报
21─回查  22─置整
```

作业要求及验收条件
- 精密点检，检查各级减速齿轮和轴
- 详细记录各支撑测量数据
- 主动轮、轴和钢丝绳的偏向管理图
- 制动机制动性能确认
- 减速机油的更换

危险预知、施工安全
1. 起重机要停放在检修位；
2. 主钢丝绳及吊钩必须落地；
3. 防止吊钩自重下垂；
4. 大车、小车轮定位；
5. 主卷两边放安全网。

主要施工人员

工种	人数M	工时H
钳工	3	7.5
电工	1	7.5
起重	2	7.5
焊接	1	7.5
冷作		
多能	(7)	

主要工器具及规格型号

名称	规格	数量
手拉葫芦	5吨	2台
千斤顶		
汽车吊	15吨	1台

备品配件、维修材料

名称	数量
减速机油 GEAS	200升

施工班组：检修3-2组

备注：

普通车床日常点检作业标准指导书

设备名称、型号：普通车床C620　所属管理单位：柳州职业技术学院	标记符号：点检状态——○运行　■停机	编制：设备科
代码：DJ001-01	点检周期：S班　D天　W周　M月　Y年	

点检部位简图	点检部位	点检项目	图号	点检内容	点检方法	要求规格（标准值）	点检周期	点检人员	点检状态	备注
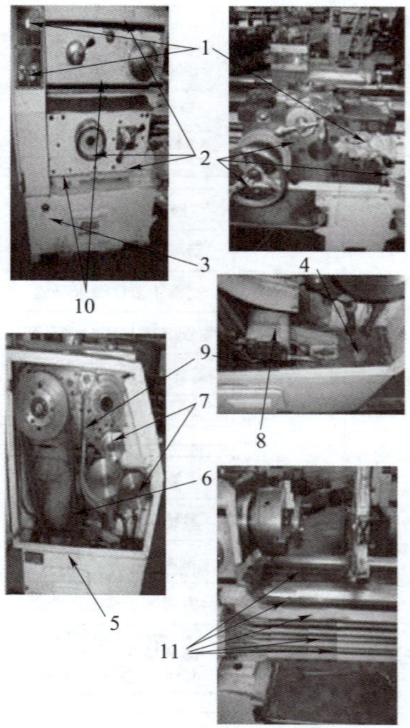 	电器系统	电源总开关、按钮开关、开关锁、急停开关	1	外观	目视	无破损、固定无松动	1S		■	
				动作	手拭		1S		○	
	操作机构	手柄、操作杆、手轮	2	外观	目视	无变形、无破损、无缺件、无松动	1S		■	
				动作	手拭	动作灵活，定位可靠，功能正常	1S		■	
	主传动	主油箱	3	油标视窗	目视	无破损、无漏油，视窗清晰	1S		■	
				油位	目视	在视窗范围内1/4～3/4	1S		■	
			4	加油	油壶	缺油时添加46#机油	1S		■	
		主电机	5	异响	耳听	无异常响声	1S		○	
				异味	嗅觉	无异臭味	1S		○	
				振动	目视	无异常抖动	1M		○	
				温度	手拭	室温+40 ℃	1M		○	
				外观	目视	无破损，固定螺栓无松动	1M		■	
				配线	目视	无松动、无裸线	1M		■	
		传动皮带	6	外观	目视	无异损、无开裂、无抽丝	1W		■	
				张力	目视、耳听	松紧度合适，无打滑、无异响	1W		■	
		传动齿轮	7	外观	目视	无异损、无缺块、无松动	1W		■	
				异响	耳听	运行无异响	1W		○	
	润滑机构	油泵	8	外观	目视	无漏油，固定无松动	1S		■	
				油压	目视	床头箱油窗有油流动	1S		○	
		油管	9	外观	目视	无异损、无松动、无漏油	1S		■	
	运动机构	床头箱及进给箱	10	运行	耳听	无异常响声	1S		○	
		导轨、丝杆光杆、齿条	11	外观	目视	无研伤、无拉伤、无变形、无扭曲	1S		■	
				润滑	油壶、抹布	每班擦拭干净，用机油涂抹1次	1S		■	

备注：其他型号同类型设备参照此标准执行。（提示：用手拭电机温度时，先用手背轻轻靠近一下电机，以免烫伤、触电）

图 3-3-2　设备点检作业标准

(3) 编制设备点检作业标准的步骤。

① 定点检部位。

一般以设备的关键部位（电动机、滑动部分、回转部分、传动部分、润滑系统、电控系统、冷却系统等）和薄弱环节（易发生故障和劣化的地方）为检查重点。但关键部位和薄弱环节的确定与设备的结构、工作条件、生产工艺及设备在生产中所处的环境有很大关系。检查部位选择不当或数量过少，难以达到预定的目的；检查部位过多，势必造成经济上不合理。因此，必须全面考虑以上因素，合理确定检查部位和数量。

② 定点检项目。

设备关键部位中易发生故障或劣化的点和点检部位如图 3-3-3 所示。

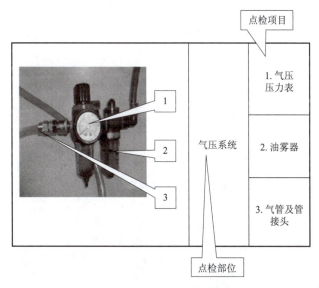

图 3-3-3　点检部位和项目

③ 定点检内容。

点检内容通常是设备的压力、温度、流量、泄漏、给油（脂）状况、异音、振动、龟裂（折损）、磨损、松弛等，简称"点检十大要素"，如图 3-3-4 所示。

④ 定点检方法。

根据设备点检的项目和要求，选择检查的方法，采用视、听、触、摸、嗅，即"五感"法（图 3-3-4）和专用检具如红外线检测仪器等。

⑤ 定点检判断基准（标准值）。

设备点检的判断基准分定性标准与定量标准，如图 3-3-5 所示。定量标准是依据设备使用说明书中的技术要求和维修技术标准及实践经验，来制订点检项目的技术状态是否正常的判定标准，如磨损量、偏角、压力、油量等，均应有确切的数量界限，以便于检测和判定。

⑥ 定点检状态。

设备的点检状态分设备停止（静态）或运行（动态）两种，通常温度、压力、流量、振动、异音、动作状态等需在运行状况下进行点检，磨损、裂纹、松弛等项目需在设备停止状态下进行点检。

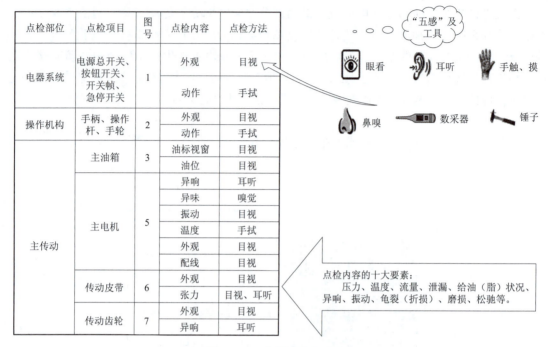

图 3-3-4 点检内容和方法

图 3-3-5 定点检判断基准

⑦ 定点检分工。

所有设备点检任务必须落实到人,根据点检任务明确各类点检人员的责任。

a. 日常点检:由设备操作人员或维修人员负责。他们常使用设备或维护设备,对设备的性能和技术状况十分熟悉,易于及时发现问题,设备在运行中一旦出现故障征兆,能够尽快处理。

b. 定期点检:由维修人员或专职点检员负责。由于定期点检工作内容复杂,作业量大,操作技术要求高,只有专业人员才能保证设备定期检查的质量和效率。

⑧ 定点检周期。

设备点检周期分为短周期（一年以下）、长周期（一年以上）两大类。短周期又分为小时、班、天、周、月等几种。设备点检周期是与设备类型、生产量、工作环境、工作时间等因素有关，再根据设备说明书的要求，结合设备故障与磨损倾向、维修经验等来确定，切不可过长或过短。点检周期过长，设备异常和劣化情况不能及时发现，失去了点检的意义；点检周期过短，会加大检查工作量，增加费用支出。点检周期不是一个固定不变的量，它随多种因素的影响而变化。如同类设备因使用环境不同，其点检的具体内容和周期也不同。点检周期的最后确定，需要一个摸索试行的过程。

设备点检周期常用符号：H——时，S——班，D——天，W——周，M——月，Y——年。

⑨ 定表格形式。

由于行业、企业不同，编制设备点检作业标准表格的形式也呈现多样化。但设备点检作业标准的基本信息包括设备名称、型号、编号、编制人等和设备点检的"八定"内容，只是表现形式不一样，各有特点，如图 3-3-6 所示。

3. 编制设备点检表的方法

设备点检表（表 3-3-4）是根据设备点检作业标准指导书的内容，在周期内进行点检作业，并用规定的符号记录点检情况的表格。点检表既是设备运行状态的原始记录，又是考察点检工作执行情况的依据。

设备点检表格式是多种多样的，但都包含设备基本信息（名称、设备编号，编制人、修改人、审核人、批准人的签字栏，文件的编码、编号及版本）、点检部位、点检内容、点检判断基准（标准值）、点检方法、点检状态、点检班次、点检日期、点检标记、点检人员等，另有设备点检结果的处理程序及点检组长验证签字，如表 3-3-4 所示，也有将设备点检作业标准与点检表二合一。设备日常点检表通常按一个月（31 天）为 1 个周期，班次按企业实际情况定，可分为 1 班制、2 班制、3 班制三种。每月收集一次，进行设备运行状况的统计和分析，做成月报表呈上级主管部门。一般保存期限规定为两年。

看一看案例

编制一台操作者日常用的数控加工中心点检标准作业书和点检表。

1. 工作准备

（1）选定数控加工中心设备 1 台。

（2）收集数控加工中心的基本情况。

① 查阅数控加工中心使用说明书，熟悉数控加工中心的基本结构：机械传动部分、液压系统、电控系统、润滑系统、冷却系统、各仪表参数等。

② 查阅此数控加工中心的故障维修记录单和维护保养记录表，掌握数控加工中心的劣化点和数控加工中心性能的完好性和可靠性。

③ 到生产现场了解数控加工中心运行状况和工作环境，了解数控加工中心的产品质量，掌握数控加工中心的技术状况。

图 3-3-6 各类点检作业标准格式

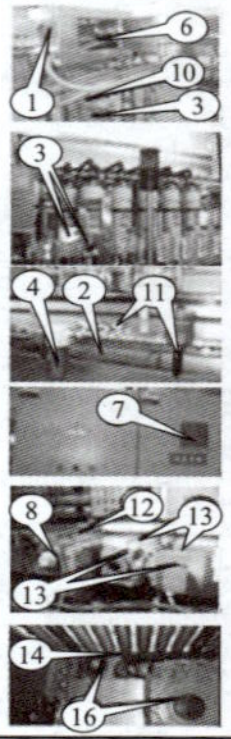

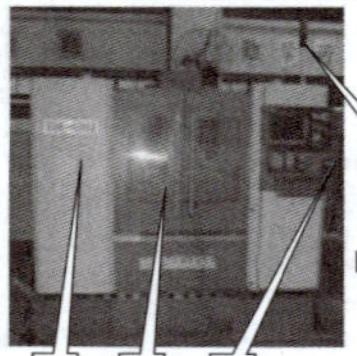

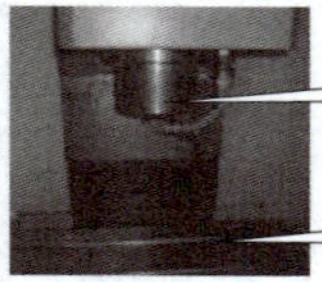

学习情境 3 车间级的设备管理

表 3-3-4 设备点检表

表号：R-630-09A　　冲压生产线设备日常点检表　　合锻1600T油压机

日期		1. 班长签名
班组		2. 班长签名
设备名称型号		设备编号

序号	点检部位、内容 ○开动中 ●停止	点检基准	方法	周期	检查日期 1	2	3	4	5	6	7	8	9	10	11	12	13	14	15	16	17	18	19	20	21	22	23	24	25	26	27	28	29	30	31
1	● 上油箱油空	当指示灯亮红色加油，不亮则正常	目视	班																																
2	● 下油箱油空	当指示灯亮红色加油，不亮则正常	目视	班																																
3	● 滑块润滑油空	当指示灯亮红色加油，不亮则正常	目视	班																																
4	● 液压垫润滑油空	当指示灯亮红色加油，不亮则正常	目视	班																																
5	● 滑块导轨接油盘满	放排油并回收	目视	班																																
6	○ 上油箱油温过高	油温小于60 ℃	目视	班																																
7	○ 下油箱油温过高	油温小于60 ℃	目视	班																																
8	○ 安全爪	锁紧、松开灵活	目视	班																																
9	○ 主泵出口压力表	符合工艺要求	目视	班																																
10	○ 主缸上腔压力表	符合工艺要求	目视	班																																

101

续表

序号	点检部位、内容 ○开动中 ●停止	点检基准	方法	周期	检查日期 1	2	3	4	5	6	7	8	9	10	11	12	13	14	15	16	17	18	19	20	21	22	23	24	25	26	27	28	29	30	31
11	○ 液压垫压力表	符合工艺要求	目视	班																																
12	○ 夹紧缸压力表	100~150 kg/cm²	目视	班																																
13	○ 光电保护装置	无油污、无损坏	测试、触摸	班																																
14	○ 操作、急停按钮及指示灯	无损坏、灯亮	目视、测试	班																																

点检人签名

班长签名

不正常时通知相关维修人员并填写报修单

注：(1) 点检情况按颜色填入格内：良好"√"，故障"▲"，可用"△"。(2) 工作中如设备发生故障，即在颜色中加上"×"标记。(3) 每天填写两小格，白班填上格，夜班填下格。

2. 工具、材料的准备

（1）照相机。
（2）笔记本和笔。
（3）电脑（配有常用办公软件）。
（4）参考资料（相关书籍和网站资料、案例等）。

3. 实施

（1）根据收集到的相关设备信息，分析确定数控加工中心所要点检的部位和项目有：
① 液压、润滑站中压力表、电机；
② 气压元件及接口、压力表；
③ 接线板；
④ 冷却站中控开关、泵、电机；
⑤ 配电柜的电气元件；
⑥ 柱形指示灯；
⑦ 机床外各压力表；
⑧ 数控系统的各参数等。
（2）再根据数控加工中心说明书，分析确定点检判断值、点检周期、点检状态等。
（3）依据设备点检内容，确定点检方法、点检分工。
（4）设计点检作业标准和点检表格式形式（按企业标准执行）。
（5）到生产现场对数控加工中心点检部位拍摄，以便目视化作业。
（6）编制数控加工中心点检作业标准初稿。

4. 工作检验

（1）初稿的确认。
将编制的数控加工中心点检作业标准和点检表初稿，拿到生产现场与设备操作人员一起实地点检作业一次，发现问题，及时修改，再次验证，反复多次，直到相对合理，再呈报设备主管、设备管理部门审查。

（2）标准文件的形成。
经车间审查后的设备作业标准和点检表，需按企业标准进行规范化处理，最终形成正式的设备点检作业标准和点检表，纳入企业设备管理标准体系。

5. 完成样式

（1）数控加工中心日常点检作业标准初稿如表3-3-5所示。
（2）数控加工中心日常点检表如表3-3-6所示。

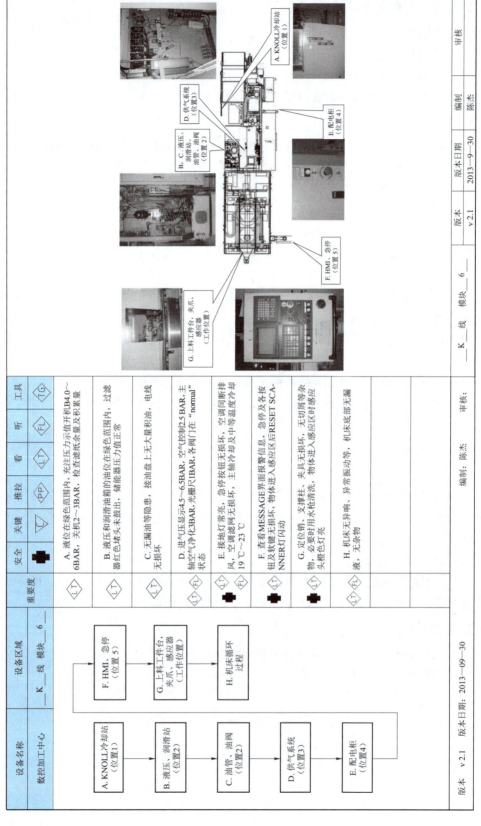

表 3-3-6 数控加工中心日常点检表

设备名称	序号	点检部位	点检状态	点检方法	点检内容、标准值	班组	1日	2日	3日	4日	5日	6日	7日	8日	9日	10日	11日	12日	13日	14日	15日	16日	17日	18日	19日	20日	21日	22日	23日	24日	25日	26日	27日	28日	29日	30日	31日
数控加工中心	A	KNOLL 冷却站（位置1）	无要求	看	液位在绿色范围内，充注压力示值开机 B4.0~6 BAR，关滤纸余量及积屑量	夜																															
						白																																
						中																																
	B	液压、润滑站（位置2）	运行	看	液压和润滑油箱的油位在绿色范围内，过滤器红色堵头未鼓出，储能器压力值正常	夜																															
						白																																
						中																																
	C	油管、油阀（位置2）	运行	看	无漏油等隐患，接油盘上无大量积油，电线无损坏	夜																															
						白																																
						中																																
	D	供气系统（位置3）	运行	看、听	进气压显示 4.5~6.5 BAR，空气控制 2.5 BAR，主轴空气净化 3 BAR，光栅尺 1 BAR，各阀门在"normal"状态	夜																															
						白																																
						中																																
	E	配电柜（位置4）	运行	✚看、听	接地灯常亮，急停按钮无损坏，空调间断排风，空调滤网无损坏，主轴冷却及中等温度冷却 19 ℃~23 ℃	夜																															
						白																																
						中																																
	F	HMI、急停（位置5）	加工	✚看	查看 MESSAGE 界面及各按钮报警信息，急停及各按钮及软键无损坏，物体进入感应区后 RESET SCANNER 灯闪动	夜																															
						白																																
						中																																

续表

设备名称	序号	点检部位	点检状态	点检方法	点检内容、标准值	班组	1日	2日	3日	4日	5日	6日	7日	8日	9日	10日	11日	12日	13日	14日	15日	16日	17日	18日	19日	20日	21日	22日	23日	24日	25日	26日	27日	28日	29日	30日	31日
数控加工中心	G	上料工件台、夹爪、感应器（工作位置）	加工前	✚ 看	定位销、支承柱、夹具无损坏，无切屑等杂物，必要时用水枪清洗，物体进入感应区时感应头橙色灯亮	夜																															
						白																															
						中																															
	H	机床循环过程	运行	看 听	机床无异响、振动等，机床底部无漏液、无杂物	夜																															
						白																															
						中																															
		组员签名				夜																															
						白																															
						中																															

备注	如果有故障，请立即拉停灯通知维修工，在点检问题跟踪表上，并注名模块、线及工位号 1. HMI为操作面板 2. （5h以上）再次开机应暖机10～30min，暖机过程中进行相应运行、加工时检查	组长签名			
		工段长签名			
		点检标记	√：良好	△：异常	X：故障停机	/：未开机

| 设备区域 | K___线 相线_6_ | 版本 | v 2.1 | 版本日期 | 2013—9—30 | 编制 | 陈杰 | 审核 | |

任务 3.4　调整车间设备布局

[引言] 车间设备布局与企业产品、产量、生产效率、产品质量和生产成本密切相关。合理的设备布局能提高生产效率，降低生产成本。

学习目标

（1）了解车间设备传统布局模式。
（2）掌握车间设备精益布局模式和特点。
（3）掌握车间设备精益布局的原则和方法。

工作任务

某企业锻工分厂原来的车间平面布局和物流路线示意图，如图 3-4-1 所示。零件从毛坯区—剪床1—存放区—锻床—剪床2，往返距离 154 m。要求按照设备精益布局原则进行调整。

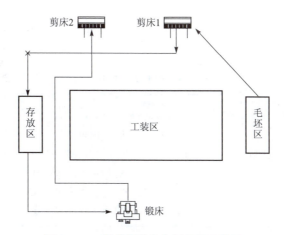

图 3-4-1　某车间设备布置平面示意图

知识准备

设备布局是指通过分析产品、工艺、物流相关要素，来决定设备与建筑物、周围设备产品存储场地和生产相关的设施位置。

1. 设备传统布局模式

（1）固定式布局（以产品为中心）。

是指所生产加工的产品较大时，以产品为中心，各加工设备、操作平台围绕着产品有序的布置，如图 3-4-2 所示。例如大型机床、飞机、火车等。

（2）功能式布局（以设备为中心）。

功能式布局是指同种设备布置在一起，以设备为中心进行加工生产，如图 3-4-3 所示。

固定式布置缺点：场地空间有限；不同的工作时期，物料和人员需求不一样，处于动态，这给生产组织和管理带来较大困难。

图 3-4-2　固定式布局图

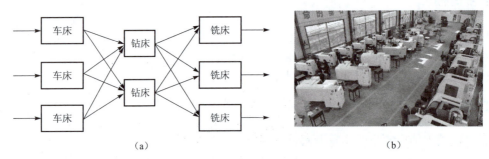

（a）　　　　　　　　　　　　　　　　（b）

图 3-4-3　功能式布局图

（a）功能式布局示意图；（b）功能式布局实物图

功能式布局的优缺点如表 3-4-1 所示。其适合大批量产品加工，不利于小批量、多品种生产。

表 3-4-1　功能式布局的优缺点

优　点	缺　点
1. 设备利用率高 2. 设备和人员的柔性程度高，更改产品品种和数量方便 3. 设备投资相对较少 4. 操作人员作业多样化	1. 物流量大 2. 生产计划与控制较复杂 3. 搬运距离长，有回流，生产周期长 4. 库存量相对较大 5. 员工技能要求高

（3）流程式布局（以流程为中心）。

流程式布局是按照产品工艺流程的先后顺序布置设备，实行一个流向的生产布局，如图 3-4-4 所示。其流程式布局优缺点见表 3-4-2。

（a）　　　　　　　　　　　　　　　　（b）

图 3-4-4　流程式布局图

（a）流程式布局示意图；（b）汽车车桥壳体加工设备流程式布局实物图

表 3-4-2　流程式布局的优缺点

优　点	缺　点
1. 布置符合工艺过程，物流畅通 2. 上下工序衔接，存放量少 3. 物料搬运工作量少 4. 可做到作业专业化，对工人技能要求不高且易于培训 5. 生产计划简单，易于控制 6. 可使用专用设备和机械化自动化搬运方法	1. 设备发生故障时引起整个生产线中断 2. 产品设计变化将引起布局的重大调整 3. 生产线速度取决于最慢的机器 4. 生产线有的机器负荷不满，造成相对投资较大 5. 生产线重复作业，工人易产生厌倦情绪 6. 维修和保养费用高

（4）混合式布局。

混合式布局是指固定式、功能式和流程式三种布局混合布局。设备混合布局，没有系统地考虑产品工序与工序之间的关系，各个工序还是独立的作业个体，孤岛作业现象突出，造成物流混乱，生产效率低，经济效益也低。

2. 设备精益布局模式

设备精益布局是以现状设备布局为基础，通过消除人、机、料、法、环各个环节上的浪费，来实现五者最佳结合的布局。

（1）精益布局的目的。

① 提高工序能力；② 消除搬运；③ 提高设备使用率；④ 提高空间使用率；⑤ 减少作业量；⑥ 改善作业环境。

（2）设备精益布局五种模式。

串联式布局；并联式布局；U 形布局；V 形布局；L 形布局，如图 3-4-5 所示。

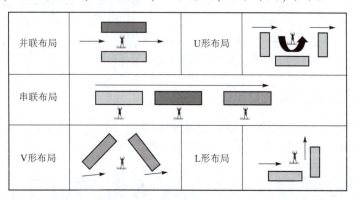

图 3-4-5　设备精益布局模式

设备精益布局五种模式的特点见表 3-4-3 所示。

表 3-4-3　设备精益布局的特点

布局模式	特　点
串联式布局	1. 物流线路清晰；2. 方便设备维修；3. 设备配置按物流路线直线配置；4. 扩大时只需增加列数即可；5. 回收的材料与垃圾可用皮带传送

续表

布局模式	特 点
并联式布局	1. 适合一人操作两台设备；2. 员工操作步行及搬运距离短；3. 可以随时观察设备运作状态
U形布局	1. 进料和出料口一致，节约空间；2. 一人操作三台以上的设备；3. 可以随时观察设备运作状况；4. 员工操作步行距离较近，减少空手浪费
V形布局	1. 一人操作两台以上的设备；2. 可以随时观察设备运作状况；3. 员工操作步行距离较近；4. 操作物料流动方向与原物流路线一致
L形布局	1. 一人操作两台以上的设备；2. 可以随时观察设备运作状况；3. 员工操作步行距离较近；4. 操作物料流动方向与原物流路线一致

特别是U形布局被广泛运用，如大型U形布局结构如图3-4-6所示。采用U形逐组逐套的方式，容易从大U形系统中，发现各生产单元、单元之间的人员、设备、物流、物料等方面出现的问题，促进问题解决，从而提高生产系统的效率。

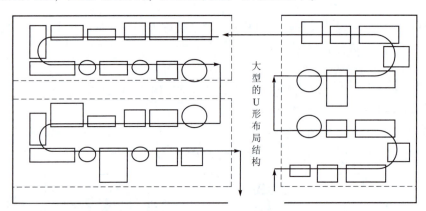

图3-4-6 大型U形布局结构图

3. 设备传统布局与精益布局比较

随着社会的发展、市场环境的变化，大批量的生产方式取而代之为多品种、小批量的生产方式，设备传统布局也随之发展到精益布局，如图3-4-7所示。

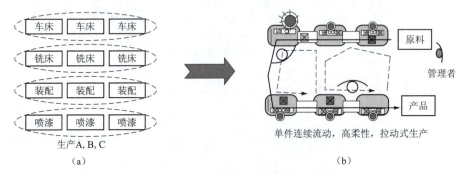

图3-4-7 传统布局与精益布局比较
(a) 传统布局；(b) 精益布局

4. 设备精益布局的原则

设备布局与产品生产工艺密切相关，设备布局效果直接影响着车间产能、生产效率、产品质量和生产成本。设备布局不合理，可能会导致物料转运距离过长，产生更多的停工等待；也可能转运过多，增加转运过程中发生产品碰撞的次数，造成质量问题，同时增加转运方面人力、物力的消耗，增加生产成本。因此，合理布局设备，对于实现低成本运行和高效生产有着重要的意义。设备精益布局原则主要有以下几方面：

（1）工艺性原则。

满足工艺需要，以满足工艺生产出质量合格的产品为前提。

（2）统一性原则。

把工序四要素人、机、材料、作业方法有机统一起来，并充分保持平衡。

（3）最短距离原则。

尽量使产品通过各设备的加工路线最短，成本最低。多设备看管时，工人在设备之间的行走距离最短，辅助动作最少。

（4）物流顺畅原则。

便于运输。比如加工大型产品的设备应布置在有桥式吊车的车间里，加工长形棒料的设备尽可能布置在车间的入口处。

（5）安全满意原则。

设备布局使工作人员既安全又能轻松作业，确保作业人员的安全，减轻疲劳强度。如材料的移动、旋转等都会出现不安全状况，抬升、卸下货物会加剧作业疲劳，应尽量减少。同时，各设备之间、设备与墙壁、柱子之间应有一定的距离。设备的传动部分要有必要的安全防护装置。

（6）利用空间原则。

充分利用车间的生产面积，有效利用立体空间。在一个车间内，可因地制宜地将设备排列成纵向、横向或斜角，不要剩下不好利用的面积。

（7）经济性原则。

设备类型和数量必须与生产工艺能力匹配，尽可能避免"大马拉小车"或者"大炮打蚊子"的浪费观象。

（8）环保节能原则。

设备布局要时刻关注环保，并尽量避免工序污染。例如冲压设备注意防止噪声等。

（9）灵活机动原则。

在对生产过程中各工序的调整、增减等变化，尽可能随机应变，最大化提高设备效能和生产效率。

5. 设备精益布局的运用

运用精益管理理论和设备精益布局的原则及模式，根据现有的设备布局，从产品工艺流程、物流路线等方面进行再分析，采用打破孤岛作战、发展连续流等方法，进行优化设备布局，消除生产过程中人、机、料、法、环等造成的浪费，加强员工合作，减少员工数量，减少生产空间的需求，节约人力搬运和物流等，以降低成本，提高生产效率。

(1) 孤岛式布局改为串联式布局（图3-4-8）。

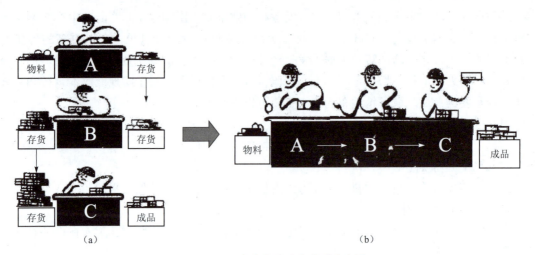

图 3-4-8　孤岛式布局改为串联式布局
(a) 孤岛式布局；(b) 串联式布局

原孤岛式布局，每个岗位都有存货（中间在制品库存），既占用资金、生产场地，又增加物流转运量（人工），而不能创造价值，只能产生损耗，增加生产成本，降低经济效益。

现串联式布局，每个岗位没有中间存货，也无物流转运量，既节约资金、生产场地，又减少人力物力，降低了生产成本，提高了经济效益。

(2) 孤岛式布局改为 U 形式布局（图3-4-9）。

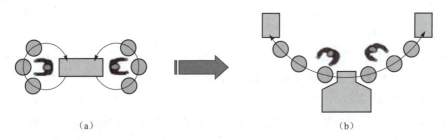

图 3-4-9　孤岛式布局改为 U 形式布局
(a) 孤岛式布局；(b) U 形式布局

原孤岛式布局，员工处于狭小的封闭空间，缺乏交流与合作，要增加人手才能够提高产量。

现 U 形式设备布局，员工可以互相协作，通过合作可提高产量，达到增产不增人的效果。

(3) 流程式布局改为 U 形式布局（图3-4-10）。

原流程式布局——直线式布局很难平衡工作量，因为不能完全均匀分配各岗位工作量，必然造成等待时间的浪费。

现 U 形式布局里，员工之间有更好的沟通。能将原来需要四个员工组成的生产线，减少为三个员工完成，降低了生产成本。

（a）　　　　　　　　　　　　　　（b）

图 3-4-10　流程式布局改为 U 形式布局

（a）流程式布局；（b）U 形式布局

看一看案例

案例　汽车左壳加工的设备精益布局的调整

1. 原设备布局方案

汽车左壳产品加工工序有 6 道，相应配套有 6 台加工设备，如图 3-4-11 所示，另有 4 台单臂吊辅助搬运工件。原设备布局采用流程式布局如图 3-4-12 所示，整个布局占地长约为 16 m，宽 5 m，面积约为 80 m²，物流线路是直线式，如设备布局图中的虚线表示，操作人员为 3 人，每人负责两台设备的操作，加工完一件工件来回步行约为 30 步。现依据设备精益布局原则，对原汽车左壳加工设备布局进行改善，从人、机、料、法、环等作业要素进行再分析，将设备布局调整为 U 形布局，如图 3-4-13 所示。

汽车左壳加工工序

序号	零件加工工序	设备
1	粗车端面和外圆	半自动车床1
2	粗车内孔	半自动车床2
3	精车内外孔和端面	数控立车
4	钻孔	多轴钻1
5	扩孔	多轴钻2
6	攻螺纹	多轴钻3

汽车左壳毛坯　　　汽车左壳半成品

图 3-4-11　汽车左壳加工工序图

（1）调整前设备布局方案——流程式布局，如图 3-4-12 所示。

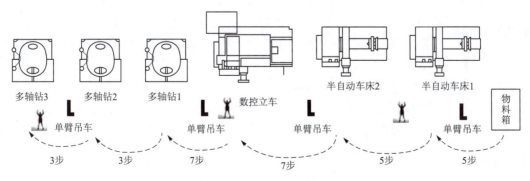

图 3-4-12　调整前流程式布局图

(2) 调整后设备布局方案——U 形布局,如图 3-4-13 所示。

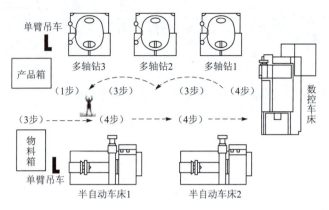

图 3-4-13　调整后的 U 形式布局图

2. 调整前后设备布局方案比较

将调整前后的设备布局方案进行比较,如表 3-4-4 所示,调整后采用 U 形布局,可以比调整前减少 2 名操作人员,减少单臂吊车 2 台,同时减少步行距离(8 步/件),能实现一人多机操作,节约占地面积 28 m^2,从而有效地降低产品生产成本。调整后的设备 U 形布局方案体现出明显的经济效益,优化效果明显。

表 3-4-4　汽车左壳加工方案比较表

方案	设备数	单臂吊车	人员	工步	占地
调整前	6 台	4 台	3	30 步	80 m^2
调整后	6 台	2 台	1	22 步	52 m^2

任务 3.5　绘制车间设备布置图

[引言] 车间设备布置就是按一定的原则,科学、合理地确定车间设备之间的相互位置,设备与厂房之间的位置,物流路线、各功能区的位置等,使之组成一个有机整体,体现车间的具体功能。

▶ 学习目标

(1) 了解车间设备布置图的作用。
(2) 熟悉车间设备布置图的基本内容。
(3) 掌握绘制车间设备布置图的方法。
(4) 会绘制车间设备布置图。

▶ 工作任务

绘制车间设备布置图。

知识准备

1. 设备布置图的基本内容

（1）设备布置图。

设备布置图是用来表示设备与建筑物、设备与设备之间的相对位置、安装方位，是直接指导设备安装的重要技术文件和设备管理的重要资料，也是检查车间生产现场的人、机、料、法、环是否有机统一的重要依据。

（2）设备布置图内容。

设备布置图通常由一组视图、尺寸和标注、安装方位标、标题栏、设备一览表等构成，如图 3-5-1 所示。

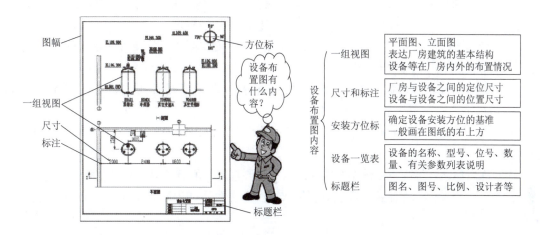

图 3-5-1　设备布置图基本内容

① 一组视图。

设备布置图分为平面图和立面图两大类，如图 3-5-2 所示。设备布置图一般只绘制平面图。对于较复杂的设备或多层建筑物内的装置，当平面图表示不清楚时，可绘制立面图。在平面图和立面图中规定设备不按剖视绘制。

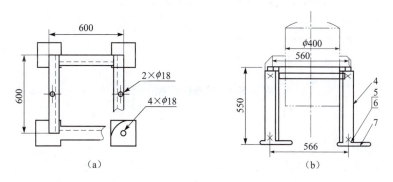

图 3-5-2　设备布置图类型
（a）平面图；（b）立面图

平面图是表达厂房某层上的设备布置俯视图。厂房多层时，按照不同楼层分别绘制，各层平面图以上一层楼板底面（水平剖切）向下俯视。几层平面图可画在一张纸上，但应从最底层开始，由下而上、由左到右的顺序排列。

立面图是表达设备沿高度方向（主视图）的布置情况，是沿着建筑物垂直方向剖切位置而获得的。

② 尺寸和标注。

设备布置图的尺寸和标注内容：包括厂房建筑定位轴线的编号；建（构）筑物及其构件的尺寸；设备的定位尺寸和标高；设备的位号、名称及其他说明等。

a. 厂房建筑尺寸和标注。

根据建筑制图相关规定，按土建专业图纸标注建筑物和构筑物的轴线号及轴线间尺寸，并标注室内外的地坪标高。

Ⅰ. 定位轴线编号标注：纵向定位是以水平方向从左到右用阿拉伯数字标注；横向定位是以垂直方向用英文大写字母由前至后标注如图 3-5-3（a）所示。

Ⅱ. 平面图标注：与设备定位有关的建筑物尺寸；建筑物与设备之间的定位尺寸；设备与设备之间的定位尺寸。

Ⅲ. 立面图标注：设备、管口及设备基础的标高（相对于基准面的高度）；设备名称和位号；建筑物轴线（承重墙、柱子）的编号。

Ⅳ. 尺寸标注：尺寸界线由定位轴线引出，用细实线画，尺寸标注线起止如图 3-5-3（a）所示。

Ⅴ. 标高标注：标高符号采用细实线绘制的等腰直角三角形，斜边向水平面，直角顶点向下。标高以米为单位，标注到小数点后两位数字。基准面为±0.00，标高符号如图 3-5-3（b）所示。

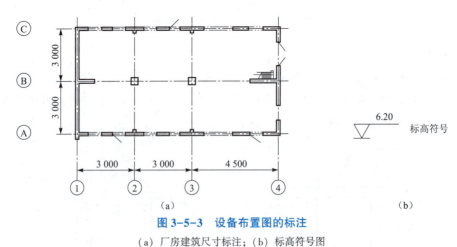

图 3-5-3　设备布置图的标注
(a) 厂房建筑尺寸标注；(b) 标高符号图

b. 设备尺寸和标注。

在平面图上不标注设备的定形尺寸（长和宽），只标注设备之间和设备与建筑物轴线的定位尺寸。设备尽量以建、构筑物的轴线或管架、管廊、柱子中心线为基准线进行标注，如图 3-5-4 所示。尽量避免以区的分界线为基准线标注尺寸。也可以采用坐标系进行设备定位尺寸的标注。

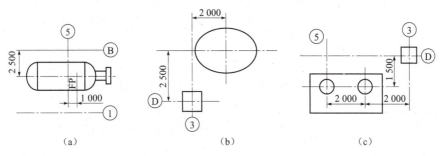

图 3-5-4 设备定位尺寸标注

(a) 卧式设备定位尺寸；(b) 立式设备定位尺寸；(c) 压缩机定位尺寸

③ 安装方位标。

一般标在图纸的右上方，以确定设备安装方位的基准。常见画法如图 3-5-5 所示。

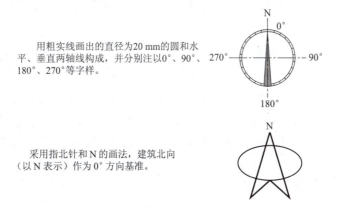

用粗实线画出的直径为20 mm的圆和水平、垂直两轴线构成，并分别注以0°、90°、180°、270°等字样。

采用指北针和N的画法，建筑北向（以N表示）作为0°方向基准。

图 3-5-5 设备安装方位标图

2. 设备布置图的画法规定

设备布置图以土建图、设备表、设备图、产品物流方向和设备制造厂提供的有关产品资料为依据绘制。绘制时，设备布置图的内容表达及画法应参照 HG 20519.7—1992 标准中的有关规定。下面介绍设备布置图的一般规定。

（1）分区。

设备布置图是按工艺主项绘制的，当装置界区范围较大而其中需要布置的设备较多时，设备布置图可以分成若干个小区绘制。各区的相对位置在装置总图中表明，分区范围线用双点划线表示。

（2）图幅。

设备布置图一般采用国标机械制图规定的图幅（A0、A1、A2、A3、A4），不加长加宽。特殊情况也可采用其他图幅。图纸内框的长边和短边的外侧，以 3 mm 长的粗线划分等分线，在长边等分的中点自标题栏侧起依次写 A、B、C、D……在短边等分的中点自标题栏侧起依次写 1、2、3、4……1 号图长边分 8 等分，短边分 6 等分；2 号图长边分 6 等分，短边分 4 等分。图幅格式如图 3-5-6 所示。

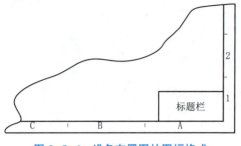

图 3-5-6 设备布置图的图幅格式

(3) 比例。

根据设备表所列出的全部设备按比例表示出它们的初步位置和高度，常用图幅比例 1∶200、1∶100、1∶50 等，视设备的布置疏密而定。分区绘制必须采用同样的比例。

(4) 尺寸单位。

设备布置图中厂房的长、宽、高的尺寸标注，楼层标高均以米为单位，小数以下取三位至毫米为止。其余设备定位尺寸等一律以毫米为单位，只标数字，不注单位。

(5) 图名。

标题栏中的图名写"××××设备布置图"。

(6) 编号。

每张设备布置图均应单独编号。同一主项的设备布置图不得采用一个号，并应加上第×张共×张的编号方法。

3. 设备布置图的视图表达

(1) 设备视图的表达。

设备布置图中设备的类型和外形尺寸，可根据工艺专业提供的设备数据表中给出的有关数据和尺寸来绘制。如果设备数据表中未给出有关设备的数据和尺寸，应按实际外形简略画出。设备的外形轮廓及其安装基础用粗实线绘制。对于外形比较复杂的设备，可以只画出基础外形。

(2) 建筑物和构件视图的表达。

设备布置图中一般只画出厂房建筑的空间大小（长、宽、高）、内部分隔及与设备安装定位有关的基本结构。与设备定位关系不大的门、窗等构件，一般只在平面图上画出它们的位置、门的开启方向等，如图 3-5-7 所示。

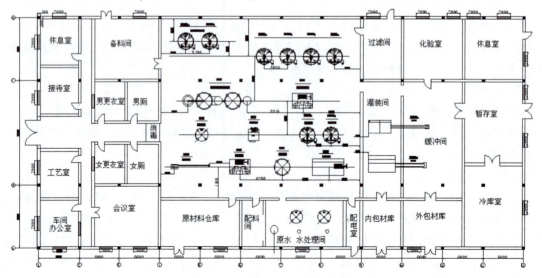

图 3-5-7 设备布置图的视图表达

4. 设备布置图图例及简化画法

常用的设备布置图图例及简化画法如图 3-5-8 所示，主要参考 HG/T 20546—2009 标准。

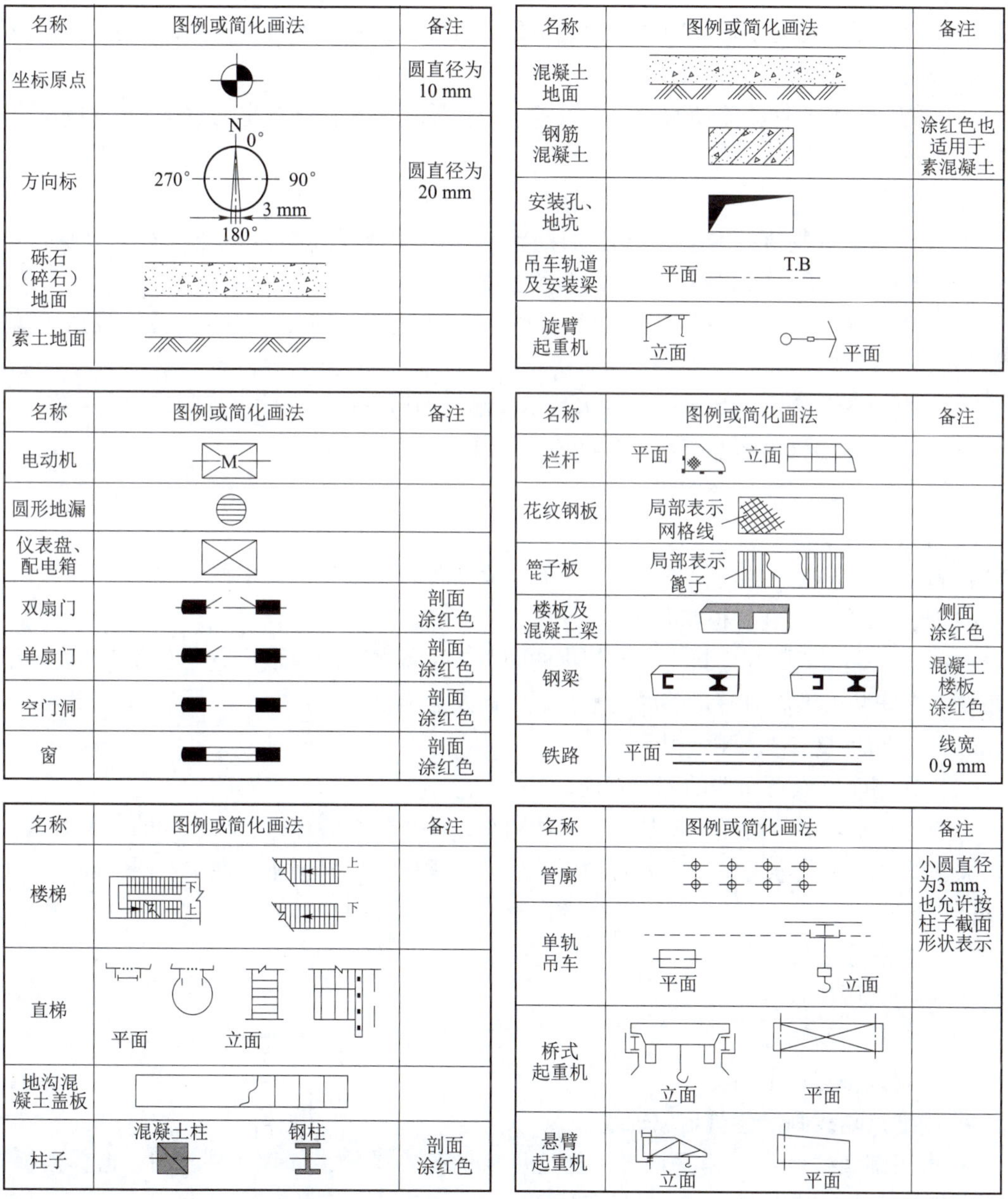

名称	图例或简化画法	备注
坐标原点		圆直径为 10 mm
方向标		圆直径为 20 mm
砾石（碎石）地面		
素土地面		

名称	图例或简化画法	备注
混凝土地面		
钢筋混凝土		涂红色也适用于素混凝土
安装孔、地坑		
吊车轨道及安装梁	平面　　　T.B	
旋臂起重机	立面　　　平面	

名称	图例或简化画法	备注
电动机	M	
圆形地漏		
仪表盘、配电箱		
双扇门		剖面涂红色
单扇门		剖面涂红色
空门洞		剖面涂红色
窗		剖面涂红色

名称	图例或简化画法	备注
栏杆	平面　　立面	
花纹钢板	局部表示网格线	
箅子板	局部表示箅子	
楼板及混凝土梁		侧面涂红色
钢梁		混凝土楼板涂红色
铁路	平面	线宽 0.9 mm

名称	图例或简化画法	备注
楼梯	上　　下	
直梯	平面　　立面	
地沟混凝土盖板		
柱子	混凝土柱　钢柱	剖面涂红色

名称	图例或简化画法	备注
管廊		小圆直径为3 mm，也允许按柱子截面形状表示
单轨吊车	平面　　立面	
桥式起重机	立面　　平面	
悬臂起重机	立面　　平面	

图 3-5-8　常用的设备布置图图例及简化画法

5. 绘制车间设备布置图的方法

（1）绘图前的准备工作。

① 了解产品工艺过程的特点和要求。通过阅读产品工艺施工流程图、设备说明书等原始资料，明确设备类型和数量及特点等。

② 了解厂房建筑的基本结构。通过阅读厂房建筑图等原始资料，明确厂房结构、总长与总宽。

③ 确定设备布局采用模式。

设备布置首先在满足产品工艺要求、安全、物流、环保、成本等要求的基础上，应尽可能做到方便快捷、物流畅通，同时应满足操作、维修、安装、外观等方面的要求。

a. 满足工艺要求。

由工艺流程图的物料流动顺序决定设备平面位置，对于特殊要求的设备，必须满足工艺高度。

b. 安全生产要求。

- 工作人员和物流的安全通道必须保持畅通；工作平台和净空高度必须得到保证；设备通道、楼梯和安全出入口必须保持足够的宽度。
- 加工易燃、易爆、高温有毒的物品的设备，要远离明火，建筑物、构筑物之间应达到规定间距。
- 高温设备与管道应布置在操作人员不能触及的地方或采用防烫保温措施。
- 明火设备要远离泄漏可燃气体的设备，并布置在下风处。
- 重大、振动大的设备布置在底层。

c. 经济合理要求。

在满足工艺、安全的前提下，应合理布置设备类型和数量，减小投资。

d. 便于操作、安装和检修要求。

设备的端头和侧面与建筑物、构筑物的间距，设备之间的间距，应考虑拆卸和设备维修的需要。在安装或维修时有足够的场地、拆卸区及通道。

e. 设备布置整齐、美观、协调。

（2）熟悉车间设备布置的基本功能。

车间的基本功能有产品设备加工区、物料存放区、班组管理区、物与人的安全通道、产品检验区、生产工艺准备室、仓库管理区、生活管理区等。根据车间性质不同，确定车间基本功能区项目。

（3）绘图方法与步骤。

① 确定视图配置。

② 选定比例与图幅。

③ 绘制设备布置平面图。

- 用细点划线画出建筑定位轴线；
- 再用细实线画出厂房平面图，标注厂房的基本结构，如墙、柱、门、窗、楼梯等，并绘出各个功能、工艺区域。如材料存放区、成品与半成品存放区等；
- 注写厂房定位轴线编号；
- 用细点划线画出设备的中心线；
- 用粗实线画出设备、支架、基础、操作平台等基本轮廓；
- 标注厂房定位轴线间的尺寸，标注设备基础的定形和定位尺寸，注写设备位号与名称。

④ 绘制方位标。

⑤ 制作设备一览表：统计设备名称、设备编号、设备型号、规格、数量等。

⑥ 填写标题栏；检查、校核，最后完成图样，如图3-5-9所示。

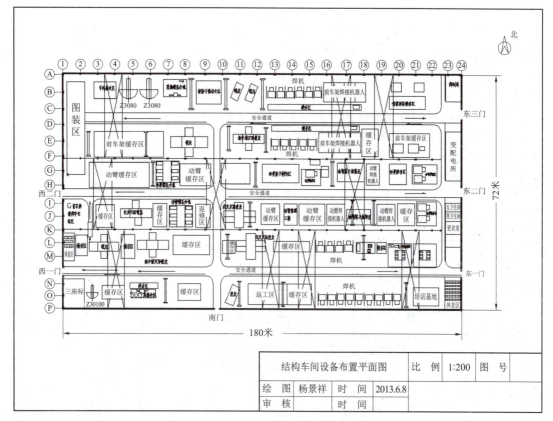

图 3-5-9 设备布置平面图

> 看一看案例

案例　绘制焊接实训基地设备布置平面图和分析设备布局

1. 绘制焊接实训基地设备布置平面图

（1）收集焊接实训基地的建筑图纸和设备的相关资料（查车间建筑图纸，获取车间长和宽、柱子之间、门等数据；查阅设备说明书获取设备外形尺寸等）。焊接实训基地总长50 m，宽20 m，有三个门进出。

（2）根据工艺流程图，确定设备类型、数量、布局的模式和物流运动线路，决定设备布局模式。焊接实训基地教学需要交流焊机15台、氩弧焊5台、二保焊5台等设备。为了方便实训，设备布局采用功能式。

（3）了解车间功能特性，明确车间功能区域的内容和大小（物料存放区、产品存放区等）。焊接实训基地必须有防火、防爆、防尘的功能，同时，根据实训基地人员多的特点，既要有实习训练场地，还要有上课教室、材料存放区等功能区域。

（4）绘制车间设备布置平面图。

① 将车间建筑图打开，看清厂房基本结构、总长和总宽、各柱子间的距离、厂房的门

和窗及楼梯等。

② 选定比例与图幅。

③ 绘制设备的布局。

a. 先按设备布局模式，用细实线将设备排列画在车间建筑图内，画出设备与设备间的距离和位置、设备与厂房柱子的距离和位置，各功能区的位置等。

b. 检查设备布局无误，用粗实线画设备外轮廓，包括辅助设施、操作平台等的基本轮廓。再用点划线画出设备的中心线和定位及定型尺寸。

c. 用虚线画出设备布置平面图内的安全通道、物流路线。

d. 画方位标。

e. 填写标题栏。

f. 填写设备一览表。

g. 检查图样。某车间设备平面图如图3-5-10所示。

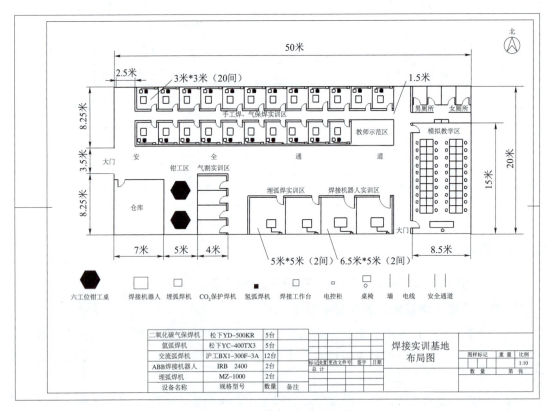

图 3-5-10　某车间设备平面图

2. 分析焊接实训基地设备布局

设备布置采用功能式布局，设备均按相同类型布置在一起，有实训操作区、教学示范区、教学区、材料存放区、生活区、安全通道等功能区，能将焊接实训基地的人、机、料、法、环有机的统一，基本能满意焊接实训的需要。但焊接实训防火、防爆、防尘的功能没有体现出来，也没有具体说明。

任务 3.6　设备运行状态监测

[引言]　现代设备的自动化程度越来越高，一旦发生故障，将会危及人身安全和造成巨大的经济损失。运用现代监控技术和检测手段，可以对设备运行状态进行监测，及时、准确地掌握设备运行状态，将设备故障消灭在萌芽之中，确保设备的安全、可靠运行。

学习目标

（1）掌握设备状态检测的类型。
（2）掌握设备运行状态的监控方法。
（3）了解设备在线监测系统的基本结构。
（4）掌握编制设备运行状态的监控程序。

工作任务

选择设备运行状态的监控方式。

知识准备

1. 设备运行状态监测概要

（1）设备状态监测的定义。

设备状态是指设备的性能、精度、可靠性是否处于正常、异常、故障的状态。设备状态监测是指通过一定的途径了解和掌握设备的运行状态，包括利用监测与分析仪器（定时的或非定时的，在线的或离线的，定期的或连续的），采用各种检测、测量、监视、分析和判别方法，结合设备的历史和现状，在考虑环境因素的条件下，对设备当前的运行状态做出评估，判断设备所处状态属于正常还是异常，对异常状态及时做出报警，为进一步进行故障分析、性能评估等提供信息和数据。

设备状态监测的作用主要是监测设备运行状态，发现故障及时报警，并隔离故障。判断故障性质、程度和部位，分析故障原因，给出消除故障的措施，防止发生同类故障，确保设备正常运行。

设备在实际运行中处于三种技术状态：一是完好的技术状态（正常），即设备性能处于正常可用的状态；二是故障状态（故障），即设备的主要性能已丧失的状态；三是处于上述两者之间，即设备已出现异常、缺陷，但尚未发生故障，这种状态有时称为故障前状态（异常）。

（2）设备状态监测类型。

设备状态检测按检测使用器材的不同，可分为主观检测（点检检测）、仪器检测（精密检测）和智能检测（传感监测系统）三大类，从经济性考虑优先采用主观检测或仪器检测的方法进行，当某些参数对设备运行的状态影响很大而采用前面两种方法难以实现或可靠性不够时，采用智能检测。

设备状态检测按检测方式的不同，可分为离线检测和在线检测两大类。在机电设备运行中，对于能够保持相对稳定状态的参数（如设备的精度等），宜采用离线检测的方法完成；在设备运行中变化较大而对设备正常运行影响大的参数，则宜采用在线检测的方法完成。

设备状态检测按检测时间的不同，可分为定期检测和连续检测两种。对主作业线设备、关键设备宜采用连续监测，而对非主作业线设备宜采用定期检测。

（3）设备在线监测系统。

设备在线监测是在不影响设备运行的条件下，对设备的运行状况进行连续的自动监测。设备在线监测可以对一台设备或一组设备，一个车间的设备或一个企业的设备，或者一个企业集团的设备进行监测。一台设备可以选择多个项目的在线监测，也可以选择 1~2 个项目进行监测，如图 3-6-1 所示。

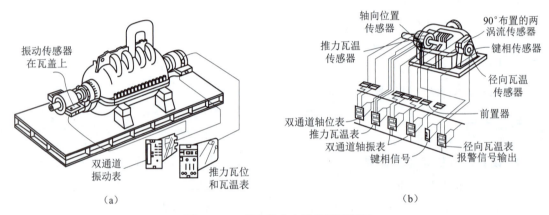

图 3-6-1　设备状态在线监测的项目
（a）水泵的在线监测项目；（b）离心压缩机的在线监测项目

最简单的设备状态在线监测系统是由单一计算机完成数据采集、管理、数据分析、人机对话等功能，如图 3-6-2 所示。

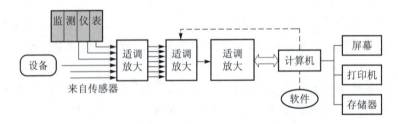

图 3-6-2　最简单的在线监测系统示意图

美国田纳西州立大学研究的设备运行状态监测管理流程示意图如图 3-6-3 所示。

目前组态监控技术已经广泛应用于工业自动化生产监测。组态监控技术为实施设备运行状态在线监测提供了基础平台，与设备检测部件、控制部件构成复杂的应用系统，为设备运行状态在线监测发挥核心作用，有利于企业及时掌握设备运行状态的变化，预测设备未来劣化趋势，做好预防维修，降低设备停线率，提高设备的综合效率，加快市场反应速度，实现设备运行状态监测的信息化。

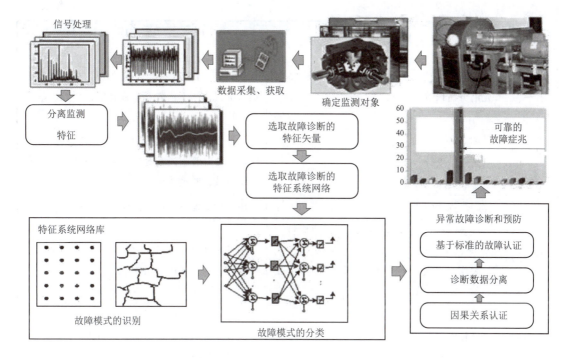

图 3-6-3　田纳西州立大学设备运行状态监测管理流程示意图

（4）设备状态监测的方法和手段。

设备状态监测的方法和手段多种多样，常用的设备状态检测手段和应用见表 3-6-1。

表 3-6-1　常用设备状态检测方法和手段

检测方法	检测手段	主要应用
主观检测	通过人的看、听、闻、触等感官观察，根据经验判断设备状态	发热、变色、变形、松动、泄漏、开裂、振动等多种现象，判断设备所处状态
参数检测	常规工具仪器检测	变形、移位、松动、压力、电流、电压等设备状态参数
温度检测	接触型检测：温度计、热电偶、测温贴片、测温笔、热敏涂料等	设备运行中发热异常的状态检测，适用设备电机、电器等
	非接触型检测：红外点温仪、红外热像仪、红外扫描仪等	不能直接检测的设备运行中发热异常的状态检测，适用于工业炉窑、热力机械等
噪声检测	噪声计量计、声级计等	适用于压力容器、往复机械、轴承、齿轮等的检测
振动检测	在线振动监测、便携式振动监测；冲击波小型测量仪、脉冲测振仪	通过振动，检测振动强度、频谱和模式等参数，并与特征库参数比较，确定设备的状态，适用于旋转机械、往复机械、轴承、齿轮等

续表

检测方法	检测手段	主要应用
油液分析	铁谱分析仪（用于有磁性零件的设备）、光谱分析仪等	通过检测液压中零件磨损的微粒的形状、大小、成分，判断磨损状态机理、程度和零件磨损状况，适用于齿轮箱、设备润滑系统、电力变压器等
泄漏检测	氧气浓度计等	在泄漏的管道上涂刷肥皂水会看见冒气泡，输送氯气等管道泄漏时周围氧气浓度降低并发出超声波，并被测出
	超声探测仪等	用于检测地下管道的泄漏
裂纹检测	渗透液检查、磁性探伤法（磁性材料）、超声波法、电阻法；X射线法可检测大面积裂伤；声波辐射技术、涡流检测法可查裂缝、硬度及杂质	测量各种管道、压力容器的泄漏。测量不同材料的裂缝，采用不同的检测方法
腐蚀监测	极化电阻测量技术等	通过检测电极在介质中的腐蚀情况，来评价介质对设备的腐蚀，适用于设备关键零部件表面检查和管道内孔检查等
定位校正	千分表、激光仪等	检查设备安装定位精度变化，避免设备隐患。设备安装定位包含水平、垂直两个方向的定位精度
解体点检	停机、解体设备检查	主要用于平时箱体盖头封闭的、机构打不开的、结构紧凑的和难以检查的场合。重点检查裂纹、磨损、油路泄漏、异常情况和电机的整流子表面情况等项目

2. 制定设备状态监测方案

企业设备状态监测方案主要采用多种参数监测组合的方式，根据不同设备的特点和重要性确定不同的受控形式，将定时的或非定时的，在线的或离线的，定期的或连续的设备监测方式进行组合，科学、合理、经济地进行企业设备运行状态的监控，加强对设备运行状态和趋势的控制能力。其步骤为：

（1）选择监测的设备。

通过了解企业产品和产品生产工艺，绘出产品工艺流程图，确定主作业线设备和非主作业线设备，或A、B、C类设备。将主作业线设备、A类设备、有隐患的设备、难以修复的设备、较贵重的设备，作为设备状态重点监控对象，采用智能、连续在线监测方式；对非关键设备采用组合式的监测方式。

（2）选择设备状态监测方案。

根据行业、企业的不同和生产设备的特点，从科学性、先进性、技术性、经济性、可靠性等方面，合理地选择设备状态监测的组合方式，如图3-6-4所示，全面掌握设备运行状态的变化，预测设备未来状态的劣化趋势，实现状态检修，降低维修成本，提高设备综合效率、提升企业的设备管理水平。常见的设备状态监测组合方式如表 3-6-2 所示。

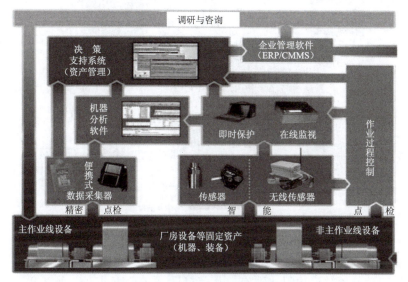

图 3-6-4　设备状态监测的组合模式

表 3-6-2　常规的设备状态监测组合方式

设备类型	主作业线设备（A 类设备）	B 类设备	非主作业线设备（C 类设备）
监测方式	智能的、连续的、在线监测	日常点检与精密检测相结合的离线、定期监测	离线、定期的点检检测

（3）选择设备监测的部位和项目。

根据设备结构和功能，选择设备的关键部位，作为设备状态监测的部位。同时，通过故障模式和影响分析法（FMEA），如图 3-6-5 所示，找出影响设备可靠性的各种潜在问题点，作为设备状态监测的项目。

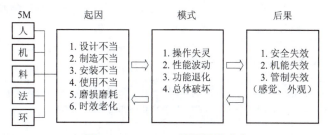

图 3-6-5　FMEA 的因果模式法

数控加工中心及配置较高的数控机床的状态监测部位如图 3-6-6 所示，监测项目主要是电流、电压、温度、振动、压力等，可以采用自行安装检测设备的方式或直接从数控系统通信中获取检测信号。

对于机械加工设备主要的普通机床、低配置数控机床、专用加工机床、生产线、输运线等，设备状态检测的部位主要有动力部分（电机等）、传动部分（主轴、纵向、横向等驱动装置）、电

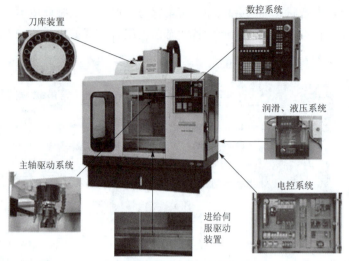

图 3-6-6　数控铣床状态监测部位

控系统、液压、润滑、冷却等系统，项目主要有加工精度、运行特征参数等。

① 机械加工设备的精度项目主要有：几何精度（包括直线度、垂直度、俯仰与扭摆、平面度、平行度等）；位置精度（包括定位精度、重复定位精度、微量位移精度、反向间隙等）和运动精度三方面。对普通机床类只需检测几何精度项目即可，数控机床类则还要检测位置精度和运动精度项目。通过对机床精度项目的检测，能够掌握其精度状态，并推断其变（劣）化的趋势。

② 机械加工设备的运行特征参数项目包括电流、电压、温度、振动、压力等。其中通过对设备运行电流、电压、温度等参数项目的检测，能够及时掌握机床设备的运行负荷等状态，而通过对振动、裂纹、压力等项目的检测和分析，能够推断机床零件的磨损程度、有无裂纹及裂纹程度等，最终掌握设备的运行状态和劣化趋势。常见机械加工设备状态监测项目如表 3-6-3 所示。

表 3-6-3　机械加工设备状态监控项目统计表

序号	物理特征	监测目标	适用范围
1	振动	静态振动、瞬态振动模态参数等	旋转机械、往复机械、转轴、轴承、齿轮等
2	温度	温度、温差、温度场及热图像等	热工设备、工业护窑、电机电器、电子设备等
3	油液	物品的理化性能、磨粒的铁谱分析及油液的光谱分析	设备润滑系统、有摩擦副的传动系统、电力变压器等
4	噪声	噪声、声阻、超声波、声发射等	压力容器及管道、流体机械、工业阀门、断路开关等
5	强度	载荷、扭矩、应力、应变等	起重运输设备、锻压设备、各种工程结构等
6	压力	压力、压差、压力联动等	液压系统、流体机械、内燃机、液力耦合器等
7	电气参数	电流、电压、电阻、功率、电磁特性、绝缘性能等	电机、电器、输变电设备、微电子设备、电工仪表等

续表

序号	物理特征	监测目标	适用范围
8	表面状态	裂纹、变形、点蚀、剥脱腐蚀、变色等	设备及零件的表面损伤,交换器及设备管道内孔的照相检查等
9	无损监测	射线、超声、磁粉场、渗透、涡流损伤指标等	压延、铸锻件及焊缝缺陷检查,表面镀层及管壁厚度测定等
10	工况指标	设备运行中的工况和各项主要性能指标等	流程工业或生产线上的主要生产设备

（4）设计设备状态监测方案。

选择所需监测的设备、部位、项目后,从先进性、技术性、经济性和可靠性等方面考虑,以实现设备运行状态的过程监测,避免设备事故的发生,减少生产线的非计划停机,降低工厂的设备运行维护成本,以最经济的方式确保设备可靠运行,获得最大的经济效益,来设计设备运行状态监测方案。机械制造类的设备状态监测方案,如表3-6-4所示。

表3-6-4　机械制造类设备状态监测方案

设备种类	监测项目及参数	监测方式
普通机床	1. 精度检测由维修员定期检测完成 2. 电压检测,电源正常时设备才能启动和运行 3. 电流检测,过负荷时自动停机 4. 电动机温度检测,电动机过负荷时自动停机	离线、随机的主观检测,仪器检测
数控机床	1. 精度检测由维修员定期检测完成 2. 与设备自检测保护系统通信,接收数控系统的故障信号,并实现后备保护功能	离线、连续的主观检测,仪器检测
主作业线设备（A类设备）	振动、温度、压力、应变、扭矩、电机电流等	在线的、连续的智能检测
连续生产线	振动、温度、压力、应变、扭矩、电机电流等	对生产线上的关键设备采用在线监测,其他设备则采用仪器检测
B类设备	温度、压力、电流、电压、振动等	离线、连续的主观检测,仪器检测
非主作业线设备（C类设备）	温度、压力、电流、电压等	离线、随机的主观检测,仪器检测
其他	1. 环境温度检测,消除环境温度变化导致的系统对设备状态分析的误差 2. 车间光照度的检测	在线的智能监测

（5）设备状态监控方案的论证。

通常设计出不同的几种设备监测方案，供可行性研究和论证。对设备运行状态监测草案，要逐一从技术性、经济性和可靠性等方面进行认真分析、研讨和论证，从而遴选出技术先进可行、性价比高、安全可靠的方案。如设备振动监测方案，见表3-6-5；某钢厂设备状态监控方案，见表3-6-6；武钢"万点受控"工程，见表3-6-7所示。

表 3-6-5　设备振动监测方案

设备类型	损坏后果	推荐监测手段	主要功能	大约价格
关键设备	完全停产 100%	在线智能监测	振动幅值、频谱的连续监测 数据储存、数据比较，数据文件管理 趋势分析、谱趋势分析 启、停车等瞬态过程数据收集 超限报警、保护、事故记忆 故障诊断、人工智能、联网、远程等	百万元以上
重要设备	部分停产 50%~100%	离线式、连续式仪表检测和点检检测	振动幅值的连续监测 超限报警、保护 数据储存、比较、趋势分析	几万~数十万元
一般设备	部分停产或不停产 0~50%	随机仪表检测	振动幅值、频谱的周期采集 数据储存和管理 数据比较、趋势分析	几万元
		便携式测振仪表	振动幅值的采集 简单的频率分析	几千元

表 3-6-6　某钢厂设备状态监控方案

单位	设备对象	主要监测参数	拟设功能	估计测点数
电厂	小汽机、水泵	振动、温度	状态监测、报警、倾向管理	14
原烧	3#、4#主排风机	振动、温度	增加诊断功能	24
原烧	1DL、2DL EP 风机 1#、2# CL 风机 2BF、C2、成品布袋除尘风机	振动、温度	状态监控、报警、倾向管理、诊断	28
铁焦	风机	振动、温度	状态监测、报警、倾向管理、诊断	16
二炼钢	风机、水泵	振动、温度	状态监测、报警、倾向管理、诊断	100
初轧	水冷排蒸风机	振动、温度	状态监测、报警、倾向管理、诊断	4
初轧	热锯	振动、温度、转速	状态监测、报警、倾向管理、诊断	12
初轧	6VH 轧机	振动、温度、扭矩	状态监测、报警、倾向管理、诊断	80
初轧	冷却塔风机	振动	状态监测、报警、倾向管理、诊断	16

表 3-6-7　武钢"万点受控"工程统计表

A 类状态控制点 在线监测智能 诊断系统		B 类状态控制点 离线检测 精密诊断		C 类状态控制点 一般设备 随机仪表检测		合计 点数
控制点数 /个	百分比 /%	控制点数 /个	百分比 /%	控制点数 /个	百分比 /%	
1 314	9.14	4 469	31.08	8 597	59.78	14 380

设备监测的重点见图 3-6-7。

图 3-6-7　设备监测的重点

看一看案例

案例一　某校机械制造类实训基地的设备状态在线监测系统方案

1. 设备在线监测系统的基本结构

设备在线管控系统采用三层式管控一体化结构。上层为管理层，主要由管理计算机及管理软件组成；中间为控制层，主要包括 PLC、工作站等；下层为设备层，主要包括现场传感器、变送器、执行机构、网络设备等。这三层模块功能相互独立，设备层负责现场信号的采集转换、被控信号的执行等；控制层负责现场信号的处理，并把相关数据送达管理层，接收管理层发送的指令。管理层负责设备管理、人员管理、人员身份验证，根据预定计划发出指令、数据处理和接受远程访问等，如图 3-6-8 所示。

2. 设备在线管控系统的主要功能

（1）在线监控功能。

对机床等设备的电压、电流、温度进行监控，计量电能消耗，对设备的电源进行控制。

（2）管控功能。

① 对车间总电源进行监控和计量；

② 对车间（压缩空气）总气源气压进行监控；

③ 对车间照明系统进行管控；

④ 大屏幕（工作站）动态显示车间当前设备使用情况。

（3）管理功能。

① 人员管理：如考勤管理、权限管理、培训管理和人员身份验证等；

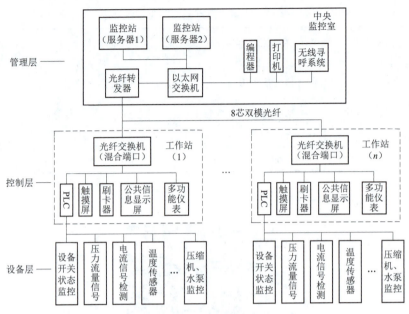

图 3-6-8　设备在线监测系统的基本结构图

② 设备管理：如设备使用、维护保养的管理，设备维修管理，根据预定计划发出指令、统计数据、分析数据、打印报表、接受远程访问等；

③ 管理策略：如设备的使用、维修等两个方面的管理策略的设置。

(3) 冗余功能。

当系统某个管理层设备出现故障时，备份设备立即自动投入工作，不影响管理层运作。控制层单点故障不会影响到其他的点。若控制层的某个节点发生故障，不会影响其他节点的运行。

3. 设备在线管控系统功能的实现方式

(1) 大屏幕：显示相关公共的系统信息。

(2) 工作站：现场管理终端，负责用户与监控管理系统的信息交互。

① 查看总体参数。

② 查看各设备状态，控制设备运行。

③ 设备使用计划编制。

④ 设备使用情况反馈。

⑤ 设备历史使用情况统计。

⑥ 日报表、周报表、月报表等报表的输出。

⑦ 分析报告的输出。

(3) 服务器。

分主服务器、备用服务器和外网访问服务器等，以防止因机器故障而导致的单点失败、外网病毒损害等。负责系统单元网络通信连接的接入、管理软件系统的维护和运行、无线寻呼系统的接入、远程访问系统的接入等。

(4) 网络设备。

负责系统中各单元间信息交换，保证信息网络畅通。

(5) PLC。

现场设备信号采集、处理、传送,现场设备的控制,接受管理层指令并下达至设备层等任务。包括电流变换器:安装在每台机床的总电源进线端,检测三相电流的瞬时值,输出信号送到 PLC。电压变换器:安装在每台机床的总电源进线端,检测三相电压的瞬时值,输出信号送到 PLC。温度探头:检测每台机床电机线圈温度,输出信号送到 PLC。

(6) 触摸屏。

现场信息查看、现场功能操作等功能。不同权限的用户在触摸屏上看到的信息范围以及所能够使用的功能是不同的。打开相应功能,也可作用户考勤。

(7) 区域照明系统控制。

按预先设定的时间段,对照明系统进行分批、分区域、分时段控制。

(8) 刷卡机。

身份识别卡,工作时,必须先刷卡才能进入系统,使用设备,通过用户身份识别,为用户打开相应功能,也可作用户考勤。

4. 设备状态在线监测系统前期建设

(1) 购置设备在线监测系统的论证。

主要工作为全面统计分析关键设备和设备部位的故障停机损失、故障后果;组织专家和技术人员论证设备检测参数对减少故障和非计划停机的有效性;全面衡量和考核检测技术的成熟程度;与故障后果比较,考核购置设备在线监测系统的性价比。

(2) 专业人才的培养。

设备在线监测系统安装使用培训;数据采集和分析技术培训;应用实践训练。

(3) 检测网络的建设。

工作重点为建立立体设备运行状态监测网络;在线、离线、遥感等方式的组合应用;实现主要设备关键点全部受控;建立一支相对稳定的设备检测技术队伍。

(4) 与维修管理的无缝连接。

工作重点为设备运行状态检测结果,包括信息的及时传递;依据检测分析进行预防维修决策,维修实施情况及时反馈检测部门,为今后设备检测提供数据和经验。

案例二 电火花加工机床在线监测系统方案

1. 电火花毛化加工机床监测系统

电火花毛化加工(Electro-Discharge Texturing,EDT)工艺将轧辊作为工件电极,以铜或石墨作为工具电极,将轧辊和工具电极均浸没在绝缘工作液中,电火花放电加工在轧辊表面形成凹坑和凸起形状,如图 3-6-9 所示。

随着轧辊的匀速旋转和轴向往复直线运动,如图 3-6-10 所示,轧辊表面的凹坑凸起螺旋线交叉密化重叠,就形成了由随机无序的凹坑、凸起组成的毛化形貌。经电火花毛化轧辊冷轧而成的毛化钢板因具有良好的冲压性和涂覆性而在汽车、家电等行业中被广泛使用。

电火花毛化加工机床采用上、下位计算机结构的监测系统,实现信息管理和过程监测两方面功能。

下位机采用以顺序逻辑控制和开关量信息处理见长的可编程控制器,负责轧辊旋转和轴

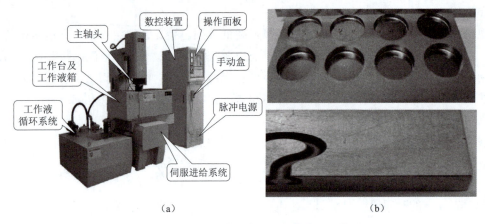

图 3-6-9 电火花机床和加工的产品形状
(a) 电火花机床结构；(b) 电火花放电加工表面形成凹坑和凸起形状

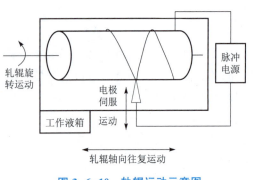

图 3-6-10 轧辊运动示意图

向运动、电极伺服运动、脉冲电源电压电流输出和工作液循环过滤等协调工作。

上位机采用工业控制计算机和 Windows 2000 作为硬件和软件平台，利用监测组态软件开发的电火花毛化加工本地监测程序和车间生产管理系统，并且通过以太网建立了远程监测站、IE 浏览站等应用程序。上位机通过 FX_{2N}-232-BD 机能扩充板，采用 RS 232 C 串口通信协议，利用组态软件自备的 I/O 设备驱动程序与下位机 PLC 进行通信，构成机床监测系统，如图 3-6-11 所示。

2. 电火花毛化加工本地监测

电火花毛化加工机床上位机系统监测，如图 3-6-12 所示。

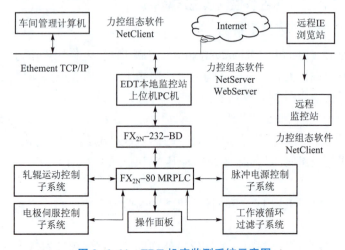

图 3-6-11 EDT 机床监测系统示意图

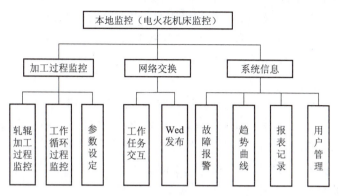

图 3-6-12 电火花毛化加工本地监测

（1）对试验机床的轧辊加工过程进行实时监测，以动画的形式形象地表示。

（2）对试验机床的工作液循环系统进行实时监测，在整个轧辊的加工过程中，动态地反映工作液系统的工作情况。

（3）对预先设置好的几组轧辊加工工艺参数和工作液循环系统控制参数进行选择，也可进行手动设置和修改，并可以通过 DDE 方式与第三方软件 Excel 进行通信，将修改的参数进行保存。

（4）接受车间一级的管理系统下达的工作任务，并可选择其中的某一个任务进行执行。

（5）实时地反映报警信息。当系统中出现故障时，报警窗口自动弹出，同时提供声音报警（可选择），并可查询历史报警信息。

（6）实时反映某些预先设定的变量的变化趋势，并可查询历史趋势。

（7）历史报表功能，可查询预设定变量在历史某一段时间内的若干个时刻的值。

（8）变量总貌功能，可查看系统所有区域、所有单元的变量的当前值。

（9）对操作人员进行管理，具有用户登录、注销和修改口令等功能。另外，通过事件记录还可以查询操作人员的登录和操作情况。

下位机主要负责对机床的故障判别和状态检测，并把这些信息传递给上位机等待命令，以及对轧辊加工子系统和工作液循环子系统进行控制。上位机则负责接收下位机信息，实时反映机床的工作状态和报警信息，以及对轧辊加工的工艺参数和工作液循环系统的控制参数进行设置，同时还要接受车间级管理系统下达的工作任务。

此外，通过组态软件提供的标准 DDE 接口，监测系统建立了与第三方软件 Microsoft Excel 的连接，利用 Excel 报表功能对工艺参数和控制参数进行修改和保存。

3. 轧辊毛化加工车间生产管理系统

传统制造业的观念将不能够适应当前生产力的发展要求，工厂的信息化管理势在必行。工厂的生产管理部门及时准确全面地掌握生产现场的作业信息，根据市场的需求变化并结合车间生产情况及时地调整生产计划。基于力控 2.6 版组态软件开发的轧辊毛化加工车间生产管理系统，实现了轧辊毛化加工车间轧辊检测、轧辊磨光、轧辊毛化多步工序机床的集中监测和生产任务调度。该系统包括以下几个模块：

（1）机床集中监测模块。该模块主要反映轧辊检测机、轧辊磨床和轧辊毛化加工机床的运行状态、故障报警情况和工作任务的完成情况。

（2）任务管理模块。该模块负责车间机床的工作任务分配和统计。

（3）历史数据查询模块。该模块实现历史报警查询、历史趋势查询等。

（4）人员管理模块。定期或者不定期对技术人员、操作人员进行工作分工、工作权限密码授权等方面管理。

车间管理系统向机床下达工作任务的实现原理如图 3-6-13 所示。通过组态软件提供的开放数据库互连（Open Data Base Connectivity，ODBC）接口与 Access 数据库互连，将工作任务信息从数据库中读出，然后通过力控组态软件的网络应用程序 NetServer 和 NetClient 实现车间管理系统和机床监测系统两个系统的实时数据库共享，将工作任务传达给电火花毛化加工机床及其他机床。

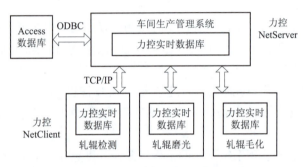

图 3-6-13　工作任务传递的实现原理

任务 3.7　设备故障统计分析

[引言] 采用各式各样的表格，收集设备运行的故障数据，运用现代数据统计分析方法，对设备运行故障进行统计分析，为查找设备发生故障的主要原因和内容，及时掌握设备故障变化趋势，提供科学的依据。

▶ 学习目标

（1）熟悉设备故障类型及模式。

（2）掌握设备故障管理的内容。

（3）熟悉设备事故类型和处理原则。

▶ 工作任务

填写设备故障月报表。

▶ 知识准备

1. 设备故障的基本概要

（1）设备故障定义。

设备故障一般是指设备失去或降低其规定功能的事件或现象，表现为设备的某些零件失去原有的精度或性能，使设备不能正常运行、技术性能降低，致使设备中断生产或效率降低而影响生产。设备故障也可从下列三个方面理解：

① 设备系统偏离正常功能，它的形成原因主要是因为机械系统的工作条件（含零部件）不正常而产生的，通过参数调节或零部件修复又可以恢复到正常功能。

② 功能失效，是指系统连续偏离正常功能，且其程度不断加剧，使机械设备基本功能不能保证。一般零件失效可以更换，关键零件失效，往往导致整机功能的丧失。

③ 设备故障的发生，可导致损失产能、质量降低，出现安全隐患或影响设备其他使用功能的设备失效问题，扰乱正常的生产秩序。

事故也是一种故障，是侧重安全与费用上的考虑而建立的术语，通常是指设备失去了安全的状态或设备受到非正常损坏等。

（2）设备故障的种类。

要进行设备故障统计分析，首先要明确故障原因和种类。通过分析每种故障所包含的内容，才能容易看出每种故障的主要原因或存在的问题。设备运行一段时间，由于某种原因，主要是物理、化学等内在原因或操作失误、维护不良等外部原因才会出现故障。设备故障的分类如表 3-7-1 所示。

表 3-7-1 设备故障的分类

分类方法	故障名称
故障原因	先天性故障（本质故障），早期故障（设计、制造、材料、安装缺陷造成的故障），耗损故障（正常故障），误用故障（操作、使用、维修不当），偶然故障，慢性（疑难）故障（反复发生，无法轻易解决）
故障危险程度	危险性故障、非危险性故障
故障性质	自然故障、人为故障
故障发生速度	突变故障、突然故障、渐变故障、退行性故障
故障影响程度	完全故障、部分故障（局部故障）
故障持续时间	持续性故障、间歇性故障、临时故障
故障发生时间	早期故障（磨合期故障）、正常使用期故障、耗损故障期故障
故障类型	结构性故障、参数性故障（共振、配合松紧不当、过热，温度、压力波动等）
故障责任	独立故障、从属故障
故障外部特征	可见故障、隐蔽故障
故障的后果	致命故障、严重故障、一般故障、轻度故障

(3) 设备故障的模式。

当设备发生故障时，人们首先接触到的是故障实物（现场）和故障的外部形态，即故障现象。故障现象是故障过程的结果。为了查明故障的原因，必须准确地弄清故障现象。诱发设备零部件、设备系统发生物理、化学、电化学与机械学变化而导致设备发生故障的过程称故障机理。每一种故障都有其主要特征的表现形式，称其为故障模式。

在分析研究设备的故障模式和故障机理时，必须综合考虑故障件本身设计制造过程中各种应力的作用，以及使用、维护保养等因素的影响，如表3-7-2所示。常见设备故障模式（故障表现形式）如表3-7-3所示。

表3-7-2 设备故障模式与故障机理

类型	故障机理	故障模式
机械	受力、起重、冲击、振动、摩擦、运动等	变形、裂纹、振动、异声、松动、磨损等
电器	电流、电压、绝缘、触头、电磁、节点等	漏电、短路、断路、击穿、焦味、老化等
剧热	辐射、传导、摩擦、相对运动、无润滑等	泄漏、变色、冒烟、温度异常、有异味等
化学	酸性、碱性、异觉、电化学、化学变化等	腐蚀、氧化、剥落、材料变化、油变质等

表3-7-3 设备故障模式

序号	故障模式类型	设备故障模式
1	损坏型	断裂、开裂、裂纹、烧结、击穿、变形、弯曲、破损等
2	退化型	老化、变质、剥落、腐蚀、早期磨损等
3	松脱型	松动、脱落、脱焊等
4	失调型	调整上的缺陷，如间隙过大过小、流量不准、压力过大过小、行程不当、仪表指示不准等
5	堵渗型	堵塞、不畅、漏油、漏气、漏水、渗油、控制阀打不开（关不上）等
6	功能型	性能不稳、功能不正常、功能失效、启动困难、润滑系统供油不足、运转速度不稳、整机出现异常声响、紧急制动装置不灵等
7	其他型	如润滑不良等

(4) 设备故障曲线。

设备发生故障频次随使用时间的推移有明显变化，设备的发生故障频次的曲线如图3-7-1所示。由于故障曲线的形状与浴盆相似，故称浴盆曲线或设备故障率曲线，它共分早期故障期、偶发故障期（正常使用期）和耗损故障期三个时期（阶段）。

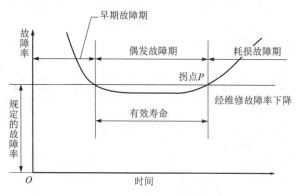

图 3-7-1 设备故障浴盆曲线图

① 早期故障期。

这个时期对于机械产品来说又叫磨合期。在此期间,开始的故障率很高,但随时间的推移,故障率迅速下降。此期间发生的故障主要是设计、制造上的缺陷所致,或使用不当造成的。

② 偶发故障期。

设备故障率大致处于较低而稳定的状态。在此期间,故障发生是随机的,其故障率最低,而且稳定,这是设备的正常工作期或最佳状态期。在此间发生的故障多因为设计、使用不当及维修不力产生的,可以通过提高设计质量、改进管理和维护保养使故障率降到最低。

③ 耗损故障期。

这是在设备使用后期,由于设备零部件的磨损、疲劳、老化、腐蚀等,使故障率不断上升。因此,如果在开始发生故障时进行大修,可经济而有效地降低故障率。

2. 设备故障管理

设备故障管理的目的是在故障发生前,通过对设备状态的监测和诊断,掌握设备有无劣化情况,以及发现故障的征兆和隐患,及时进行预防维修,以控制故障的发生;在故障发生后,及时分析原因,研究对策,采取措施排除故障或改善设备,防止故障的再发生。

设备故障管理的内容包括:设备故障响应、故障信息收集、故障统计、故障分析,制订设备可靠性和可维修性改进措施,并组织实施,处理效果评价及信息反馈,如图 3-7-2 所示。

(1) 设备故障响应。

维修部门的任何人员在接到设备故障信息时,无论是否属于自己负责的范围,都必须立即响应。现场维修人员必须在规定的时间内,准备必需的维修工具到达故障现场进行处理,处理完毕后,填写设备故障分析表(见附录 C-14)。某企业设备故障响应流程如图 3-7-3 所示。

(2) 故障信息的收集。

随着设备现代化程度的提高,对故障信息管理的要求也不断提高。故障信息收集要求全

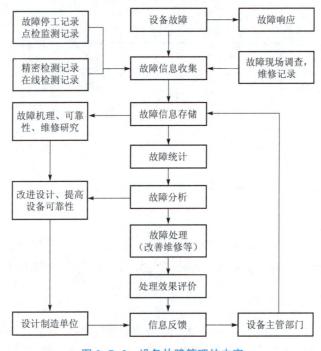

图 3-7-2 设备故障管理的内容

面、准确,为排除故障和评价故障处理的效果和提高设备的可靠性提供依据。故障信息的收集内容主要是以下几点:

① 设备基本信息:设备的种类、编号、生产厂家、使用经历等。
② 故障类型,故障现场的现象表述,故障时间。
③ 故障鉴定数据有故障现象、故障原因、测试数据。
④ 有关故障设备的历史资料。

同时记录故障信息的来源,主要有故障现场调查资料、故障维修工作单(见附录 C-13)、故障分析表(见附录 C-14)、设备运行日志、定期检查记录、故障检测和故障诊断记录、产品说明书、出厂检验单、试验数据,设备安装、调试记录和修理检验记录。

(3) 设备故障统计。

设备运行故障数据是按天记录,按月统计,以企业、车间、班组为单位进行。运用计算机或统计软件等工具辅助进行故障统计,能提高统计效率和质量。设备故障统计均以设备故障统计表格形式呈现。某企业的设备故障响应流程(见图 3-7-3),为设备故障统计分析提供了依据。设备故障响应流程中都有设备的基本信息、设备负荷时间、设备故障管理的考核指标如故障频率、设备故障停机工时损失率、设备故障强度、平均修理时间(MTTR)、平均故障间隔时间、重大停机故障次数和时间、故障部位和比率等相关数据的统计。设备故障统计报表没有统一的标准和格式,由各企业自定。

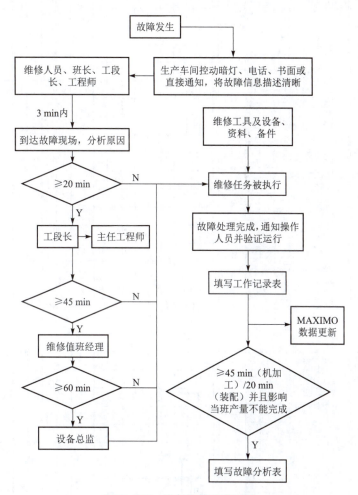

图 3-7-3　设备故障响应流程

（4）故障分析。

设备运行故障分析主要是根据各企业对设备评价考核指标内容进行分析。目前主要是从设备故障造成的后果出发，抓住影响经济效果的主要因素（故障频率、故障停机时间和修理费用等）进行分析，并采取针对性的措施，有重点地改进管理，以求取得较好的经济效果。

具体做法是每月根据设备故障统计报表中的数据分析设备运行状态，填写一份设备运行故障统计月报表（表3-7-4）上报。月报表主要对故障频率、故障停机时间和修理费用等主要因素的记录数据进行分析，运用各种表格或图形方式进行描述，如饼分图、柱状图、折线图等，详细分析每台设备的故障率、故障频次、设备故障强度、平均修理时间（MTTR）、平均故障间隔时间等设备故障相关信息，找出影响经济效果的设备故障主要因素和原因，并采取针对性的措施，进行改善。

表 3-7-4 车间设备故障统计月报表

编号：XXX-XXX-XXX

生产线（设备）故障管理月统计表　　作成时间：　年　月　日

生产线名			报告人	班长	科长
故障强度率	MTTR	重大停次数	重大停时间		

目标	必达				
	挑战				
实际					

日	1	2	3	4	5	6	7	8	9	10	11	12	13	14	15	16	17	18	19	20	21	22	23	24	25	26	27	28	29	30	31
1.2																															
1.0																															
0.8																															
0.6																															
0.4																															
0.2																															
0.0																															

	1	2	3	4	5	6	7	8	9	10	11	12	13	14	15	16	17	18	19	20	21	22	23	24	25	26	27	28	29	30	31
负荷时间（分）																															
累积负荷时间（分）																															
故障停止件数（件）																															
累积故障停止件数（件）																															
故障停止时间（分）																															
累积故障停止时间（分）																															
目标故障强度率（%）																															
实际故障强度率（%）																															
MTTR（分）																															

第 1 页

发生日	故障内容	暂时对策（修理方法）	停止（分）	处理人	长久对策	责任人（处理人）	对策日

① 饼分图。

主要用于显示每一故障数值相对总数值的权重，同时强调每一单独的故障数值，如图 3-7-4 所示。

故障类型	人为	环境	不明	备件	加工材料
数量比例	90	56	12	31	45

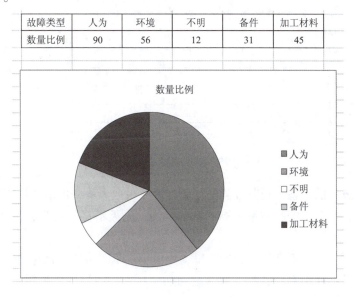

图 3-7-4　设备故障分析饼分图

② 柱状图。

主要用于比较设备故障率、故障强度等各类比值的数值大小，或各设备故障数所占的比值数值的大小，如图 3-7-5 所示。

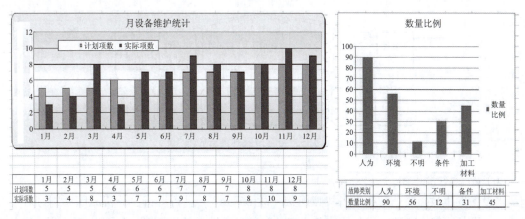

图 3-7-5　设备故障分析柱状图

③ 折线图。

显示设备故障每一数值随时间变化的趋势，如图 3-7-6 所示。

（5）故障处理。

故障处理是在故障分析的基础上，根据故障原因和性质，提出不同的维修对策方案。

① 重复性故障采取项目修理、改装或改造的方法，提高局部（故障部位）的精度，改善整机的性能。

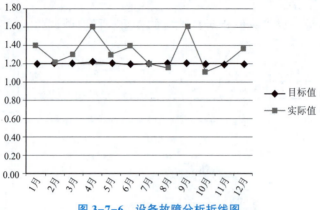

图 3-7-6　设备故障分析折线图

② 对多发性故障的设备，视其故障的严重程度，采取大修、更新或报废的方法。

③ 对于设计、制造、安装质量不高，选购不当，先天不足的设备，采取技术改造或更换元器件的方法。

④ 因操作失误、维护不良等引起的故障，应由生产车间培训、教育操作员人来解决。

⑤ 因修理质量不高引起的故障，应通过加强维修人员的培训、重新设计或改进维修员夹具、加强维修员的考核等来解决。

故障处理方式归纳如图 3-7-7 所示。

总之，在故障处理问题上，应从长远考虑，采取有力的技术和管理措施加以根除。使设备经常处于良好状态，更好地为生产服务。

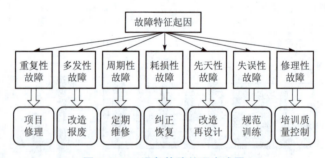

图 3-7-7　设备故障处理方式图

（6）故障对策程序。

当设备发生故障时，掌握设备故障现状（故障现象），进行解析，分析原因，制订对策方案，进行设备维修、改善，设备维修效果确认、信息反馈，杜绝故障，如图 3-7-8 所示。

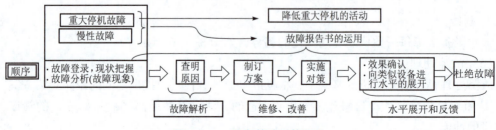

图 3-7-8　设备故障对策顺序

(7) 杜绝再发生故障。

设备故障修复后，故障数为零，而且设备运行在规定的时间范围，故障数还维持为零，才能说明设备故障处理效果达到 100%，设备故障处理合格。机械设备故障效果确认期限为 3 个月，设备运行在 3 个月以后至 1 年内又发生故障，可认为是再发生故障。

① 开展设备故障预测，杜绝故障再发生。

为了杜绝类似设备的发生，开展水平方向设备故障预测，杜绝故障再发生。

当某种设备发生故障时，可以预测到跟该设备相同的另外一台设备在相同的使用条件下运转的话，也有可能发生相同的故障。即使是在类似设备上，如果故障原因相同也可以下同样的结论，这样就能从 1 件的故障发生预测到很多潜在故障要发生。

另外，即使本企业、车间的设备没有发生故障，也可以根据从其他企业、车间获得的情报预测出相应设备的故障，如图 3-7-9 所示。因此，有必要实现企业、车间之间设备故障情报共享。

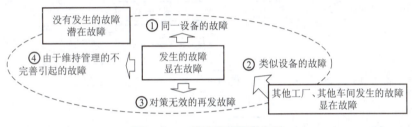

图 3-7-9　杜绝故障再发生图

② 防止设备故障再发生。

防止设备故障再发生就是针对设备故障所采取的永久对策实施后，为防止相同或类似故障的再次发生，还要把对策的内容纳入员工培训学习项目中，使类似故障防患于未然。

防止设备故障再发生的前提条件就是确认对策实施后的效果，如果对策不能针对真正的故障原因，就不能达到防止故障再发生的效果。某公司的防止设备故障再发生对策流程图如图 3-7-10 所示。

3. 设备事故管理

设备事故是指工业企业设备（包括各类生产设备、管道、厂房、建筑物、构筑物、仪器、电信、动力、运输等设备或设施）因非正常损坏造成停产或效能降低，直接经济损失超过规定限额的行为或事件。设备事故也可以简单理解为设备故障所造成的停产时间或修理费用达到规定限额的行为或事件。设备事故不但造成经济损失，而且危及职工生命安全。

加强设备事故的管理，其目的是对所发生的设备事故及时采取有效措施，防止事故扩大和再度发生，并从事故中吸取教训，防止事故重演，达到减少和消灭事故的目的，确保安全生产。

(1) 设备事故责任。

发生设备事故，必须查清原因，并按照《设备管理条例》规定进行严肃处理。如对违反操作规程和检修规程，导致设备发生事故，要追究相关人员的责任并按《设备管理条例》中的条款进行处理。

对于一般事故，对直接责任人给予经济处罚。

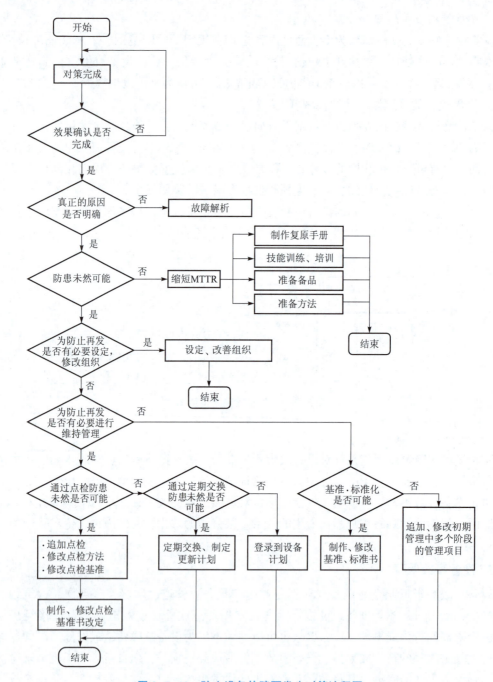

图 3-7-10　防止设备故障再发生对策流程图

对于重大事故,对主管负责人和直接责任人给予经济处罚和行政处分。

对于特大事故,对经理(厂长)、主管负责人和直接责任人给予经济处罚和行政处分。情况特别严重构成犯罪的,依法追究刑事责任。

(2) 设备事故类型。

根据国务院工业交通各部门对设备事故的分类标准规定。设备事故分为一般事故、重大事故和特大事故三类。

① 一般事故：修理费用一般设备在 500~10 000 元，精、大、稀设备及机械工业关键设备达 1 000~30 000 元，或造成全厂供电中断 10~30 min 的为一般事故。

② 重大事故：修理费用一般设备在 10 000 元以上，精、大、稀设备及机械工业关键设备达 30 000 元以上，或造成全厂供电中断 30 min 以上的为重大事故。

③ 特大事故：修理费用一般设备在 50 万元，或造成全厂停产两天以上或车间停产一周以上者为特大事故。

（3）设备事故的性质。

根据事故产生的原因，可将设备事故性质分成三种。

① 责任事故：由于人为原因造成的事故称为责任事故。如擅离工作岗位、违反操作规程、超负荷运转、维护润滑不良、维修不当、忽视安全措施、加工工艺不合理等造成的事故。

② 质量事故：因设备的设计、制造质量不良、修理质量不良和安装调试不当而引起的事故。

③ 自然事故：因各种自然灾害造成的设备事故。

（4）设备事故处理程序。

设备事故发生后，应立即切断电源，救人和保持现场，按设备分级管理的有关规定上报，再进行事故调查分析，填写设备事故报告和工伤事故快报与信息传递单（附录 C-3），严厉处理，从中吸取经验教训。重大事故调查程序：

① 迅速进行事故现场的调查工作。

② 拍照、绘图、记录现场情况。

③ 成立专门组织，分析调查。

④ 模拟实验，分析化验。

⑤ 讨论分析，作出结论。

⑥ 建立事故档案。

⑦ 采取对策，防止事故发生。

某企业车间设备事故处理程序示意图如图 3-7-11 所示。

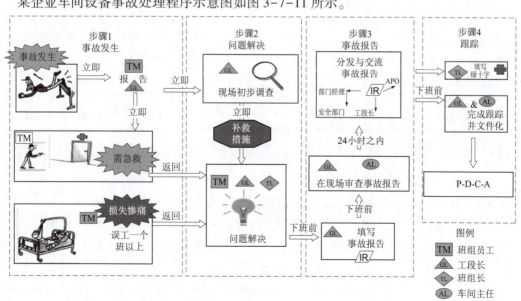

图 3-7-11 设备事故处理程序图

(5) 设备事故的处理原则。

事故处理要遵循"四不放过"原则，即：事故原因分析不清，不放过；责任者与群众未受到教育，不放过；没有防范措施，不放过；事故责任人未受到严厉处理，不放过。

在查清事故原因、分清责任后，对事故责任者视其情节轻重、责任大小和认错态度分别给予批评教育、行政处分或经济处罚，触犯法律者要依法制裁。对事故隐瞒的单位和个人，应加重处罚，并追究领导责任。

(6) 设备事故损失的计算。

① 停产时间及损失费用的计算。

停产时间：是指从发生事故停工开始，到设备修复后投入使用为止的时间。

停产损失费用：停产损失（元）= 停机小时×每小时生产成本费用。

② 修理时间和费用的计算。

修理时间：是指从开始修理发生事故的设备，到全部修好交付使用为止的时间。

修理费用：修理费（元）= 材料费（元）+工时费（元）+备件费+工具辅助材料费

③ 事故损失费（元）= 停产损失费（元）+修理费（元）。

> 看一看案例

案例：某汽配厂由加工中心、数控车床等设备组成20条生产线，各设备运行数据统计在表3-7-5内，计算车间的设备关键绩效指标故障率、MTTR、MTBF等，并分析这几个月的车间生产线运行状况。

表 3-7-5　车间生产线设备运行数据统计表

项　目	12月	1月	2月	3月	4月
故障时间/min	4 368	3 764	4 171	4 172	5 049
反应时间/min	685	488	856	941	934
等件时间/min	513	304	261	379	393
修理时间/min	3 170	2 972	3 054	2 852	3 722
故障次数	95	69	91	96	98
设备台数	187	189	191	191	192
开机时间/min	7 483 740	7 302 960	6 589 500	7 380 240	8 294 400

解：

1. 计算车间设备关键绩效指标数值

第一，根据计算公式，计算12月份车间生产线的故障率、MTTR、MTBF。

12月份：故障率 = ∑故障时间÷∑开机时间×100% = 4 368÷7 483 740×100% = 0.06%

12月份：平均故障处理时间（MTTR）= ∑故障时间÷∑故障次数 = 4 368÷95 = 46（分/次）

12月份：平均故障间隔时间（MTBF）= ∑开机时间÷∑故障次数 = 7 483 740÷204÷60 = 1 312（小时/次）

第二，再将每月份数据依次计算，并将其结果填入表 3-7-6 中。

表 3-7-6　生产线设备运行数据统计表

项　　目	12月	1月	2月	3月	4月
综合故障率/%	0.06	0.05	0.06	0.06	0.06
MTBF/h	1 312	1 763	1 206	1 280	1 410
MTTR/min	46	55	46	43	51
故障台时率/（min·台$^{-1}$）	23	20	22	22	26
故障台次率/（次·台$^{-1}$）	0.51	0.37	0.48	0.50	0.51

2. 分析车间设备关键绩效指标

根据以上计算所得的设备关键绩效指标数据，运用图表工具折线图绘出趋势图，如图 3-7-12 所示，分析每个月设备故障率、MTBF、MTTR 指标的趋势。如故障率 1 月份最低，低于考核指标；其他几个月都在考核指标内，并平稳发展。

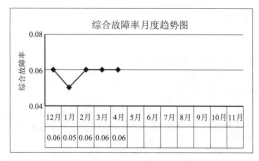
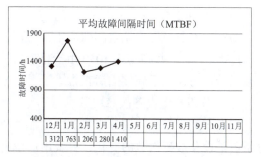
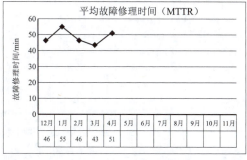
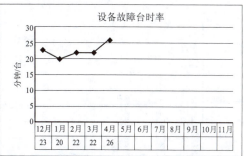

图 3-7-12　设备关键绩效指标趋势图

3. 分析设备故障属性

（1）分析设备故障次数及时间。

根据车间设备故障统计表数据，绘制各生产线故障次数及时间的柱状图，如图 3-7-13 所示，分析各生产线故障变化，并找出所产生设备故障的原因和对策方案。

从图中知 4 月份 C7、B3 故障时间下降，发生的故障仅是微小故障。C1、C2、C10 故障时间升高，并进一步分析产生的原因和对策方案。

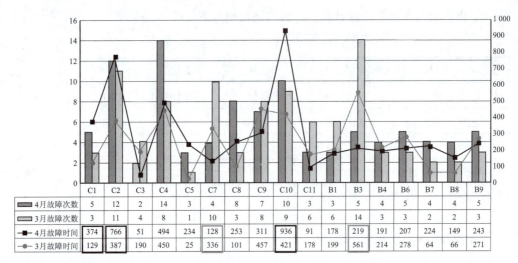

图 3-7-13　生产线故障次数及时间的柱状图

原因 1：C1 插床 1002 由于启动故障导致总停时间共 245 min。

对策：维修纵向丝杠后调整正常。

原因 2：C2 加工中心 1029 由于位置度超差导致总停时间共 370 min。

对策：修复丝杠，调整间隙后正常工作。

原因 3：C10 数控车床 1050 由于排屑器故障导致总停时间共 405 min。

对策：对链条重新接固后正常。

（2）分析单台设备故障次数。

根据车间设备故障统计表数据，绘制各类设备故障次数的柱状图，如图 3-7-14 所示，分析各类设备故障次数的变化，并找出产生设备故障的原因和改善对策。

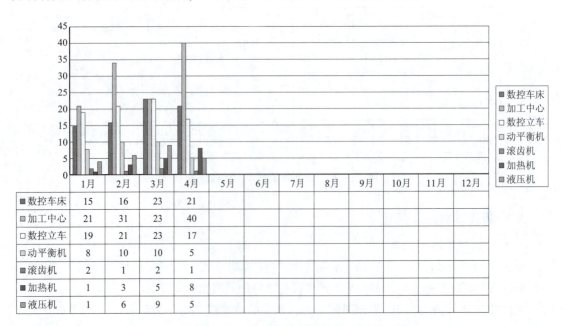

图 3-7-14　各类设备故障次数柱状图

从图中知，加工中心故障次数呈上升趋势，主要是由于停电问题造成的机床报警，其他机床故障次数相对稳定。

（3）分析设备故障模式。

将设备运行数据按故障模式统计，并绘制成柱状图如图 3-7-15 所示。

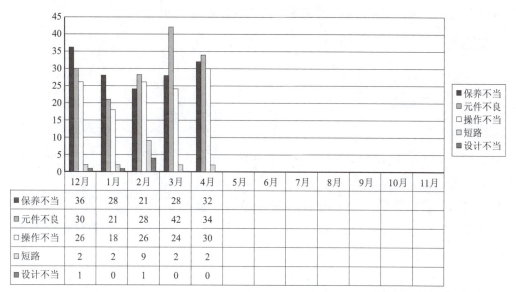

图 3-7-15　故障模式柱状图

	12月	1月	2月	3月	4月	5月	6月	7月	8月	9月	10月	11月
■保养不当	36	28	21	28	32							
■元件不良	30	21	28	42	34							
□操作不当	26	18	26	24	30							
□短路	2	2	9	2	2							
■设计不当	1	0	1	0	0							

从图中知，造成设备故障的主要原因是设备保养不当和元件不良，其次是操作不当。

（4）分析设备故障类型。

设 A 类故障时间为 300 min 以上；B 类故障时间为 180～300 min；C 类故障时间为 0～180 min，将设备故障时间再分类统计，绘出设备故障类型饼分图，如图 3-7-16 所示。

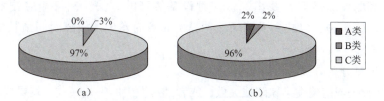

图 3-7-16　设备故障类型饼分图

(a) 3 月份；(b) 4 月份

从图中知，C 类故障时间占 96%～97%，B 类故障时间占 2%～3%，说明设备维护保养工作较好。

4. 找出设备故障原因和改善措施

将 4 月份设备故障时间最长的前五项统计出来，并分析产生问题的原因，改善措施，列入设备维修计划表中。

任务 3.8　设备故障分析法运用

[引言] 灵活运用设备故障分析方法，快速找出设备故障原因，及时排除设备故障，减少设备停机时间损失，提高设备综合效率，降低设备寿命周期费用。

❯❯ 学习目标

（1）掌握设备故障分析方法。
（2）运用故障分析法。

❯❯ 工作任务

手提砂轮机是由电源、导线、电机、保险丝、开关和砂轮等元器件构成，如图 3-8-1 所示。现发现砂轮机手握的电机部分发热烫手，用运行故障分析法进行手提砂轮机的故障分析。

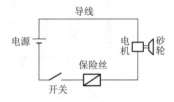

图 3-8-1　手提砂轮机结构图

❯❯ 知识准备

1. 设备故障分析的类型

设备故障的分析是十分复杂的工作，涉及的技术领域非常广泛。目前故障分析有三种方式：

（1）综合统计分析方式。

这是针对工厂设备总体发生的故障概率分析。如各类设备发生故障的概率；按故障发生的现象或原因分类的故障概率；或某类大量使用的设备所发生故障类型的分类概率。针对发生概率高的设备故障，找出降低该种设备故障的方法，制订相应技术的或管理的对策措施，并加以实施，以减少或消除该种设备故障的发生。故障时间最长的前五项的原因分析见表 3-8-1。

（2）典型失效分析方式。

对某些重要设备或部位发生缺陷或失效，或者经常发生的失效模式，就要找出其内在的原因。为此需要利用技术分析的手段和借助于专业分析仪器加以解决，这就是典型失效分析技术。

① 典型失效分析技术的一般步骤如下：典型破坏部位取样→断口失效宏观分析→断口微观失效分析→材质分析→失效类型及机理→失效原因判断。

② 环境分析：对设备工作环境中的介质、温度、压力、有害物质、腐蚀产物，或大气及周边条件等进行分析。

③ 模拟分析：模拟失效构件的工作条件，以验证失效分析的结论。

典型失效分析既是一项专业技术，又是一项综合分析方法。它需要利用各种技术，从结构设计、材料选择、加工制造、装配调整、使用维修，到工艺过程、人为因素、环境污染等，从而成为相关性综合分析的系统工程。

表 3-8-1 故障时间最长的前五项的原因分析表

问题序号	问题发现日期	问题描述	根本原因分析	责任人	指派日期	临时纠正措施（针对问题）	预防措施（针对根本原因）	针对纠正措施	针对预防措施	总停时间/min	备注
1	2011.4.2	C10线数控立车排屑器故障	排屑器内部因铁屑积累过多导致链条断开	陈杰	2011.4.2	将链条重新接固	要求操作者及时清理铁屑，与精益办共同检查监督	立即	2011.4.2	405	
2	2011.3.30	C2线加工中心位置超差	因分油器损坏，润滑不良，导致丝杠间出现间隙	盛华	2011.3.30	修复丝杠，调整间隙	按照相关规定设备精度定期检测同时同检查润滑油分油器	立即	2011.3.30	370	
3	2011.4.12	C1线插床启动故障	插床内部手轮脱落	韦军	2011.4.12	维修纵向丝杠	按照相关规定设备精度定期检测，及时更换机床所需用油	立即	2011.4.12	245	
4	2011.3.28	C10线加工中心Y轴间隙故障	轴承磨损过度，与丝杆间出现间隙	张帅	2011.3.28	更换Y轴轴承，更换丝杠	按照相关规定设备精度定期检测，发现硬件出现问题后及时修理更换	立即	2011.3.28	208	
5	2011.3.30	C5线数控车床刀台偏低	发生撞车故障，定位销损坏	王江	2011.3.30	更换刀台定位销	操作者需严格按照操作规程完成生产工作	立即	2011.3.30	169	

(3) 故障诊断分析方式。

采用监测诊断仪器对运行中的设备进行监测和诊断，从而找出故障发生和发展变化的状态及趋势。一般步骤如下：设备运行中的状态监测→故障诊断分析→趋势预报；当设备停车后，对故障设备解体检查和检测，验证故障结论并与诊断分析对照。其方法包括腐蚀监测、振动监测、温度监测、声音监测、润滑监测等。故障诊断分析属于设备诊断与维修技术范畴。

2. 设备故障分析法的运用

设备故障常用的基本分析方法有统计分析法、排列图（帕累托图）、鱼骨分析法、问五个"为什么"法、5W1H 分析法、图表分析表、FMEA 法、故障树法、形式逻辑法、劣化趋势图、PM 分析、假设检验分析、故障的集合优选分析。运用这些分析方法，有助迅速找出设备故障的原因，为制订设备维修计划提供可靠的数据依据。下面重点介绍几种设备故障分析法的特点和运用。

（1）统计分析法。

通过统计某一设备或同类设备的零部件（如活塞、填料等）因某方面技术问题（如腐蚀、强度等）所发生的故障、占该设备或该类设备各种故障的百分比，然后分析设备故障发生的主要问题所在，为修理和经营决策提供依据，这种故障分析法称为统计分析法。

以腐蚀为例，工业发达国家都很重视腐蚀故障的经济损失。经统计每年由于腐蚀造成的损失达国民经济总产值的 5% 左右。设备故障中，其腐蚀故障约占设备故障的一半以上。国外腐蚀故障统计分析见表 3-8-2 至表 3-8-4，得出的结论是：随着工业的发展，腐蚀形式也发生了变化，不仅仅是壁厚减薄，或表面形成局部腐蚀，而主要是以裂纹、微裂纹等形式出现。

表 3-8-2 美国杜邦公司腐蚀故障统计表

腐蚀形式	一般形式腐蚀	裂纹（应力腐蚀和疲劳腐蚀）	晶间腐蚀	局部腐蚀	点蚀	汽蚀	浸蚀	其他
%	31	23.4	10.2	7.4	15.7	1.1	0.5	8.5

表 3-8-3 日本三菱化工机械公司 10 年的腐蚀故障统计表

腐蚀形式	%	腐蚀形式	%
应力腐蚀	45.6	疲劳腐蚀	8.5
点蚀	21.8	氢脆	3.0
均匀腐蚀	8.5	其他	8.0
晶间腐蚀	4.9		

表 3-8-4　日本挥发油株式会社 10 年间的腐蚀故障统计表

腐蚀形式	1963—1968 年/%	1969—1973 年/%
均匀腐蚀	22	21
局部腐蚀	22	22
应力腐蚀和疲劳腐蚀	48	51
脆性破坏	3	6
其他	5	5

（2）排列图（帕累托图）。

排列图是一种利用统计数据进行问题分析的方法，将平时的设备故障频次或者停机时间记录下来，统计绘出设备的故障主次图。绘制主次图时，首先按照故障频次大小（停机小时多少）从左到右排序，然后分别将故障频次的百分比（或停机小时）累加起来描点，再把这些点用曲线连接起来，就形成全图。如图 3-8-2 所示为一台加工机床的故障排列图，从图中可以

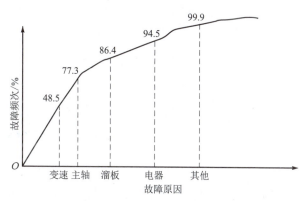

图 3-8-2　机床的故障排列图

看出变速故障的频次为 48.5%，而变速与主轴故障频次之和为 77.3%，依次类推进行计算。根据帕雷托的 80/20 分布理论，设备 20% 的故障模式决定着 80% 的停机时间。因此设备一旦出现故障，首先要想到故障频次最高的 1~2 种故障模式，然后再寻找次要的模式，这是比较有效的设备故障分析诊断法。

（3）鱼骨分析法。

又称因果分析图（特性要因图），是将所有能导致故障的原因，按照发生的因果层次关系用线连接起来。构成故障的主要原因称为脊骨，构成故障的次要原因称为大骨，依次还有中骨、小骨、细骨等，构成的故障鱼骨如图 3-8-3 所示。这个方法适用于分析复合因素的故障原因。例如，运用鱼骨分析法对某公司的设备综合效率低的原因进行分析，如图 3-8-4 所示。

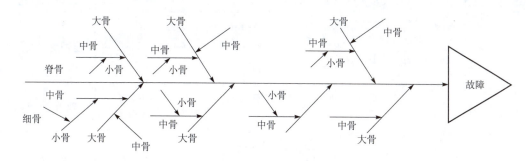

图 3-8-3　鱼骨分析法

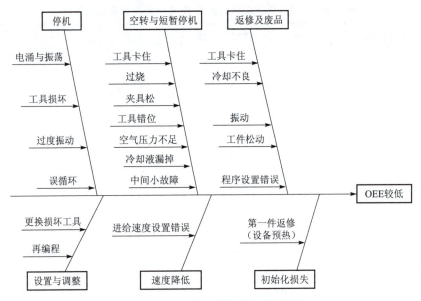

图 3-8-4 设备综合效率低鱼骨分析图

(4) 问五个"为什么"法。

就是连续不断地问"为什么",将问题追根刨底,直到找见答案,这方法适用于因果关系的问题。在分析隐患和故障原因的过程中,通过不断的自问和查找,就能深入地追查到问题的根源。

例如,一位点检员接到指令,匆忙地奔赴生产现场,车间较黑暗,他眼睛一下不适应,地上的油污引起他摔跤。为什么会摔跤?地上有油;为什么有油?漏油;为什么会漏油?油嘴松;为什么油嘴松?密封圈坏;密封圈坏为什么会坏?从而找到设备漏油的主要原因。

(5) "5W1H"分析法。

"5W1H"是取六个英语单词 Why(为何)、What(何事)、Where(何地)、When(何时)、Who(何人)、How(如何)的第一个字母后的合称,是一种有助于人们将工作内容与当事人联系在一起,并对工作的程序进行思考、研究、分析而进一步落实责任制的好方法,见表 3-8-5。

表 3-8-5 "5W1H"分析法说明表

原文	中文含义	主要涉及的对象	理解为	相当于	用于思考	用于改造
Who	何人	责任者、牵头人、负责人、担当者、作业的操作人员	给谁 把谁 和谁	定人员	为什么要他干?	能否换别人干?
Why	为何	理由、原因、动机、出发点	为何做? 为何改?	定理由	有没有必要干?	理由充分吗?
What	何事	内容、标的、项目、目的、目标	是什么? 把什么? 做什么?	定标准	为什么要干?	能否不干?

续表

原文	中文含义	主要涉及的对象	理解为	相当于	用于思考	用于改造
Where	何地	场所、施工点、方向	在哪里？到哪里？把什么？	定地点	为什么在此干？	改个地点干行吗？
When	何时	时间、日期、期限	从何时？到何时？处何时？	定时间	为什么此时干？	换个日期干行吗？
How	如何	手段、工序、方法	如何做？怎样做？	定方法	为什么这样干？	有更好的办法吗？

(6) 图表分析法。

图表分析法优点在于能进行优先排序，优先排序可以将问题主要矛盾显现，删除不重要的问题，以利于迅速查找问题的主要原因。

以某烟厂设备故障统计表的数据为例，运用图表分析法找出设备系统的主要检查项目。图中 X 轴代表故障的可能性，Y 轴代表点检作业的难易程度，通过二维坐标的排列，得出排列结果：第二项机械手设备故障率高，点检作业难，作为重点检查对象，其他按照工作的轻重缓急来安排点检工作，如图 3-8-5 所示。

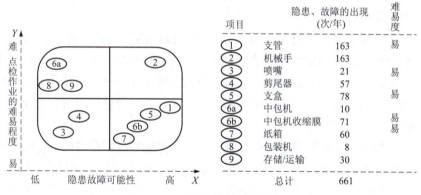

图 3-8-5 设备故障图表分析法

(7) FMEA 法。

FMEA 法是一种单因素分析法，是查找故障模式、预测风险、改善控制、积累经验、以预防为主的管理方法，是可靠性分析的一种重要定性分析方法。主要是通过设计各种表格进行系统分析，找出设备故障的主要部位或项目。

在设备运行过程中，运用 FMEA 法，从人、机、料、法、环系统中，对设备系统、分系统（电子、机械、控制）、组件（工作夹具、物料输道、驱动）、部件故障的起因、模式、后果进行分析，查找出影响设备可靠性的各种潜在的问题点或失效模式。

例如某年美国航天飞机升空时发生爆炸，通过 FMEA 法对其可能性和严重性进行分析、评估（表 3-8-6），查找造成机毁人亡的致命灾害性的根本原因，不是航天飞机的主要设备出问题，仅仅是一个零件的失效。

表 3-8-6　FMEA 分析方法

风险代号		伤害的可能性(每年的概率)					
高度风险 ①	等级	F	E	D	C	B	A
中等风险 ②	概述	不会发生	不可能的	细微的	偶然的	很可能的	频繁的
低等风险 ③	定义	实际上是不会发生的	靠不住,如发生也没有经验	不像会发生,但有时发生	隔三岔五可能会有发生	十分可能发生	几乎必然要发生

伤害的严重性(最差的后果)	范畴	定义/伤害						
	Ⅰ 灾难性的	死亡					① 高度风险	
	Ⅱ 危急的	严重的伤害或有病					② 中度风险	
	Ⅲ 极限的	较小的轻微的损伤				③ 低微风险		
	Ⅳ 可以忽略的	微不足道的受伤或小病						

(8) 关联图法。

将问题和影响该问题的要因之间的关联用带箭头的线连接起来形成一个理论性的关联图。在用图解法分析一些很模糊的大问题或者要因错综复杂的问题时,适合运用这种手法。

(9) 直方图法。

直方图法是将预先设定的计划目标的计划值,按比例记入到图表里,构成直立的方块图;同时在相应处记录相同比例的实绩值,这样计划值与实绩值相对比,可以看出计划与实绩的差距,证实计划精度的高低,同时也可与历史实绩进行对比,看其计划性如何,基本可以说明工作效率如何,效率在提高还是下降,找出存在的问题点,进行分析评价。

(10) 劣化趋势图分析法。

设备的劣化趋势图是做好设备倾向管理的工具,劣化趋势图是按照一定的周期,将设备的性能进行测量,在劣化趋势图上标记测量点的高度(换算成长度单位),一个一个周期地描出所有的点,把这些点再用光滑的曲线连接起来,就可以大体分析出下一个周期的设备性能劣化走向,如果存在一个最低性能指标,则可以看出下一周期的设备是否会出现功能故障。劣化趋势图如图 3-8-6 所示。

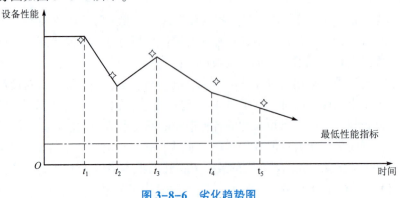

图 3-8-6　劣化趋势图

（11）管理七大方法。

通常会采用一种或多种管理方法进行设备故障分析，找出原因和解决问题的方法。各种管理方法在解决问题时的运用对应表如表3-8-7所示。

表3-8-7　新旧管理手段解决问题运用对应表

分类	问题解决／各种手法	1.定义问题	2.检讨问题	3.发掘问题	4.因果确认	5.目标定制	6.分析原因	7.制订对策	8.决策分析	9.实施改善	10.效果确认	11.标准化	12.继续改进	手法区分	使用特点
管理七大手法	1. 检查表		●		●		●							行列表	检查项目需周全
	2. 散布图		●		●									坐标法	纵横坐标的相关性
	3. 层别法									●				思考法	不同性质的区别
	4. 直方图						●			●				图示法	可与规格或标准值比较
	5. 柏拉图			●			●							图示法	能显示问题的重点
	6. 因果图			●										图示法	由大至小显示，制造业常用
	7. 管制图						●							图示法	控制制程变异
管理新七大手法	1. 关联图					●								思考法	关系清楚
	2. 亲和图			●	●	●								思考法	归纳适当，服务业常用
	3. 系统图											●		树状图法	因果关系明确
	4. 矩阵图								●					行列法	评价须正确
	5. 矩阵数据解析法				●									坐标分析法	量化比较须客观
	6. 过程决定计划图							●			●			思考法	过程考虑周全
	7. 箭线图									●				网状图法	注意
	脑力激荡法			●										思考法	自由创意

（12）PM分析（2P 5M 5W方法）。

分析因素错综复杂的设备慢性故障问题时，可采用PM分析法进行综合分析。它是从物理的角度去解析现象，结合设备的原理、人、机、料、法、环等多方面因素，从变化因素与设备现象之间的关系，层层追问为什么，直至找到根本的原因。

① 2P的含义：

Phenomenon（现象）：从最直观的客观存在、明确化的现象入手进行分析。例如生产线停了、设备坏了、加工的零件尺寸超差等等。

Physical（物理）：从现象的物理特性进行分析，把握问题的实质，遵循现场、现物、现实的原则，用物理的方法（即从原理上）对故障现象进行分析，避免简单的想当然的主观判断而造成的失误。

② 5M 的含义：

Mechanism（机理）：从机理或原理出发，找出与故障现象存在相关性的所有条件，进行分析。

Man（人）：研究问题的产生和人员的变化导致操作变化、差异之间的联系。

Machine（机器设备）：通过研究，分析故障、问题的产生是否与设备的变化（如老化、变形、性能失真）有关。

Material（材料、零件、部件）：在进行故障分析时要了解材料性能变化的影响。

Method（工作方法）：即研究问题的产生和工作方法之间的因果关系，是否存在违规作业造成设备故障的行为。

③ 5W 即 5 个 Why（为什么）：通过连续追问 5 次为什么，层层深究，直至找到问题的真正原因。

除以上方法外，还可以同时应用试验法、排除法、替代法等来找出发生问题的真正原因。

(13) PDCA 循环管理法。

PDCA 循环管理法即 Plan（计划）、Do（实施）、Check（查核）、Action（处置），是从事持续改进（改善），不断循环，所应遵行的基本步骤，如图 3-8-7 所示。

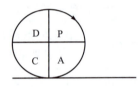

图 3-8-7 PDCA 循环管理法

P（策划、计划）：为达到确定的目标，而编排的设想和步骤。

D（执行、实施）：按照计划而定的具体实施事项。

C（检查、确认）：对实施的结果，是否按照计划执行，进行检查、评价。

A（对策）：当执行的结果与计划有差距时，再次确定行动的方法。

运用 PDCA 管理循环解决问题的步骤：

运用 PDCA 管理循环解决问题的一般步骤见图 3-8-8 所示，主要有八个步骤，即称小组四段八步法。

第一步，对象——确定故障、问题。

从问题中选择希望解决以及那些迫切需要解决的问题、故障，准确描述要解决的问题、故障的现象。

第二步，目标——设定目标。

目标的设定要求现实、可行和具有挑战性，并且是可以衡量的。

第三步，计划——制订维修计划。

制订维修计划，确定负责人和有关成员，实

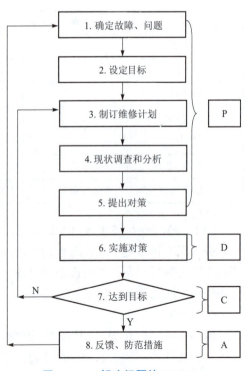

图 3-8-8 解决问题的 PDCA

施时间。

第四步，分析——分析现状调查的情况和查找与故障相关的记录、特性指标等资料，识别影响设备故障特性值变化的因素和找出主要因素、原因。

第五步，对策——提出对策和确定对策，针对主要因素和主要原因，提出具体多种的改善方案或者对策，并优选确定要实施的对策或者方案。

第六步，实施——将制订的对策或方案付诸实施。

第七步，效果确认——对实施对策或方案取得的效果进行检查、评估确认是否达到设定目标。如果没有达到目标，需要重新制订维修计划，采取对策。

第八步，反馈、防范措施——制订必要的防范措施，重新制订或修改点检、巡检的标准甚至相关的设备文件。将设备故障处理的过程效果整理归档，并反馈给相关部门，横向展开类似设备、故障的防范和整改。

设备管理运用 PDCA 管理实施步骤与其他管理方法的综合运用关系如表 3-8-8 所示。

表 3-8-8　PDCA 管理实施步骤与其他管理方法的综合运用关系

阶段	步　骤	主要管理方法
P	分析现状，找出问题	排列图、直方图、控制图
P	分析影响因素，找主要原因	因果图、排列图、关联图
P	寻找解决方案，优化方案	头脑风暴、水平对比、试算平衡
P	制订详细计划	流程图、5W1H
D	执行落实计划	检查表、反馈制、雷达图
C	检查计划执行效果	排列图、直方图、控制图、散布图
A	总结经验，制订标准	规章制度化
A	提出新问题，进入下个 PDCA	

看一看案例

1. 运用"问五个为什么"方法，查找设备故障的原因

某汽车焊装生产线输送线突然停止，生产无法进行。了解发现与该输送线存在联锁关系的有 4 套设备：下线吊具、顶盖吊具、侧围吊具和地板总成上线吊具。经检查，既不是输送线本身的原因，又不是下线吊具、顶盖吊具、侧围吊具的原因，而是地板总成上线吊具的联锁信号没有。为什么联锁信号会没有呢？检查发现自行葫芦"允许"信号无；为什么自行葫芦"允许"信号没有呢？再检查发现自行葫芦未接收到允许放车信号；为什么自行葫芦未接收到允许放车信号呢？层层追查，最终发现是因为滑触线接口安装卡扣松动造成集电器在滑动中损坏。采取一条有效的预防措施：每个月检查一次滑触线有无松动。直至现在，该问题再也没有重复发生。

2. 运用 PM 分析法，找出设备故障的真正的原因

有一台采用西门子 810T 系统的数控车床在 X 轴运动时，X 轴运动速度很快从低速升至高速，产生超速报警。出故障之后观察系统屏幕，发现 X 轴的坐标数值并没有发生变化，

这说明位置反馈可能存在问题。首先怀疑反馈回路的电缆有问题，经过检查，未发现有松动、脱落和断线情况；后来更换伺服系统的测量板，但故障同样存在，因此怀疑 X 轴的编码器存在问题。这台机床采用西门子 1FT5 系列交流伺服电机，编码器采用内置式，打开伺服电机后盖，拆下编码器进行检查，发现一紧固螺钉脱落，造成 5 V 电源与接地短路，编码器无信号输出，导致数控系统处于开环状态，从而 X 轴运动时引起飞车。最后紧固编码器的螺钉后，重新安装试车，机床恢复正常工作，故障消除。分析流程如图 3-8-9 所示。

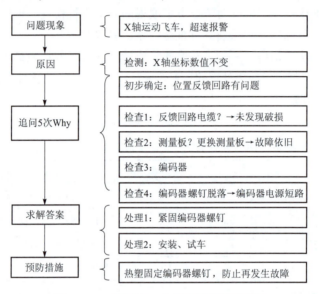

图 3-8-9　利用 PM 分析法寻找真正原因

利用 PM 分析法进行分析时，特别是分析数控设备的故障时，应注意几个原则，以免发生陷入"牛角尖"的方向性错误：

（1）先外部后内部。先从外部的行程开关、按钮开关、液压气动元件、印刷电路板插座和插头着手，由外向内逐一进行排查。

（2）先机械后电气。一般来说，机械故障容易察觉，电气故障特别是数控系统故障的诊断难度要大些。先机械后电气，往往会达到事半功倍的效果。

（3）先静后动。了解故障发生的过程，查阅资料，从现象、原理入手，先动脑再动手。

（4）先公用再专用，如电源部分，直流电源输出电压等。解决了影响区局的主要问题之后，次要的矛盾也会迎刃而解。

（5）先一般后特殊。先考虑最常见的可能的原因，再分析很少发生的特殊原因。

任务 3.9　编制设备维修计划

[引言] 设备技术状态劣化或发生故障后，需对设备进行局部或整机的检查、维修，编制设备维修计划，从物资、劳动力、资金、技术等方面保证设备及时恢复原状，提高设备效能，减少停歇时间和降低维修费用。

学习目标

（1）掌握设备维修方式和设备维修类别。
（2）熟悉设备维修计划的种类。
（3）理解设备维修成本费用的项目。
（4）掌握设备维修质量管理的要求。

工作任务

选择设备维修的方式。

知识准备

1. 设备维修概要

（1）设备维修的定义。

设备维修就是对技术状态变化时发生故障的设备，为恢复设备的功能或精度，保持设备的完好，通过更换或修复磨损失效的零件，对设备整机或局部进行拆装、调整的技术活动。换言之，设备维修是设备技术状态劣化到某一临界状态时，为恢复其功能而进行的技术活动。

设备维修包括维修、维护、检查等内容。

（2）设备维修的原则。

① 通过维修消除设备修前存在的缺陷，恢复设备规定的功能和精度，提高设备的可靠性，并充分利用零部件的有效寿命。

② 力求维修费用与设备停修对生产的经济损失两者之和为最小。设备维修计划是企业设备管理部门组织设备维修工作的指导性文件，也是企业生产经营计划的重要组成部分，由企业设备管理部门负责编制。编制维修计划时，应优先安排重点设备，充分考虑所需物资、劳动力及资金来源的可能性，从企业的技术装备条件出发，采用新工艺、新技术、新材料，在保证质量的前提下，力求减少停机时间和降低维修费用。

2. 设备维修方式

随着生产设备的复杂化和维修技术手段的提高，设备状态检测和故障诊断技术的不断开发，维修理论的创新，维修方式也在不断地发展变化，呈现出多种多样的维修形式和组合维修模式。同时，现代工业企业的生产方式分为单件小批量生产、自动化或半自动化流水线大批量生产、流程生产等。不同生产方式的企业，其主要生产设备的停修对企业（车间）整体生产的影响差异也较大，这是考虑选择设备维修方式的主要因素，不同企业对设备采用不同的维修方式。

目前常用的设备维修方式主要为计划维修、事后维修、预防维修、生产维修、改善维修、状态维修、预知维修、可靠性维修等。下面主要说明几种设备维修方式（制度）的特点和应用。

（1）事后维修。

事后维修是指设备发生故障后，再进行维修。这种维修方式出于事先不知道故障在什么时候发生，缺乏维修前准备，因而，维修停工时间较长。此外，因为维修是无计划的，常常打乱生产计划，影响交货期。事后维修是比较原始的设备维修制度。目前，除在小型、不重要设备中采用外，已被其他设备维修制度所代替。

(2) 预防维修。

为了加强设备维修，减少设备停工维修时间，出现了设备预防维修的制度。这种制度要求设备维修以预防为主，在设备正常使用过程中做好维护保养工作，加强日常检查和定期检查，根据零件磨损规律和检查结果，在设备发生故障之前有计划地进行维修。由于加强了日常维护保养工作，使得设备有效寿命延长了，而且由于维修的计划性，便于做好维修前准备工作，使设备维修停歇时间大为缩短，提高了设备有效利用率。

(3) 生产维修。

预防维修虽有上述优点，但有时会使维修工作量增多，造成过分保养。为此，1954年又出现了生产维修。生产维修要求以提高企业生产经济效果为目的来组织设备维修。其特点是，根据设备重要性选用维修保养方法，重点设备采用预防维修，对生产影响不大的一般设备采用事后维修。这样，一方面可以集中力量做好重要设备的维修保养工作，同时也可以节省维修费用。

(4) 预知维修。

预知维修是依赖计算机系统和软件来监视、记录故障，诊断评估系统，视具体情况制订维修策略的方法。其特点是能减少维修的盲目性，提高维修的准确性、有效性，能解决维修过度或者维修不足的问题，有效地提升设备的可利用时间。同时又能减少设备的非计划停机损失。

(5) 状态维修。

状态维修是随着可编程逻辑控制器（PLC）的出现而在生产系统上使用的一种维修方式，现在能够连续地监控设备和加工参数。采用状态维修，是把 PLC 直接连接到一台在线计算机上，实时监控设备的状态，如与标准正常公差范围发生任何偏差，将自动发出报警（或维修命令）。这种系统维护安装成本可能很高，但是可以大大提高设备的使用水平。

(6) 智能维修。

智能维修又称自维修，包括电子系统自动诊断和模块式置换装置。把远距离设施或机器的传感器数据连续提供给中央工作站，通过这个工作站，维护专家可以得到专家系统和神经网络的智能支持，以完成决策任务。然后将向远方的现场发布命令，开始维护例行程序，这些程序可能涉及调整报警参数值、启动机器上的试验振动装置、驱动备用系统或子系统。美国联邦航空管理局（FAA）正在开发远距离维护监控系统（RMMS）。它是自动化维护系统发展方向的一个范例。在有些例子中，可以用机器人技术进行远距离模块置换。

(7) 可靠性维修。

可靠性维修是根据设备的可靠性状况，以最少的维修资源消耗，运用逻辑决断分析法来分析故障后果和故障模式的有关信息，来确定所需的维修内容、维修类型、维修间隔期和维修级别，制订出预防维修大纲，从而达到优化维修的目的，是以运行经济性为出发点的维修管理模式。

3. 设备维修方式的选择

选择维修方式主要以设备的故障特征、设备的有效度、设备的维修费用等加以综合考虑来确定，也可以采取组合维修方式。在不同阶段，对不同故障类型，采用不同的维修方式，如图 3-9-1 所示。

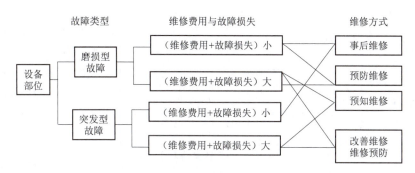

图 3-9-1　设备故障与维修方式的选择

4. 设备维修的类别

设备维修的类型，一般可按对设备性能的恢复程度、维修间隔期的长短、维修费用的多少等来划分，通常分为小修、中修、大修。

（1）小修。

小修是指日常的零星维修，对机器设备的局部维修，通常指更换或修复少量的磨损零件，排除障碍或清洗设备，零部件松动的紧固与调整等。小修的特点是：维修次数多，工作量小，可结合日常的检查与维护保养工作一起进行。

（2）中修。

中修是要更换或维修机器设备的主要零部件或数量较多的其他磨损零件，检查调整整个机械系统，紧固所有的机件，校正机器设备的基准等，以保证设备恢复和达到应有的标准和技术要求。中修是计划维修的一种，它的特点是：发生的次数较多，维修间隔期较短，工作量不很大，每次维修时间短，支付费用少。

（3）大修。

大修是对机器设备进行全面的维修，具有设备局部再生产的性质，即将机器设备进行全部拆卸，更换或修复全部的磨损零件，校正和调整整体设备，恢复设备原有的精度、性能和生产效率。设备的大修一般不改变设备的结构、性能和用途，不扩大设备的生产能力。大修的特点是：维修次数较少，维修间隔期较长（一般在一年以上），工作量大，维修时间较长，维修费用较多。所以，进行大修前要精心计划。结合设备的大修，可同时进行设备的改装和技术改造，消除缺陷，改善设备的性能和结构，扩大工艺使用范围，提高其效率和先进性。

设备的中、小修也叫日常维修。由于发生突然事故或自然灾害而发生的设备的意外毁损，对其进行的中、小修，通常称为事故性维修。如果毁损严重，需要对其进行大修，通常称为恢复性维修。

设备大修、中修、小修工作内容比较见表 3-9-1。

表 3-9-1　设备大修、中修、小修工作内容比较

维修类别 标准要求	大修	中修	小修
拆卸分解程度	全部拆卸分解	针对检查部位，部分拆卸分解	拆卸、检查部分磨损严重的机件和污秽部位
修复范围和程度	维修基准件，更换或修复主要件、大型件及所有不合格的零件	根据维修项目，对维修部件进行修复，更换不合格的零件	清除污秽积垢，调整零件间隙及相对位置，更换或修复不能使用的零件，修复达不到完好程度的部位
刮研程度	加工和刮研全部滑动结合面	根据维修项目决定乱研部分	必要时局部修刮，填补划迹
精度要求	按大修精度及通用技术标准检查验收	按预定要求验收	按设备的完好标准要求验收
表面修饰要求	全部外表面刮腻子、打光、喷漆，手柄等零件重新电镀	补漆或不进行	不进行

5. 设备维修计划种类

设备维修计划，通常按时间进度编制，分为年、季、月计划三种。按维修类别编制的计划，分为年度设备大修计划和年度设备定期维护计划。

（1）按时间进度编制计划。

① 年度维修计划。

包括大修、中修、技术改造、小修、定期点检，以及更新设备的安装等检修项目。

② 季度维修计划。

包括按年度计划分解的大修、中修、技术改造、小修、定期点检、安装和按设备技术状态劣化程度，经使用单位或部门提出的必须小修的项目。

③ 月份维修计划。

a. 按年度计划分解的大修、项目检修、技术改造、小修、定期点检及安装。

b. 精度调整。

c. 根据上月设备故障维修遗留的问题及定期检查发现的问题，必须且有可能安排在本月的小修项目。

某车间月份设备维修计划表见表 3-9-2 所示。

年度、季度、月份维修计划是考核企业及车间设备维修员作的依据。

（2）按维修类别编制的计划。

通常为年度设备大维修计划和年度设备定期维护计划（包括预防性试验）。设备大修计划主要供企业财务管理部门准备大维修资金和控制大维修费使用，并上报管理部门备案。

6. 设备维修计划内容

设备维修计划通常包括维修项目及内容、维修时间（及持续时间）、维修技术要求、配件及辅助材料、维修人员安排、维修工具和安全注意事项等多项内容，如表 3-9-3 所示。

表 3-9-2　某车间月份设备维修计划表

序号	设备名称	存在问题	发现日期	点检人	复原时间 10.18	10.19	10.20	10.23	10.24	10.25	10.26	担当	对策
1	气检设备	1. 夹紧油缸前端盖漏气	10月18日	赵业军	→	→						李红胜	洽漏，更换密封
		2. 换向阀进气管扭曲	10月18日	赵业军	→							李红胜	整理进气管
		3. 夹紧气缸管接头漏气	10月18日	赵业军	→	→						李红胜	洽漏，更换密封圈
2	螺母焊	1. 传动导向杆中上部有锈	10月18日	李红胜								李红胜	除锈
		2. 气缸固定支架有两个螺钉松动，一个螺钉丢失（共四个螺钉）	10月18日	李红胜								胡银旗	紧固
		3. 气管接头漏气	10月18日	李红胜	→	→	→					胡银旗	洽漏，更换密封圈
3	直焊机	NO.9：2006.10.18 在检查 V 形导轨的直线度的时候，发现导轨与夹具的平行度存在着较大的超差，原因是平行度调整螺钉松动	10月18日	魏文海	→	→	→					胡银旗	紧固
4	卷圆机	NO.01.2006.10.18 发现滑道滚珠有四处损坏丢失，有两处滚珠高度低于定位座	10月18日	杨红旗	→	→	→	→				胡银旗	调整高度
		NO.02.2006.10.18 发现推进板滚轮固定螺钉松脱，造成滚轮松动，行走、推料不平稳	10月18日	杨红旗								李红胜	紧固
5	双环焊	NO.3.2006.10.18 发现油雾器缺油	10月18日	张杰								李红胜	加油
		NO.6.2006.10.18 发现电磁换向阀未固定	10月18日	张杰	→	→	→	→				李红胜	固定
		NO.10 电磁换向阀周围的气管、电线混乱	10月18日	张杰								李红胜	整理气管

表 3-9-3　机电设备维修计划表

编制时间：　　年　月　日

序号	设备编号	设备名称及型号	设备安装位置	维修项目及主要内容	维修时间	配件及辅助材料	维修人员安排	维修技术要求	维修工具	安全注意事项	项目负责人
1											
2											
3											

批准：　　　　　　　　　　　　审核：　　　　　　　　　　　　编制：

在实际使用中，企业根据设备维修项目和特点设置相应的栏目，重点突出维修项目及主要内容、维修技术要求等栏目的内容，以提高设备维修计划使用效果。设备维修计划格式和形式均按企业的统一标准。

7. 设备维修成本费用的核算

编制设备维修计划中最重要的一个考核指标就是维修成本费用。通过对设备维修成本费用的核算和比较，在保证设备维修质量的同时，尽可能降低设备维修成本费用，是设备维修管理的重要内容。

设备维修成本费用的核算方法：设备维修成本费用分直接费用和间接费用两部分。直接费用是指因完成某台（次）设备的维修而发生的费用，其构成和核算方法都比较简单；间接费用是指因对设备进行停机维修而影响生产，造成生产产量减少、影响产品交货期等的损失，其构成则比较复杂，核算的难度也比较大。这里仅介绍设备维修直接成本费用的核算方法，见表 3-9-4。

表 3-9-4　设备维修成本费用构成表

成本费用构成栏目	配件更换费用	零件修复等外协费用	油料等辅助材料费用	水电气消耗	维修人工费用	管理运输费用	大型工具租借费用	工具消耗	合理利润+税费（外包维修）
成本费用核算方法	配件费+运费+仓储费	零件外协修复等+维修工程外协费	润滑油脂费+清洗剂、标准件、其他耗材费等	电费+压缩空气费+水费	维修定额工时×单位工时费	维修过程的配件、材料和人员运输费等			

对设备的维修费用，可根据生产情况、设备状态、维修方针和历年实际维修费用进行费用预算，并控制使用，使维修费用达到最经济。

8. 编制设备维护计划的依据

设备维修计划主要根据设备运行的技术状况、运行周期、生产计划、市场销售、技术改造、安全环保等综合考虑和平衡，安排制订设备维修的内容、时间、开停工周期等。

（1）各类设备检修规程和设备检修手册要求。

国家颁布了各种特殊设备的安全监察制度和规程，如压力容器、起重设备、电气设备等。国家各部门针对与安全、环保、人民生命等关系密切的设备，制订的一系列制度法规，其中涉及特种设备的定期检验、设备改造和维修，缺陷的修复，实验和调整等。在编制设备维修计划时，应将有关内容列入维修计划。

（2）设备维修的历史资料。

设备说明书或设备制造厂提供的预防维修保养要求；历次维修的常规内容，易磨损和腐蚀部位，易变形部位等内容。

（3）设备的运行状态。

当前设备的技术状况及其变化趋势，根据日常点检、定期检查、状态监测和故障维修记录所积累的设备状态信息，结合年度设备普查鉴定的结果，综合分析其维修的难易程度，对技术状态劣化需维修的设备，填写设备技术状态记录表，列入年度维修计划的申请项目。

（4）满足生产工艺和产品质量的要求。

设备在长期运行中，由于精度下降、内部损坏、堵塞等原因，致使生产工艺指标不正常，不能满足生产工艺及产品质量要求的设备，列入维修计划。

（5）安全环保要求。

在生产过程中，发现设备的安全防护装置不合格或设备排放不符合环保要求等问题，可提出改造项目，安排在维修计划中。

（6）生产技术和设备技术改造项目。

利用生产系统和装置的停工大修时机，同时进行生产技术改造项目，可将此项目也列入设备维修计划中。

（7）生产与维修时间协调。

根据维修计划（产量、时间、进度等的安排），与生产管理部门协商重点设备维修的时间和停歇天数，确保生产和维护两不误。

（8）设备维修的资源。

结合企业的现状，综合考虑资金资源、技术资源、劳动资源、时间控制、材料资源等来安排设备维修计划。

9. 编制设备维修计划的程序

编制年度设备修理计划时，一般按收集资料、编制草案、平衡审定和下达执行四个程序进行。

（1）收集资料。

由各车间根据设备运行技术状况情况，结合生产、工艺技术、安全、环保、公用设施等要素，提出设备维修项目申请，归纳整理统计。

（2）编制计划草案。

根据设备维修项目统计表资料，结合人员组织、材料、技术、资金情况，力求使计划草案满足必要性、可行性、经济性、合理性的要求。

（3）平衡审定。

计划草案编制完毕后，分发到使用、生产、工艺、技术及财务管理部门审查，收集有关项目增减、轻重缓急、停歇时间长短、维修日期等修改意见。修改后，由生产和财务部门会签，送设备管理部门审定后，报主管厂长批准。

（4）下达执行。

由企业生产计划部门和设备管理部门共同下达下年度设备维修计划，作为企业生产经营计划的组成部分进行考核。

10. 设备维修的实施步骤

（1）设备维修的准备工作。

① 设备维修安全教育和防范措施的落实，如正确穿戴劳保用品等。

② 设备维修技术标准和设备维修作业标准的准备及填写设备修理竣工报告单（附录C-17）。

③ 设备运行状况信息收集和检测。

④ 设备备件准备。

（2）设备维修方法的选择。

为保证设备维修计划的实施，提高维修效率和质量，减少维修费用，应尽量采用各种先进的实施方法。常用的设备维修的实施方法有如下几种：

① 部件维修法。以设备的部件为维修单元，维修设备时整个拆下所需修复的部件，换上同类备用部件，这样能大大缩短维修停歇时间。但需要有相当的储备部件，还需占用一定的流动资金。此法多用于流水线设备、动力设备、关键设备和数量多的同类设备。

② 分部维修法。将一台需要维修的设备分成几个相对独立的部分，按一定的顺序分期、分批安排计划维修，每次只修一个部分。这样能化整为零，见缝插针，利用节假日或非生产时间进行维修，以增加设备的生产时间，提高设备利用率。此法比较适用于结构上具有相对独立部件的设备以及生产任务重、维修时间长的设备。

③ 同步维修法。将在生产工艺上紧密关联的几台设备安排在同一时期维修，实现维修同步化。与分部维修比较，这种方法所占用停机时间要少得多，减少维修停机的损失。同步维修法比较适用于流水线设备和联动设备中的主机与辅机及其配套设备等。同步维修法的另一种含义是将使用寿命接近的若干零件安排在同一时期维修或更换。

④ 计划评审法。在编制大型复杂设备的大修计划时，运用计划评审法绘制大修网络图，组织平行交叉作业，使各工序紧密衔接。这样能大大缩短维修工时、减少维修费用。

随着专业化生产的发展和多形式、多渠道横向联系的迅速建立，组织地区性、行业性的设备维修中心，以经济合同为企业维修设备，特别是高、大、精、尖的设备，能更有效地采用先进维修技术和先进维修方法，从而提高维修效率，保证维修质量，降低维修成本。

（3）设备维修组织。

正确采用与企业生产特点相适应的维修组织形式，保证设备维修计划的顺利实施。企业内部的设备维修组织形式大致上有以下三种：

① 集中维修。企业内全部维修工作，包括计划安排、维修和全部维修人员都归厂部统一领导。全部的维修工作都由设备动力管理部门（及下属的维修车间）统一负责执行，各

生产车间不承担维修任务。集中维修能合理地使用人力、物力，实行专业分工，便于采用先进的维修技术和方法，有利于控制维修费用和保证维修质量，特别有利于高、大、精、尖设备的维修。但这种组织形式不利于调动生产车间和操作工人对维修活动的积极性，维修部门与生产部门之间的矛盾不易协调。集中维修形式多用于生产规模较小、设备数量不多的小型企业。

② 分散维修。维修人员、设备、器材及其他资源都分散配置在各生产车间（或区域），由各生产车间负责安排维修工作。生产车间的维修工段（小组）承担本车间全部设备的维修，工厂机修车间负责制造配件及少数高、大、精、尖设备的大修。分散维修形式有利于调动生产车间对维修工作的积极性，维修工作灵活及时，能减少用、管、修之间的矛盾。但由于维修力量分散，不利于提高维修技术及维修效率，维修人员和用于维修的设备利用率较低，维修质量及维修费用不易控制。分散维修形式适用于生产规模大、设备数量多、生产车间较分散、难以实行集中维修的企业。

③ 外包维修。在企业内部现有的维修条件无法满足生产设备运行需要的情况下，如缺少维修工具、维修技术或维修人员等，把部分维修业务外包给非企业内部的维修公司或维修人员，由他们按企业要求完成设备的维修。

（4）设备维修质量管理。设备维修质量管理包括确定维修质量标准、分析影响维修质量的因素、控制与监督维修质量。

① 确定维修质量标准。维修质量标准是维修质量管理的依据。机械的质量标准主要指技术和经济标准，最终体现在机械的适用性、可靠性、安全性等质量特性上。机械的质量特性在设计阶段已经决定，机械投入使用后，一旦发生故障，通常维修能恢复到设备原有的性能水平，即可认为达到了维修质量标准。

② 分析影响维修质量的因素。影响维修质量的因素主要是：维修人员素质、设备固有的性能和状态、维修方法、检验技术、维修作业环境、配件（标准件、外协作件）质量和设备使用情况等。前五种因素与维修本身有关，后两种因素被维修人员所控制。影响维修质量的因素可以分为偶然原因和异常原因。前者是指引起质量微小变化而且难以查明和消除的原因，是难以完全避免的，可以通过管理水平的提高而逐步得到改善。后者是指引起质量异常变化，通常是可以查明和消除的。如工人违反工艺规程、设备精度下降、配件规格不符合要求或质量低劣等，这类原因是可以避免的，是质量控制的主要对象。

③ 控制与监督维修质量。

第一，把好维修配件质量关。首先要确定质量信得过的供应商，并能及时供货、价格合理；其次是加强外购件的检查验收。

第二，加强维修过程的质量控制。做好与维修质量和进度有关的记录，填写月度预防维修率表（附录 C-4 或 C-5）、故障管理表（附录 C-6）、重大故障对策进度表（附录 C-7）、维修费汇总表（附录 C-16），做好机械运行记录，更换配件、工序检验、试车验收记录等资料的管理。

用最少的维修费用取得最佳的维修质量是维修人员的努力方向，也是保证安全生产，提高设备利用率和企业经济效益的一项重要工作。

(5) 设备维修信息管理。

企业每月、每年都会对设备维修管理工作进行统计分析。统计的内容根据企业的性质、产品、设备而定。由于行业不同,标准也就不同,总的原则是确保设备正常运行,维修费用达到最经济。维修信息管理的最基本内容有下列几方面:

① 收集年、月维修工程计划。

② 收集月设备维修和维护记录。

③ 收集年、月维修费用统计分析表。

④ 收集维修实施安排表。

⑤ 收集维修完工记录表。

⑥ 定期进行设备维修质量分析,并呈报上级部门,为企业管理设备提供数据。

如某企业的包装部年维修费用统计表,如表3-9-5所示。

表3-9-5 包装部年维修费用统计表

数据 月份	2008年 预算	2008年 购买预算	2008年 实际
1	140 000.00	241 272.35	48 162.00
2	140 000.00	56 407.00	119 191.00
3	140 000.00	174 267.00	65 255.00
4	140 000.00	117 358.00	131 369.00
5	140 000.00	127 606.80	210 982.00
6	150 000.00		707 782.00
7	150 000.00		243 226.22
8	150 000.00		194 276.00
9	230 000.00		132 384.00
10	30 000.00		
11	30 000.00		
12	30 000.00		
平均值	122 500.00	143 382.23	205 847.47
合计	1 470 000.00	716 911.15	1 852 627.22

如某企业的包装部周计划维修率分析统计表,如表3-9-6所示。

表 3-9-6 包装部周计划维修率（月累计）表

目标	责任人	状态	公式	更新频次：月								单位：%
优化工艺，提高效率，降低成本	2008.1.12	×	周计划维修率 = (∑周计划维修完成项目的维修项数 / ∑当周完成总维修项目的维修项数) × 100%									

项目 \ 月份	1	2	3	4	5	6	7	8	9	10	11	12	YTD
2007实际周计划维修率/%	80.00	80.00	80.00	80.00	80.00	80.00	80.00	80.00	80.00	80.00	80.00	80.00	80.00
2008目标周计划维修率/%	81.82	80.49	83.00	80.51	81.02	80.15	81.00	80.12	80.86	80.87			80.94
2008实际周临时维修率/%	7.14	7.59	6.16	7.71	7.41	7.99	11.35	13.78	11.82	11.74			9.54
2008实际周应急维修率/%	11.04	11.92	10.84	11.78	11.57	11.86	7.64	6.10	7.32	7.39			9.52
实际维修项数/项	308	369	406	467	432	388	458	508	533	460	0	0	4 329
计划维修完成项数/项	252	297	337	376	350	311	371	407	431	372			3 504
临时维修完成项数/项	22	28	25	36	32	31	52	70	63	54			413
应急维修完成项数/项	34	44	44	55	50	46	35	31	39	34			412
实际维修时间/min	41 002	30 362	34 814	30 687	32 788	27 288	27 737	44 820	39 330	47 094	0	0	355 922
计划维修完成时间/min	39 389	28 062	32 138	28 295	31 135	24 460	24 460	41 230	36 380	44 295			329 844
临时维修完成时间/min	1 033	1 625	1 865	1 430	810	1 520	2 795	2 980	2 275	2 104			18 437
应急维修完成时间/min	580	675	811	962	843	1 308	482	610	675	695			7 641

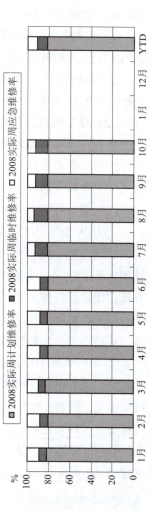

■ 2008实际周计划维修率　■ 2008实际周临时维修率　□ 2008实际周应急维修率

11. 设备维修人员培训

设备维修质量与设备维修人员的技能与素质有密切联系，维修人员素质高，维修设备的质量也就高。设备维修人员要不断更新知识与技能，才能适应现代化设备的维修。企业每月都要安排维修人员学习培训，并纳入员工考核项目。每次培训完毕，填写员工培训效果跟踪调查表（见附录C-27），不断完善维修人员培训制度。

（1）设备维修人员应具备的素养。

① 适应性。设备维修人员要能适应未来多元化、多变化的制造业，只有不断学习、参加培训，才能了解和掌握现代各种多元化、多变化的生产设备。

② 灵活性。设备维修人员若具备灵活的素养，就不至于在制造业变迁的时候手足无措，或因无法适应而被淘汰。

③ 创造性。设备维修人员能产生新奇独特的想法，对生产设备进行改造、维修，跟得上社会发展的需求。

（2）设备维修人员培训内容。

培训内容以设备维修的效率化、维修的系统化、维修安全和掌握维修技术、维修方法、维修技巧，降低维修成本，加强团队合作等为目的。由于维修的业务与个人的素质及能力有相当大的关系，因此，维修者的知识与技术是维修业务的基本。

（3）设备维修培训方式。

① 场内训练OJT（On the Job Training，OJT）。教育或训练以不离开现场为原则，以机电一体化、智能化、自动化等现代技术在设备中的运用为重点。由于各个设备制造厂家的设计理念不尽相同，设备结构和功能也不相同，因此借助生产现场进行训练、教育，较易获得成效，使设备操作人员了解设备运转的原理、设备结构与性能，教会他们如何正确地操作设备。培训和实际工作密切联系，经验传授、技巧交流，形成教与学的互动。场内训练常采用参与式培训法、直接传授培训方法、模拟训练法、榜样示范法、单点课等方法。

② 场外训练OFFJT（Off the Job Training，OFFJT）。OFFJT的重点首先在于基础专业知识的教育，其次在于技术的养成。这种训练多采用教室训练、实验室培训、录像培训等，掌握机械、电气、仪表、程控等知识和技能。此外，学习生产管理的方法，掌握团队合作、沟通交流的技巧等。有些企业还将维护人员派往设备供应商的制造工厂内训练，这种训练在新装机器导入的时期就要进行，是针对性的专业技术培训。当设备供应商派技术工程师到工厂来做工程技术指导时，则安排OJT方式的训练。

看一看案例

案例：汽车配件厂冲压设备的故障维修计划见表3-9-7。

表 3-9-7　冲压设备的故障维修计划表

维修编号：LZ-00026　　　　　　　　　　　　　　　　　　　　　　　　　　　编制日期：2013 年 11 月

设备编号	设备名称及型号	安装位置	维修项目	维修内容	技术要求	维修工具	配件及辅助材料	维修时间	人员安排	安全注意事项	项目负责人
A012	JN23—63 吨开式可倾压力机	冲压二车间	滑块保险块支承面的修复	1. 拆卸滑块，进一步检查保险块支承面的磨损量 2. 铣削滑块保险块支承面，要求切除原磨损痕迹 3. 镶嵌补偿滑块轴向铣削厚度 4. 安装滑块并装上保险块 5. 调整滑块的间隙，与工作台的垂直度及滑块的运动精度	1. 支承平面与轴线垂直度误差小于 0.05 mm 2. 支撑平面与保险块的接触应均匀	1. 简易悬臂吊车 2. 宽座角尺 3. 百分表及磁性表座 4. 塞尺 5. 钳工常规工具等	1. 锂基润滑脂 0.3 kg 2. 柴油 1 kg 3. 棉纱头 0.3 kg	2 天	钳工 3 人，机械加工车间钳工等配合	1. 停掉相关电源 2. 工作台垫安全挡块	李煜

编制：庞华春　　　　　　　　　审核：周剑平　　　　　　　　　批准

任务 3.10　识别和防范设备危险源

[引言]在生产经营活动中，为了避免发生人员伤亡、健康损害和设备损失等事故，应采取相应的防范和控制措施，有效地减少和防范事故的发生。如何辨别危险，防止物的伤害，这关系到企业每一位员工的生命安全。

学习目标

（1）辨别车间设备危险源。
（2）掌握危险防护措施和方法。
（3）运用能量锁定与控制。

工作任务

分析焊接作业（图 3-10-1）主要存在的危险因素与防范措施。

图 3-10-1　焊接作业

知识准备

危险是某物或某种条件，存在着潜在的可能性，使人或物遭受危害或损伤。机械工厂是由人员、机器、物料、生产环境等因素组成的，会存在一定的生命危险风险。

事故的发生与存在危险源有关（图 3-10-2）。要预防事故，首先要懂得事故是怎么形成的。

产生事故的直接原因是人的不安全行为，物的不安全状态。只有控制了，才能最终有效地减少和防范事故的发生。

（1）人的不安全行为。

人缺乏安全意识，在不了解工作场所或机械设备存在危险时，盲目地工作，出现指挥失误、违章作业等不安全的行为。机械运行中违章进行清理、上料、上皮带蜡、测量等作业，采样、干活、借道、捡物等任意进入机械运行危险作业区，非机械设备操作人员乱动机械，不严格按安全规程操作设备，工作粗心大意、操作失误、野蛮操作设备、随手乱放工量具等

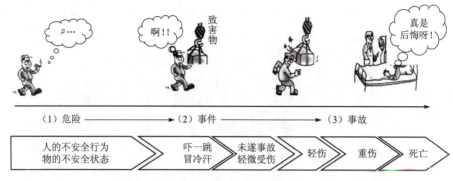

图 3-10-2 事故的形成

不安全行为，都是造成事故发生的直接原因。

（2）物的不安全状态。

在工厂内除了人就是物，通常包括机械设备、工量具、原材料、半成品、成品、废料等。如机械传动带、齿轮、接近地面的联轴节、皮带轮、飞轮等易伤害人体部位的装置没有完好的防护装置；人孔、投料口等部位缺护栏或盖板，无警示牌；电源开关布置不合理，有了机械设备紧急情况不能立即停车；有的几台机械设备开关设在一起，造成误操作等不安全状态，直接引发事故的发生。

1. 识别工厂中的危险源

（1）生产区域危险分布。

从行业、企业分析，了解所在生产区域中有哪些危险、危害存在，主要分布状况等。如化工厂、钢铁厂、工程机械厂、汽车制造厂、机械加工厂的存在危险是不同的，而每个工厂内的车间加工性质不同，存在的危险、危害也不同。如汽车制造厂主要存在机械损害、起重损害、触电伤害、物体打击等危险、危害，而汽车制造四大工艺车间又存在着不同的危险、危害，如图 3-10-3 所示。

（2）机械设备危险、危害类型。

机械设备主要有下列"八大危害"，如图 3-10-4 所示。

① 绞伤：外露的齿轮、皮带轮、车床丝杠或旋转部位将操作者的手部、头发、衣袖、裤脚或者穿戴的手套、围裙等个人防护用品绞进去而造成绞伤。

② 压伤：冲床、锻锤、切板机等会造成冲压伤、压伤、剪切伤等。

③ 砸伤：高处堆放的零部件、吊运的物体掉下来造成砸伤。

④ 挤伤：机械设备在做直线运动时，将人身某部分挤住，造成挤伤。

⑤ 烫伤：刚切下来的切屑接触手、脚、脸部的皮肤，会造成烫伤。

⑥ 刺割伤：金属切屑锋利的边缘，飞出接触到身体，会造成刺伤或割伤。

车间	冲压车间	焊装车间	涂装车间	总装车间
主要设备				
主要岗位				
主要危险	起重伤害 机械伤害 触电伤害 物体打击 噪声和振动伤害 车辆伤害	触电伤害 机械伤害 起重伤害 物体打击 车辆伤害 烟尘和毒物伤害	火灾爆炸 物体打击 触电伤害 粉尘和毒物伤害 酸碱腐蚀伤害 高温作业伤害	机械伤害 车辆伤害 起重伤害 触电伤害 火灾爆炸伤害 毒物伤害

图 3-10-3 汽车制造厂各车间存在的危险、危害图

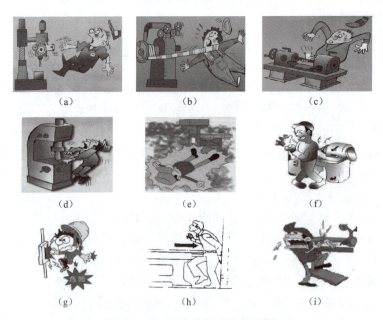

图 3-10-4 机构设备"八大危害"

(a)、(b)、(c) 绞伤；(d) 压伤；(e) 物体打击伤；
(f) 烫伤；(g) 触电；(h) 挤伤；(i) 刺割伤

⑦ 物体打击伤：机床卡盘等旋转的零部件，由于本身强度不够或者固定不牢固，从而在旋转时甩出去，将人击伤。

⑧ 触电伤：机械设备的电气系统有故障造成漏电，或开关的刀片、按钮的触头等裸露在外造成触电伤害。

大部分危险、危害因素是通过人体直接接触造成伤害。如，爆炸是通过冲击波、火焰、飞溅物体在一定空间范围内造成伤害；毒物是通过直接接触（呼吸道、食道、皮肤黏膜等）或在一定区域内通过呼吸带入的空气作用于人体；噪声是通过一定距离的空气损伤听觉的。

(3) 危险源的分类。

根据危险源在事故发生、发展中的作用，可将危险源分为两大类。

① 第一类危险源是存在的或可能发生意外释放的能量或危险物质，如表 3-10-1 所示。

表 3-10-1 第一类危险源

事故类型	危险物的产生源	危险物
物体打击	产生物体落下、抛出、破裂、飞散的设备、场所、操作	落下、抛出、破裂、飞散的物体
车辆伤害	车辆，使车辆移动的牵引设备、坡道	运动的车辆
机械伤害	机械的驱动装置	机械的运动部分、人体
起重伤害	起重、提升机械	被吊起的重物
触电	电源装置	带电体、高跨步电压区域
灼烫	热源设备、加热设备、炉、灶、发热体	高温物体、高温物质
火灾	可燃物	火焰、烟气
高处坠落	高度差大的场所，人员借以升降的设备、装置	人体
坍塌	土石方工程的边坡、料堆、料仓、建筑物、构筑物	边坡土（岩）体、物料、建筑物、构筑物、载荷
冒顶片帮	矿山采掘空间的围岩体	顶板、两帮围岩
放炮、火药爆炸	炸药	炸药
瓦斯爆炸	可燃性气体、可燃性粉尘	可燃性气体、可燃性粉尘
锅炉爆炸	锅炉	蒸汽
压力容器爆炸	压力容器	内容物
淹溺	江、河、湖、海、池塘、洪水、储水容器	水
中毒窒息	产生、储存、聚积有毒有害物质的装置、容器、场所	有毒有害物质

② 第二类危险源是导致约束、限制能量或危险物质的措施失效的各种因素，包括人、物、环境三个方面的问题。具体内容如表 3-10-2 所示。

表 3-10-2　第二类危险源

因素	类别	说明	影响
人	不安全行为	一般指明显违反安全操作规程的行为，这种行为往往直接导致事故发生，例如，不断开电源就带电修理电气线路而发生触电等	可能直接破坏对第一类危险源的控制，造成能量或危险物质的意外释放；也可能造成物的不安全因素问题，进而导致事故。例如，超载起吊重物造成钢丝绳断裂，发生重物坠落事故
	人失误	指人的行为的结果偏离了预定的标准，例如，合错了开关使检修中的线路带电，误开阀门使有害气体泄放等	
物	物的不安全状态	是指机械设备、物质等明显的不符合安全要求的状态，例如，没有防护装置的转动齿轮、裸露的带电体等	可能直接使约束、限制能量或危险物质的措施失效而发生事故。例如，电线绝缘损坏发生漏电；管路破裂使其中的有毒有害介质泄漏等。有时一种物的故障可能导致另一种物的故障，最终造成能量或危险物质的意外释放，例如压力容器的泄压装置故障，使容器内部介质压力上升，最终导致容器破裂
	物的故障（或失效）	指机械设备、零部件等由于性能低下而不能实现预定功能的现象	
环境		主要指系统运行的环境，包括温度、湿度、照明、粉尘、通风换气、噪声和振动等物理环境以及企业和社会的软环境	不良的物理环境会引起物的不安全因素问题或人的因素问题。例如，潮湿的环境会加速金属腐蚀而降低结构或容器的强度；工作场所强烈的噪声影响人的情绪，分散人的注意力而发生人失误。企业的管理制度、人际关系或社会环境影响人的心理，可能造成人的不安全行为或人失误

第一类危险源的存在是事故发生的前提，第二类危险源是导致第一类危险源事故的必要条件。一起事故的发生是两类危险源共同作用的结果。

2. 辨识危险源的方法

（1）常用的危险辨识方法。

常用的危险辨识方法有询问、交谈、问卷调查等，见表 3-10-3。

表 3-10-3　危险源的辨识方法

方法	具体操作
询问、交谈	在企业中，可以向有丰富工作经验的老员工学习请教。从他们指出的危害中，可初步分析出工作中所存在的一、二类危险源
问卷调查	事先准备好的一系列问题，通过到现场查看及与作业人员交流沟通的方式，来获取职业健康安全及危险源的信息

续表

方法	具体操作
问卷调查	通过对作业环境的现场观察，可发现存在的危险源。从事现场观察的人员，要求具有安全技术知识并掌握了职业健康安全法规、标准
查阅有关记录	查阅企业的事故、职业病的相关记录，可从中发现存在的危险源
获取外部信息	从有关类似组织、文献资料、专家咨询等方面获取有关危险源信息，加以分析研究，可辨识出组织存在的危险源
工作任务分析	通过分析组织成员工作中所涉及的危害，可以对危险源进行识别
安全检查表	运用已编制好的安全检查表，对组织进行系统的安全检查，可辨识出存在的危险源
危险与可操作性研究	它是一种对工艺过程中的危险源实行严格审查和控制的技术，通过指导语句和标准格式寻找工艺偏差，以辨识系统存在的危险源，并确定控制危险源风险的对策
事件树分析	从初始原因事件起，分析各环节事件"成功（正常）"或"失败（失效）"的发展变化过程，并预测各种可能结果的方法，即时序逻辑分析判断方法
故障树分析	根据系统可能发生的或已经发生的事故结果，去寻找与事故发生有关的原因和规律

（2）机械设备危险因素辨识方法。

① 机械设备中的齿轮、皮带轮、滑轮、卡盘、轴、光杠、丝杠等零部件都是作旋转运动的零部件，旋转运动的零部件可能造成伤害的主要形式是绞伤和物体打击伤。

② 机械设备中的锻锤、冲床、切板机的冲压部件，牛头刨床的床头、龙门刨床的床面及桥式吊车升降机构等是作直线运动的零部件，作直线运动的零部件可能造成主要的伤害形式有压伤、砸伤、挤伤。

③ 车床上的车刀、铣床上的铣刀、钻床上的钻头、磨床上的砂轮、锯床上的锯条等都是机械设备上加工零件用的刀具，刀具在加工零件可能造成的主要伤害有烫伤、刺伤、割伤。

④ 机械设备的电气系统，主要包括电动机、配电箱、开关、按钮、局部照明灯，以及接零（地）线和馈电导线等，电气系统可能对人造成的伤害主要是电击。

3. 工厂危险防护措施

（1）建立安全作业管理体系。

在生产经营活动中，要贯彻实施"安全第一、预防为主、综合治理"的方针，避免发生人员伤亡、健康损害和设备损失等事故，首先要建立与完善安全作业管理体系，如图3-10-5所示。

（2）开展KYT活动，规范人的安全行为。

通过开展KYT活动，认真学习《安全生产法》和《设备管理条例》，遵守各项制度，积极参加各种安全技能训练，树立安全防范意识，规范自我安全行为。

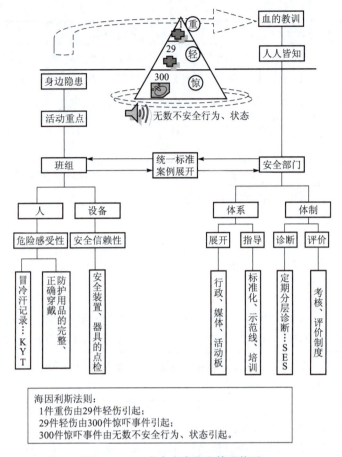

图 3-10-5　安全生产作业管理体系

KYT——危险预知活动,是针对生产特点和作业全过程,以危险因素为对象,以作业班组为团队开展的一项安全教育和训练活动,它是一种群众性的自主管理活动,目的是控制作业过程中的危险,预测和预防可能出现的事故,如图 3-10-6 所示。

图 3-10-6　KYT 的含义

KYT 活动主要从人员、设备、方法、环境等方面开展安全学习、训练,加强设备的防护措施,如图 3-10-7 所示。

(3) 加强机械设备安全措施,防范物的不安全状态。

加强机械设备等装置的日常检查与维护,运用现代科学技术,增强安全防护措施,有效地减少和控制事故的发生。

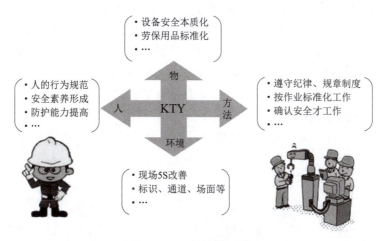

图 3-10-7 KYT 的活动图

① 对机械设备旋转运动的零部件装设防护罩或挡板、防护栏等安全防护装置,每日检查完好有效。

② 对超压、超载、超温、超时间、超行程时会发生事故的零部件,运用现代传感器技术,设置超负荷限制器、行程限制器、安全阀、温度继电器、时间继电器等保险装置,每日检查完好有效。

③ 对于某些动作、顺序不能搞颠倒的零部件,装设相互连锁装置,使某一个动作必须在前一个动作完成之后才能进行,增加防止误动作装置或安装防止误操作装置等。

④ 机械设备的供电导线必须正确安装,不得有任何破损或裸露的地方。电机绝缘良好,其接线板应有盖板的防护。开关、按钮等应完好无损,其带电部分不得裸露在外。有良好的接地或接零装置,连接的导线要牢固,局部照明灯应使用 36 V 电压。

⑤ 压力机采用光屏、双手控制器等防范措施,如图 3-10-8 所示,防止压力机的不安全状态。

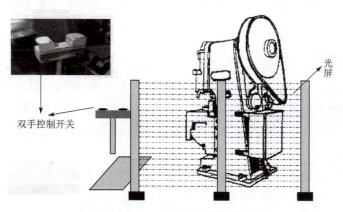

图 3-10-8 压力机防范措施

(4) 操作人员预防机械设备伤害的措施。

① 上岗前,严格遵守设备安全操作规程,持证上岗。正确穿戴劳动保护用品,扎好袖

口,特别是头发长的员工,要将头发挽进帽子内。不得戴手套或手持棉纱操作旋转机床。操作前要对机械设备进行安全检查,空车运转一下,确认安全后,方可投入运行。严禁设备带故障运行。机械安全装置必须按规定正确使用,不能将其拆掉或不使用。机械设备使用的刀具、工夹具以及加工的零件等一定要装卡牢固,不得松动。

② 设备运行中按规定进行安全检查,特别是对紧固的物件看看是否由于振动而松动,以便重新紧固。设备运转时,严禁用手调整;也不得用手测量零件,或进行润滑、清扫杂物等。如必须进行时,则应首先关停机械设备。设备运转时,操作者不得离开工作岗位(图3-10-9)。

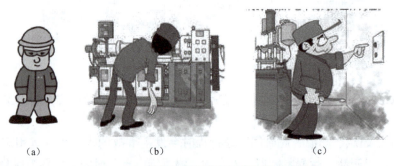

图 3-10-9　操作人员预防机械设备伤害的措施
(a) 正确穿戴劳动保护用品;(b) 每天检查设备;(c) 工作结束关闭开关

③ 工作结束后,应关闭开关,把刀具和工件从工作位置退出,并清理工作场地,将零件、工夹具摆放整齐,打扫好机械设备的卫生。检修机械设备时,要断电,挂禁止合闸警示牌并设专人监护。

减少机械伤害和拒绝机械事故的发生,应广泛采取机械化、自动化程序控制和检测报警装置、警示标志等现代化高科技安全措施。

(5) 实施安全设施检查制。

定期开展下列安全设施大检查,发现问题及时处理,确保物的安全状态,创建安全环保的工作环境。

① 预防事故设施。

a. 检测、报警设施:压力、温度、液位、流量、组分等报警设施;可燃气体、有毒有害气体、氧气等检测和报警设施;用于安全检查和安全数据分析等检验检测设备、仪器。

b. 设备安全防护设施:防护罩、防护屏、负荷限制器、行程限制器;制动、限速、防雷、防潮、防晒、防冻、防腐、防渗漏等设施;传动设备安全锁闭设施;电器过载保护设施;静电接地设施。

c. 防爆设施:各种电气、仪表的防爆设施;抑制助燃物品混入(如氮封)、易燃易爆气体和粉尘形成等设施;阻隔防爆器材,防爆工器具。

d. 作业场所防护设施:作业场所的防辐射、防静电、防噪声、通风(除尘、排毒)、防护栏(网)、防滑、防灼烫等设施。

e. 安全警示标志:包括各种指示、警示作业安全和逃生避难及风向等的警示标志。

② 控制事故设施。

a. 泄压和止逆设施：用于泄压的阀门、爆破片、放空管等设施；用于止逆的阀门等设施；真空系统的密封设施。

b. 紧急处理设施：紧急备用电源，紧急切断、分流、排放（火炬）、吸收、中和、冷却等设施；通入或者加入惰性气体、反应抑制剂等设施；紧急停车、仪表联锁或能量锁等设施。

③ 减少与消除事故影响设施。

a. 防止火灾蔓延设施：阻火器、安全水封、回火防止器、防油（火）堤；防爆墙、防爆门等隔爆设施；防火墙、防火门、蒸汽幕、水幕等设施；防火材料涂层。

b. 灭火设施：水喷淋、惰性气体、蒸汽、泡沫释放等灭火设施；消火栓、高压水（炮）、消防车、消防水管网、消防站等。

c. 紧急个体处置设施：洗眼器、喷淋器、逃生器、逃生索、应急照明等设施。

d. 应急救援设施：堵漏、工程抢险装备和现场受伤人员医疗抢救装备。

e. 逃生避难设施：逃生和避难的安全通道（梯）、安全避难所（带空气呼吸系统）、避难信号等。

f. 劳动防护用品和装备：包括头部、面部、视觉、呼吸、听觉器官、四肢、躯干、防火、防毒、防灼烫、防腐蚀、防噪声、防光射、防高处坠落、防砸击、防刺伤等免受作业场所物理、化学因素伤害的劳动防护用品和装备。

（6）认识安全标志。

根据国家标准 GB 2894—2008《安全标志及其使用导则》规定，有禁止标志、警告标志、指令标志、提示标志四大类型。常用的安全标志如表 3-10-4。

表 3-10-4　常用的安全标志

名称	图形	图形	图形	图形	图形
禁止标志 斜杠圆框 红色	禁止烟火	禁止靠近	禁止停留	禁止攀登	禁止启动
	禁止转动	禁止戴手套	禁止合闸	禁止跨越	禁止放易燃物

续表

名称	图形	图形	图形	图形	图形
警告标志 正三角框 黄色	当心爆炸	当心火灾	当心机械伤人	当心挤压	当心伤手
	注意安全	当心烫伤	当心触电	当心吊物	当心车辆
指令标志 圆形框 蓝色	必须戴安全帽	必须系安全带	必须戴防毒面具	必须戴防护眼镜	必须拔出插头
	必须加锁	必须戴护耳器	必须穿防护鞋	必须穿防护服	必须戴防护手套
提示标志 正方形框 绿色	紧急出口	避险处	应急避难场所	应急电话	击碎板面

4. 能量锁定与控制

能量锁定与控制是指采用锁定、挂标签和测试等方法将可能对员工造成一种或多种伤害的能源相关设备置于安全状态，确保员工能够安全工作的有效控制措施。

（1）能量锁定的理论。

能量锁定是运用系统安全观点的事故因果连锁理论，如图 3-10-10 所示。

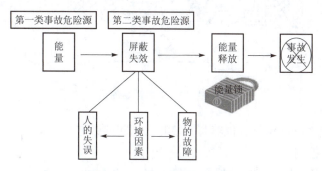

图 3-10-10　能量锁定的理论

（2）能量锁定的基本原理。

能量锁定的基本原理如图 3-10-11 所示，简单理解就是：锁定+挂牌=安全。

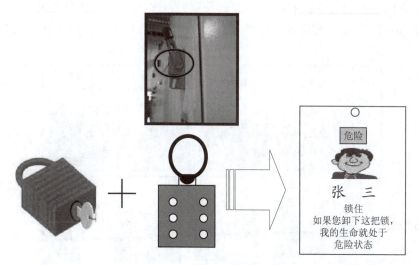

图 3-10-11　能量锁定的基本原理

（3）能量锁定的目的。

能量锁定的目的是为维持设备切断动力后的停止状态，防止他人误操作造成伤害，保证人与物的安全，如图 3-10-12 所示。

（4）能量锁定的使用范围。

① 设备在检修和维护与安装测试期间的锁定与控制。

② 当员工身体的任何部分置于危险中时（当身体或身体的一部分进入动作部位或机械内；由于他人的误操作可能会造成危险的作业等），防止造成各类危害或事故的锁定与控制。

图 3-10-12 能量锁定的目的

③ 电力等能量系统在维修、保养与安装测试期间的锁定与控制。

（5）能量锁定控制点。

能量锁定控制点就是对能量意外释放进行锁定，以防止造成各类危害或事故的具体控制关键点或部位，例如压力容器、压力管道或消防管道上的阀门，电气系统的开关或与能量控制相关的作业区域等。

（6）能量锁定的基本配置。

能量锁定的基本配置有锁和挂牌、钥匙及锁包、多人锁具、能量锁定管理箱、统计表等，如图 3-10-13 所示。维修者黄色牌，操作者白色牌，技术人员和其他人员红色牌等。

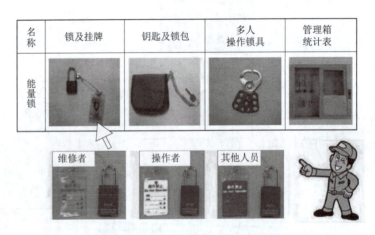

图 3-10-13 能量锁定的基本配置

（7）能量锁定的类型。

能量锁定的类型按各种作用分为插头锁具、球阀锁具、闸阀锁具、电气锁具、液压与气压锁具、压力系统锁具、团队锁定搭扣等，如图 3-10-14 所示。

（8）能量锁定的使用方法。

能量锁定也称安全锁，安全锁的十个使用步骤如图 3-10-15 所示。

（9）能量锁定使用要领。

能量锁定使用要领如图 3-10-16 所示。

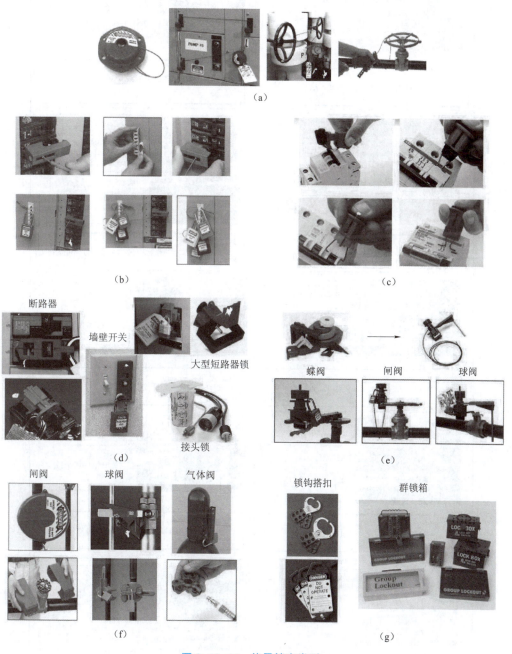

图 3-10-14 能量锁定类型

(a) 线锁；(b) 电器柜锁；(c) 小型短路器锁；(d) 电器锁；(e) 万能阀门锁；
(f) 阀门锁；(g) 团队锁定搭扣

① 在作业前，作业者应在安全锁具管理箱内取出安全锁

安全着眼点：
检查锁具是否完好，一把钥匙一把锁

注意事项：
亲自领取自己的安全锁，不能替其他人领取

② 到达作业区时，首先在外部确认内、外部环境的状态

安全着眼点：
发现已有人先行实施安全锁时，应与先行作业人员确认作业内容、范围以及可否实施作业

注意事项：
操作人员必须佩戴安全锁及名牌，并对作业区进行状态确认

③ 将急停按钮按下（拔下安全锁），锁上安全锁并确认安全锁是否锁好，拔下钥匙由自己保管

安全着眼点：
急停按钮由作业指挥者进行操作，安全锁必须由本人亲自实施

注意事项：
急停按钮由作业指挥者进行操作，安全锁必须由本人亲自实施

④ 打开安全防护门，需要多人同时作业时，可使用多人操作锁具上锁。

安全着眼点：单独上锁

O   X

注意事项：
多人作业时，所有作业人员必须全部上锁，不能套挂使用

⑤ 将安全隔离门上的示教安全销插在示教插头上

安全着眼点：
示教安全销由作业指挥者安装

注意事项：
示教前指挥者应与其他作业者明确作业内容及区域

⑥ 进入作业区时，再次确认作业区的内部环境

安全着眼点：
正确穿戴劳保用品

注意事项：
注意作业区域会发生干涉碰撞的部位

⑦ 作业完毕后，离开作业区将门上安全锁取下

安全着眼点：
暂时离开作业区时，也要由本人将安全锁取下后再离开

注意事项：
安全锁全部取下，方可进行下一步操作

⑧ 确认其他作业者将安全锁取下后，将示教安全销拔下

安全着眼点：
安全销由作业指挥者拔取

注意事项：
作业指挥者如有事离开作业区，应及时指定替代者担当临时作业指挥者

⑨ 关闭防护门，将急停按钮释放，恢复工作状态

安全着眼点：
作业指挥者在确认无人滞留后才能将安全锁取下

注意事项：
无法判断先进入的作业者的所在位置时，要马上向上级报告，接受上级的指示确认内外环境无异常时，方可操作

⑩ 作业完成后，由本人亲自将安全锁放回管理箱内，由班长确认

安全着眼点：
锁匙要从锁上拔下并必须由本人亲自保管

注意事项：
没有放回安全锁的，及时询问原因

图 3-10-15　能量锁定使用方法

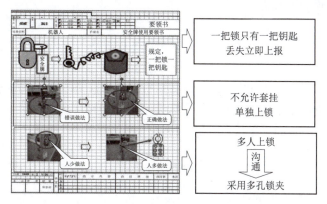

图 3-10-16 能量锁定使用要领

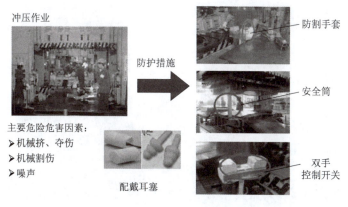

图 3-10-17 冲压作业的危险与防范

> 看一看案例

案例1：分析冲压作业主要存在的危险因素与防护措施。
案例2：分析工作场所存在的危险因素和防范措施。
A 员工驾驶叉车，由于出库过迟，急于要将材料运出。
B 员工正在运输线一边作业，未注意有叉车来。
危险因素：
（1）因物品堆放过高，挡住叉车工的视线造成车祸。
（2）因车子速度快，刹不住车而容易撞到人。
（3）因叉车料架未固定放好，会造成物品掉落伤人。
（4）B 员工在物流道上作业，会被叉车撞倒。
防范措施：
（1）物品堆放不要超过视线。
（2）车子装设超速警报器。
（3）物品超过视线时，叉车工可倒退行驶。

(4) 不在物流道内作业。

任务 3.11　开展设备 "5S" 活动

[引言] 运用 "5S" 管理方法，改善设备运行环境，实施设备定置管理、设备维护保养标准化和目视化，消除设备 "八大损失"，实现设备零故障、零灾害、零废品，营造安全、整洁、有序、环保、高效的工作氛围，提高设备的综合效率。

▶ 学习目标

(1) 掌握 "5S" 管理的办法。
(2) "5S" 在设备运行中的运用。
(3) 定置管理在设备运行中的运用。
(4) 目视管理在设备运行中的运用。

▶ 工作任务

编制 "5S" 活动宣传小报。

▶ 知识准备

1. "5S" 管理的基本概要

(1) "5S" 的定义。

"5S" 是指在生产现场中对人员、机器、材料、方法、环境等生产要素进行管理的一种方法。是 TPM（全员生产维修）的前提，是 TQM（全面品质管理）的第一步，也是 ISO 9000 有效推行的保证。

"5S" 是整理（Seiri）、整顿（Seiton）、清扫（Seiso）、清洁（Seiketsu）和素养（Shitsuke）这5个词的缩写。

开展以整理、整顿、清扫、清洁、素养为内容的活动，称为 "5S" 活动。

(2) "5S" 管理的目的。

建立、完善生产工作场所组织标准，清扫、组织、维持一个整洁、有序、安全的工作场所和周边环境（包括设备），使 "偏离标准" 的情况显而易见，消除浪费，降低成本。

"5S" 活动的目的不但要求员工将东西摆好，设备擦干净，最主要的是通过活动潜移默化地改变员工的思想，使员工养成良好的习惯，变成一个有高尚情操的优秀员工。

"5S" 的精髓是管理标准化、制度化和员工修养，使工作现场的作业标准化、制度化，防止意外事件（安全、质量、设备、物料等）的发生，提高现场管理水平，达到管理标准化、制度化。

(3) "5S" 活动程序图。

"5S" 活动程序图如图 3-11-1 所示。

① 整理——清除闲置物品。

鉴定工作场地内的必须物品和多余物品，把需要的物品与不需要的物品分开，迅速清除

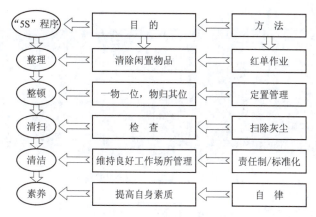

图 3-11-1　"5S" 活动程序图

不必要的工具、设备、物料、废品、办公用品等，如图 3-11-2、图 3-11-3 所示。

图 3-11-2　整理——清理不相关的物品

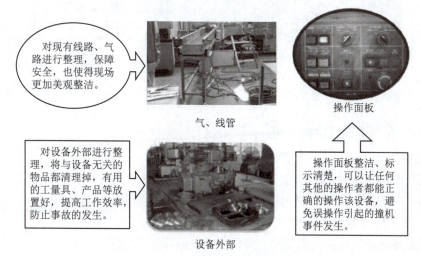

图 3-11-3　整理——清除闲置物品

② 整顿——定置管理。

按照使用频率为需要的物品指定存放位置，画上投影线或定置标记，贴上标签，使其一物一位、物归其位，如图 3-11-4 所示。

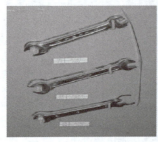 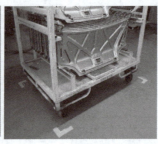 

图 3-11-4　整顿——定置管理

③ 清扫——检查和清扫灰尘、油污、垃圾。

清扫由本区域的员工天天进行，清扫要与设备维护保养相结合。

④ 清洁——维持工作场所良好环境。

建立"5S"责任制度和标准，所有班次共同维护工作场所良好环境，时刻保持"5S"良好状况，实施责任制，奖勤罚懒。

⑤ 素养——自律，提高个人修养。

将工具放回投影板上，随时拾起地面和通道的垃圾，遵循所在区域设立的标准及规则。有责任心，尊重自我，尊重他人。

(4) "5S"关注点（图 3-11-5）和组织管理（图 3-11-6）。

图 3-11-5　"5S"关注点　　　　　图 3-11-6　"5S"组织管理

2. "5S"在设备运行中的运用

(1) 设备"5S"活动——整理。

减少无价值的劳动时间，腾出空间，消除浪费。让设备周围空间场所宽敞、整洁、安全。将设备运行场所"空间"腾出来（图 3-11-7）。

(2) 设备"5S"活动——整顿。

科学、合理地放置设备周围物品，选好位置，做好标识，使工作场所井井有条，一目了然，可以方便快捷地找到并取出物品，减少因寻找工具等物品造成的时间浪费，提高工作效率（图 3-11-8、图 3-11-9）。

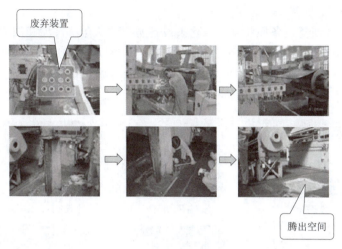

图 3-11-7　整理——腾出空间

图 3-11-8　整顿——相关物品分类管理

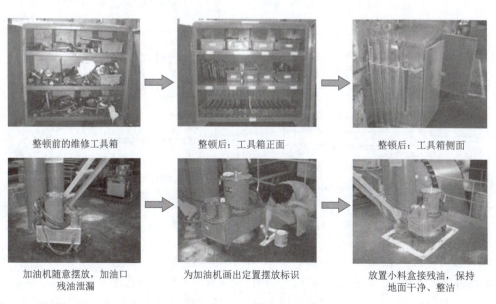

| 整顿前的维修工具箱 | 整顿后：工具箱正面 | 整顿后：工具箱侧面 |
| 加油机随意摆放，加油口残油泄漏 | 为加油机画出定置摆放标识 | 放置小料盒接残油，保持地面干净、整洁 |

图 3-11-9　整顿——工具箱

(3)设备"5S"活动——清扫。

设备清扫就是从恢复设备原状开始,除去设备所有的灰尘、污垢和油渍(图3-11-10)。通过清扫设备,彻底检查设备,发现设备缺件、漏气、漏水等问题,记录在案,分类解决,以恢复设备原来新的状态为目标(图3-11-11)。同时,确保员工的健康、安全卫生,提高设备人员发现问题、分析问题、解决问题的能力。

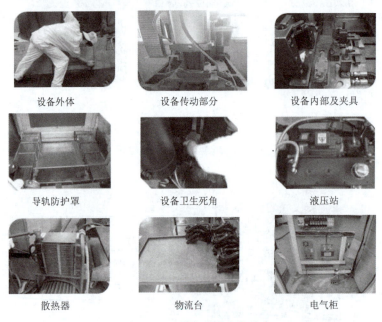

图3-11-10 清扫设备和物流台

设备清扫的原则		设备清扫检查方法"五官法"	
扫黑	检查环境 即扫除设备灰尘、油污、铁屑,设备周边环境垃圾等	眼睛看	是否有缺损、劣化、磨损、水和油的浸透或飞散现象
扫漏	检查环境 即扫除漏水、漏油、漏气等	手接触	是否有松动、晃动、发热、磨损、振动等情况
扫怪	检查设备 即扫除异常的声音、温度和异常振动等	耳朵听	设备本身的声音、加工时的声音,是否与正常情况有所不同
		嗅觉闻	是否有燃烧、腐烂等难闻气味

图3-11-11 设备清扫的原则与检查方法

(4)设备"5S"活动——清洁。

就是将整理、整顿、清扫进行到底,并制订设备日常清洁作业标准书(图3-11-12)、设备日常点检作业标准书、设备润滑作业标准书、设备维修作业标准书等设备作业标准,通过制度化、标准化来规范设备操作人员、维修人员的作业行为,确保设备原有的良好状态,营造安全、整洁、有序、环保的设备运行环境,提高设备综合效率。

学习情境 3　车间级的设备管理

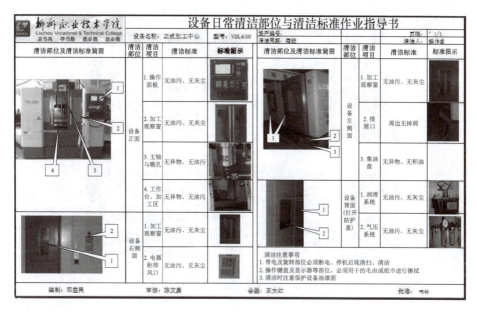

图 3-11-12　设备日常清洁作业标准

（5）设备 5S 活动——素养。

通过培训学习，设备人员按规定和标准操作、维护设备，养成良好的习惯，从行为习惯上进行自我培养与约束，从而提高设备人员的综合素质（图 3-11-13）。

图 3-11-13　提高素养

3. 运用"5S"改善设备运行环境

（1）改善设备运行的工作环境。

运用"5S"方法，将脏、乱、差的设备运行环境进行改善，成为安全、整洁、有序、环保、舒适的环境（图 3-11-14、图 3-11-15）。

（2）规范设备人员的行为。

按设备安全操作规范操作设备，按作业标准进行生产，按日常设备维护保养作业标准等进行设备维护保养。从服装、仪容、识别证等方面都实施标准化，充分体现员工的精神面貌（图 3-11-16）。

图 3-11-14　设备运行环境的"脏、乱、差"

图 3-11-15　设备运行环境——清洁规范

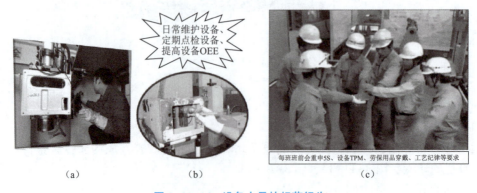

图 3-11-16　设备人员的规范行为

（a）规范操作；（b）维护设备；（c）员工着装规范

4. 定置管理在设备运行中的运用

（1）定置管理的概要。

① 定置管理的定义。

定置管理是对生产现场中的人、物、场所三者之间的关系进行科学的分析研究，使之达到最佳结合状态的一门科学管理方法。它以物在场所的科学定置为前提，以完整的信息系统为媒介，以实现人和物的有效结合为目的，通过对生产现场的整理、整顿，把生产中不需要的物品清除掉，把需要的物品放在规定位置上，使其随手可得，促进生产现场管理文明化、科学化，达到高效生产、优质生产、安全生产。

定置管理是"5S"活动的一项基本内容，是"5S"活动的深入和发展。

② 定置管理的类型。

定置管理的类型主要有全系统定置管理、区域定置管理、职能部门定置管理、仓库定置管理、特别定置管理五类，具体如图 3-11-17 所示。

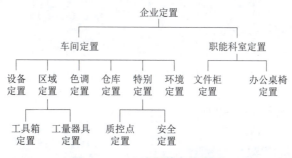

图 3-11-17　定置管理的类型

③ 定置管理的核心。

定置管理的核心就是尽可能减少和不断清除 C 状态，改进 B 状态，保持 A 状态，同时还要逐步提高和完善 A 状态，如图 3-11-18 所示。

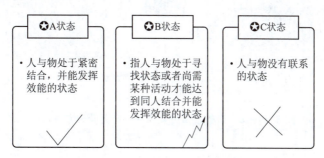

图 3-11-18　人与物结合的三种状态图

④ 定置管理的要点。

定置管理的要点包括：三定原则、设置管理看板、画线标识、发现不合格处立即纠正等。

三定原则是定位置、定数量、定区域。定位置是规定物品堆放位置、工具放置位置、通道位置、班组（个人）工作场地位置；定数量是对各区域堆放物品、设备、工具的数量加以限制；定区域是对产品堆放区具体划分为合格品区、不合格品区、待检区等。

(2)设备维修员具箱——定置管理。

① 运用投影法、标签等手段,对设备维修员具箱进行定置管理,能快速、高效地获取工具,减少维修设备时的等待时间,如图 3-11-19 所示。

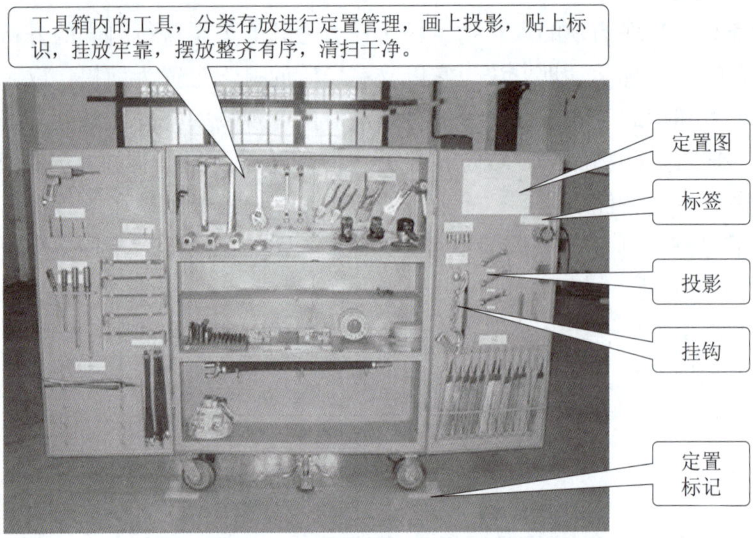

工具箱内的工具,分类存放进行定置管理,画上投影,贴上标识,挂放牢靠,摆放整齐有序,清扫干净。

定置图
标签
投影
挂钩
定置标记

图 3-11-19　设备维修员具箱——定置管理方法

② 运用效果对比(图 3-11-20)。

5S之前　　　　5S之后

红单作业

对指定区域或工作场所开展红单作业,然后进行定置管理,保持5S状况良好。

图 3-11-20　设备维修员具箱——定置管理方法对比

(3)设备维修员具存放——定置管理。

设备维修员具分类定置存放,一目了然,取拿方便,提高工作效率(图 3-11-21)。

(4)设备维修备件——定置管理。

将设备维修备件分类定置存放。首先在料架、料箱上贴上标签,标明名称、图号、数量、供应商、用途等信息,这样能及时掌握备件储存状况,减少库存,降低成本。其次运用料架,可利用最佳空间。最后,能快速、方便拿到配件进行设备维修,缩短设备维修时间(图 3-11-22)。

图 3-11-21　设备维修员具箱——分类定置管理

图 3-11-22　设备维修备件——分类定置管理

（5）设备维修班组——定置管理。

创设整洁、舒适的班组园地，科学地定置班组各种工作和学习用具，并保护良好的班组环境（图 3-11-23）。

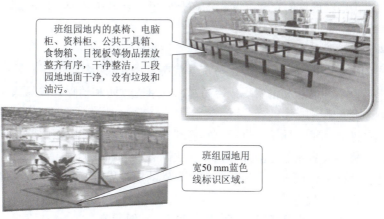

图 3-11-23　设备维修班组——定置管理

（6）设备维护人员防护用品——定置管理。

分类定置维修人员的劳动防护用品。安全帽、手套、鞋子等分类定置管理，贴上标签，摆放整齐有序，避免拿错和丢失（图3-11-24）。充分利用架子，最大化利用空间。

图3-11-24　设备维修人员防护用品——定置管理

（7）设备维护用品——定置管理。

将常用的设备维护用品分类定置存放，摆放整齐有序；清洁用具进行定置管理，取用方便，不易丢失（图3-11-25），并及时清理垃圾，没有垃圾和废料溢出。

图3-11-25　设备维护用品——定置管理

5. 目视管理在设备运行中的运用

（1）目视管理概要。

① 目视管理的定义。

目视管理是利用人的感官视觉，将相关管理的事项，转化为浅显易懂的颜色、形迹、灯号、图片、图表、照片、录像带等方式，从而达到提醒、控制、警示、预防的作用。简单的理解就是看得见的管理（是提前还是延迟、是多还是少、是正常还是异常）。

② 目视管理的目的。

a. 明确告知应该做什么，做到早期发现异常情况。

b. 防止人为失误或遗漏，并始终维持正常状态。

c. 通过视觉，使问题点和浪费现象容易暴露，事先预防和消除各种隐患和浪费。

③ 目视化管理的原则。

a. 视觉化：彻底标示、标识，进行色彩管理，看起来醒目，吸引眼球。

b. 透明化：将需要看到的地方显露出来，去除各种遮挡或遮盖。

c. 界限化：即标示管理界限，标示正常与异常的定量界限，使之一目了然。

④ 目视化管理的表现方式。

颜色、形迹、灯号（状况标识）、照片、看板、录像带等。

（2）设备运行中的看板管理。

利用看板等方法，将设备运行管理考核指标、设备运行管理流程、设备安全操作规程等展示出来，目视化。使人们通过图视，即可对车间设备管理的内容，设备管理的好坏，考核项目和结果等相关信息一目了然（图3-11-26、图3-11-27）。

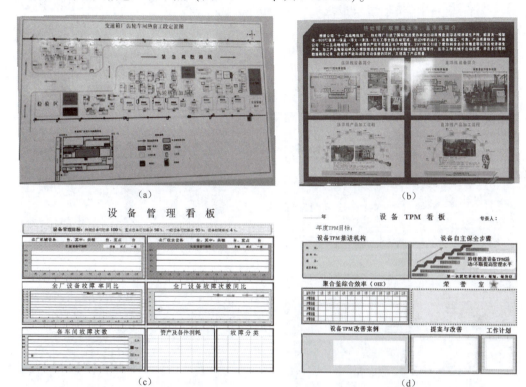

图 3-11-26　运用目视管理（一）

（a）车间设备定置图；（b）重点设备简介；（c）车间设备管理看板；（d）车间设备TPM看板

（3）设备运行状态的监控——目视管理。

运用颜色、灯号等方法，让人们随时随地看到设备运行状态（停止、暂停、运转），能及时处理设备停止时间的浪费，如图3-11-28～图3-11-33所示。

（4）设备点检作业——目视管理。

运用颜色、形迹等方法，将设备需要检查部位，标示正常与异常的定量界限，一目了然，从而提高设备点检作业效率。

（5）设备维修作业——目视管理。

运用颜色、形迹等方法，进行设备维修作业的提示、警示，方便设备维修，防止人为失误或遗漏造成人员伤亡事故。

（6）设备运行安全——目视管理。

在设备运行环境中，运用颜色、形迹、灯号（状况标识）、图片、看板等方法，提示人们注意设备运行中的潜在危险，如图3-11-34所示。

总之，运用"5S"管理方法，能使设备运行环境明朗化，人的行为规范化。"5S"不仅仅是一种管理工具，更是一种管理思想、一种管理文化。

(a) (b)

(c) (d)

图 3-11-27　运用目视管理（二）

（a）设备安全操作规程板；（b）设备点检目视墙；（c）设备故障维修寻呼系统看板；（d）设备结构看板

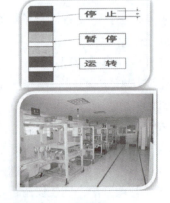

图 3-11-28　设备运行状态——目视化

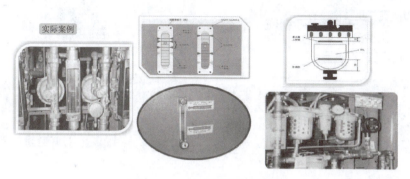

图 3-11-29　油量计量目视化

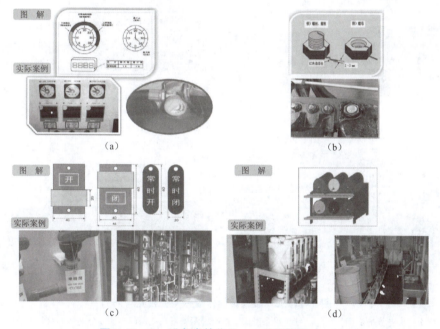

图 3-11-30　设备点检作业——目视管理（一）

（a）压力表等限量目视化；（b）螺母拧紧目视化；（c）阀门开关状态目视化；（d）润滑油类目视化

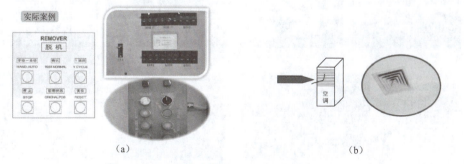

图 3-11-31　设备点检作业——目视管理（二）

（a）操作面板目视化；（b）设备转动目视化

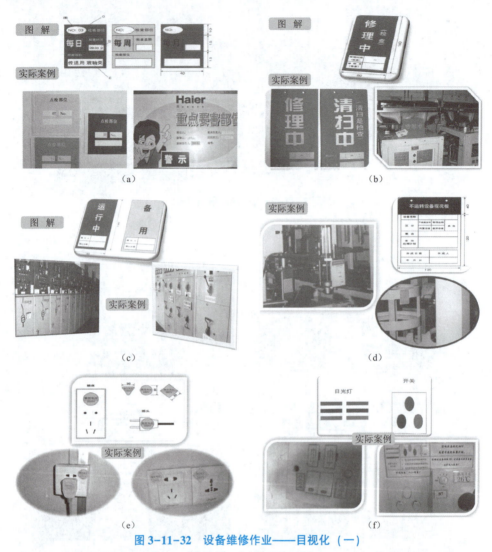

图 3-11-32 设备维修作业——目视化（一）

(a) 设备维护周期目视化；(b) 设备维修、检查警示牌目视化；(c) 设备运行警示牌目视化；
(d) 不运转设备现况牌目视化；(e) 额定电压标识目视化；(f) 开关控制标识目视化

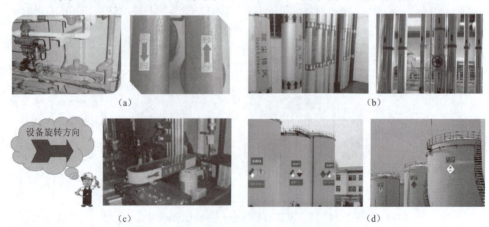

图 3-11-33 设备维修作业——目视化（二）

(a) 管道介质流向目视化；(b) 管道色环和介质流向目视化；(c) 设备旋转方向目视化；(d) 储罐标识目视化

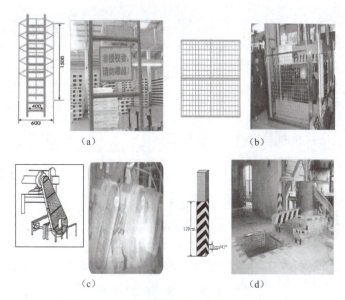

图 3-11-34 设备运行安全标识——目视化

(a) 受限空间禁止入内标牌；(b) 机床隔离栏；(c) 机床旋转罩；(d) 危险警告标识

看一看案例

案例：在生产区域，开展设备"5S"活动。

第一步，动员、宣传、培训。

开展设备"5S"活动前的动员、宣传和培训学习，如图 3-11-35 和图 3-11-36 所示。

图 3-11-35 设备"5S"活动动员与培训

第二步，工具与资料准备。

开展设备"5S"活动时，准备设备分类清单、活动方案、日程计划、发现设备缺陷和问题所用的红牌、物品统计表等资料、清扫用具和劳保用品，如图 3-11-37 所示。

第三步，整理、整顿、清扫实施。

布置任务、明确考核要求、分组分任务，实施整理、整顿、清扫，如图 3-11-38 所示。清理与设备运行无关的物品，将有用的物品归类，合理定置放置，清除设备污垢、黄袍、垃圾等。发现设备有缺陷贴标签再统计。同时，对设备故障发生源、困难部位进行改善，使设备复原。营造安全、整洁、有序、环保、舒适的环境。

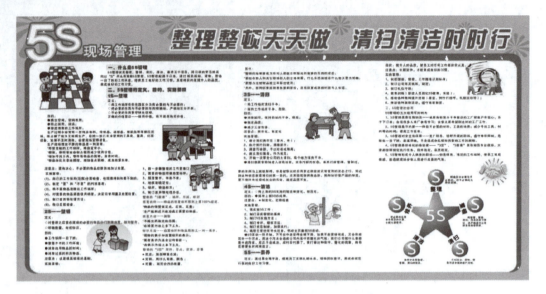

图 3-11-36 "5S"活动宣传报

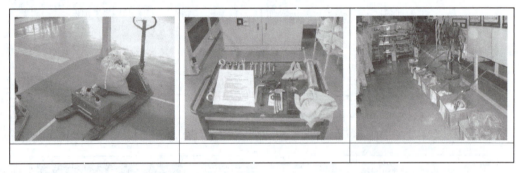

图 3-11-37 设备"5S"活动清扫工具

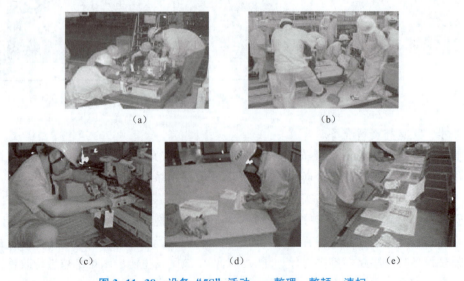

图 3-11-38 设备"5S"活动——整理、整顿、清扫

（a）整理、整顿；（b）清扫；（c）清扫过程中发现问题挂牌；（d）统计；（e）摘牌进行改善

第四步,清洁、素养实施。

将前三个 S 的工作规范化、制度化。如制订各项设备日常清洁作业标准、设备润滑作业标准、设备日常点检作业标准等,如图 3-11-39 所示,以防止发生设备的强制劣化。对员工进行培训学习,掌握正确的作业方法,使其养成良好的习惯,从行为习惯上进行自我培养与约束,从而提高的员工的综合素质,使整理、整顿、清扫的工作能长期有效地开展。

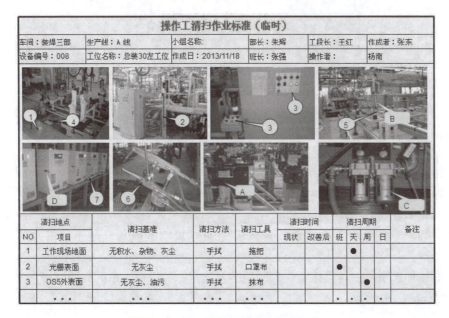

图 3-11-39　设备日常清洁作业标准

第五步,活动总结。

将设备"5S"活动进行全面总结,推广应用,持续发展。

任务 3.12　开展设备改善活动

[引言] 为了追求设备综合效率,不断改善设备薄弱环节,消除设备损耗,最大限度地发挥出设备的性能和机能,使设备使用达到最佳状态。同时,通过改善活动提升人们发现问题、分析问题、解决问题的能力,从而提高员工的综合素质。

学习目标

(1) 理解改善活动的基本概念。
(2) 明确设备改善的主要方向。
(3) 掌握设备改善的步骤和方法。

工作任务

有一个标准的大油桶装满了油,要求安全、方便地倒入小油壶内,请做油桶的改善工作,如图 3-12-1 所示。

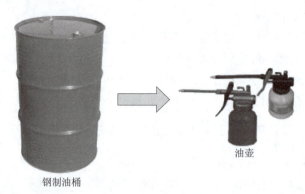

图 3-12-1　加油工具

> 知识准备

设备改善是在日常的工作中发现设备浪费时间、浪费材料、出现异常、困难作业等问题，努力设法消除设备损失和减轻操作者劳动强度，节约费用，缩短生产时间，降低成本，提高设备效能的行为。

改善是脚踏实地、一步一个脚印、持续不断改进的小改革，而不是创新搞设计、做项目。

改善是一种思想、一种文化、一个成功的习惯，一种提高人品的有效途径。

1. 设备改善的概要

（1）设备改善的目的。

设备改善的目的就是要消除设备六大浪费，即停机损失、更换调整损失、空转暂停损失、速度降低损失、废品返工损失、设备启动损失，养成发现问题、分析问题、解决问题的习惯，最大限度地提高设备综合效率和人的综合素质。

（2）设备改善的内容。

① 消除设备六大损失，恢复设备原状，提高产品质量。

② 改善设备作业方式，减轻劳动强度，提高工作效率。

③ 改善设备作业环境，创设安全、舒适的设备运行环境。

④ 改善设备布局，减少物流的转运，降低生产成本。

（3）设备改善的组织。

设备改善活动，是以操作者或维修员或点检员为主，以设备管理员、技术员以及车间主管为辅组成的改善活动小组开展的。

（4）查找设备损失发生源的方法。

查找设备损失的发生源主要从污染源、困难源、危险源、浪费源、故障源、缺陷源六大源头进行。

① 查污染源。

污染源是指由设备引起的灰尘、油污、废料、加工材屑等。污染源还包括有毒气体、有毒液体的泄漏，电磁辐射光、光辐射以及噪声方面的光声污染。寻找、搜集这些污染的信息后，要通过源头控制，采取防护措施加以解决。

② 查困难源。

困难源是指设备难以维护保养的部位，包括空间狭窄、无人工作的部位；设备内部深层无法使用清扫、润滑工具的部位；污染频繁、无法随时清扫的部位；人员难以接触的区域，如高空、高温、设备高速运转部位等。对于这些困难源，要通过采取控制源头等措施，使其不被污染，也可设计开发专门的清扫工具。

③ 查危险源。

危险源是指和设备有关的安全事故发生源。由于设备向大型、连续化方向发展，一旦出了事故，可能给企业乃至社会带来危害。安全工作必须做到"预防为主、防微杜渐、防患未然"，必须消除可能由设备引发的事故和事故苗头，要严格检查设备使用的元器是否符合国家有关规定，检查设备的使用、维护、修理规范是否符合安全要求等。对特种设备，如输变电设备，压力容器等设备，要严格按照国家的有关规定和技术标准，由有资质的单位进行定期检查和维修。

④ 查浪费源。

浪费源是指和设备相关的各种能源浪费。第一类浪费是"跑、冒、滴、漏"，包括漏水、漏电、漏气以及各种生产用介质等的泄漏；第二类浪费是"开关"方面的浪费，如人走灯还亮，机器空运转，冷气、热风、风扇等方面的能源浪费等。要采取各种技术手段做好防漏、堵漏工作，要在开关处提示，使员工养成随手关灯、按操作规定关机的良好习惯。

⑤ 查故障源。

故障源是指设备自身故障。要通过日常的统计分析，逐步了解掌握设备故障发生的原因和规律，制订相应的措施，以延长设备正常运转时间。如因润滑不良造成故障，应加强改造润滑系统；如因温度高、散热差引起的故障，应通过加强冷气机或冷却水来实现等。

⑥ 查缺陷源。

缺陷源是指现有设备不能满足产品质量的要求。围绕保障和提高产品质量，寻找影响产品质量的生产或加工环节，并通过对现有的设备进行技术改造和更新来实现。

2. 设备发生源改善实例

（1）改善污染源——油漆泄漏改善（图 3-12-2）。

（2）改善困难源——设备清扫困难改善（图 3-12-3）。

（3）改善困难源——设备润滑困难改善（图 3-12-4）。

（4）改善困难源——设备点检作业困难改善（图 3-12-5）。

（5）改善困难源——设备维护保养困难改善（图 3-12-6）。

（6）焊接设备改善实例：

第一步，提出改善焊接设备建议，如图 3-12-7 所示。

第二步，两种焊机焊接外观质量对比，其结果如图 3-12-8 所示。

第三步，两种焊机成本比较如图 3-12-9 所示，其结果是改善后的焊机成本，按每损耗 15 kg 焊丝所需要的成本计算比原焊机成本减低 115 元。

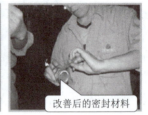

1. 输漆罐底部出漆口管接部分时常出现渗漏漆现象，成为污染源，既给现场清扫和维护造成麻烦和困难，又造成材料浪费。

渗漏的油漆　　改善前的密封材料

2. 由于输漆罐底部出漆口管接螺纹使用的密封材料为化学材料（生料带）不耐油，受漆中溶剂腐蚀，容易破损而漏漆。现改用麻材料做密封，防止溶剂腐蚀，将大大延长密封材料使用寿命，防止渗漏漆现象发生。

改善后的密封材料

图 3-12-2　油漆泄漏改善

1. 油漆黏附在设备表面，清洗困难，并且清洗时间需要 30 min。

2. 设备清扫干净后，在表面黏附 3~4 层保护膜，下次只需揭掉一层保护膜即可，时间缩短至 3 min。

1. 顶喷机光栅保护开关在日常工作中，容易黏附油漆造成设备误动作，虽进行每班清扫，但效果不理想。

2. 在顶喷机光栅保护开关上，加装防护套管，有效地防止油漆黏附，并且清扫容易。

图 3-12-3　设备清扫困难改善

1. 生产线减速机每次对其进行换油时，用漏斗进行加油非常耗时，减速机更换一次润滑油需要半天的时间。

2. 利用淘汰的气缸、换向阀，制作专用的气动加油机，现在更换一次润滑油只需 20 min，大大降低了换油时间。

图 3-12-4　设备润滑困难改善

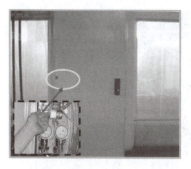

1. 点检时需用钥匙开关门，并且需仔细观察机箱内压力表的读数，与工艺规定数对应比较，每次需2 min。
2. 机箱内如发生异常时，存在一定的安全隐患，例如：机箱内高压电器故障、漆管爆裂等。

点检简单了！

1. 在机箱门上制作观察窗口，方便点检。
2. 在压力表上规划工作压力刻度，减少点检时间。
3. 避免点检时与设备的直接接触，消除安全隐患。

图 3-12-5　设备点检作业困难改善

加大接铁屑托盘，方便清扫

增加防护制止切屑液及铁屑进入造成夹紧轴卡死

改造冷却循环系统

利用滑道将夹具推入机床内

图 3-12-6　设备维护保养困难改善

改善　　　　改善

焊机　　　CO_2气体　　　药芯焊丝

图 3-12-7　焊接设备改善建议

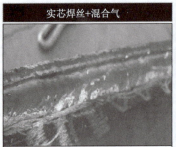

图 3-12-8　焊接外观质量比较

比较项目	实芯焊丝+混合气	药芯焊丝+CO_2
焊丝总价	15 kg——115元	15 kg——160元
气体总价	2瓶——220元	2瓶——60元
两者总价	335元	220元

比较结果：改善成本比原成本减低115元

备注：以上比较条件是损耗15 kg焊丝所需要的成本。

图 3-12-9　焊接成本比较

第四步，两种焊机污染伤害比较，如图 3-12-10 所示，其结果是改善后的焊机产生的烟雾较严重，给作业人员健康与周围环境带来严重的影响。

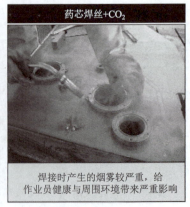

图 3-12-10　焊接污染比较

第五步，焊接设备改善前后效果比较。

经焊接设备改善前后效果比较，如图 3-12-11 所示，改善前焊机设备缺点比改善后的焊机设备多，改善后的焊机设备造成污染严重的问题，可以采用劳保用品（口罩）和增加抽风机设备进行弥补，而改善前焊机设备缺点无法弥补。

3. 设备改善活动法则

设备改善活动是按"改善八步法"和 P（计划）—D（实施）—C（检查）—A（处理）管理循环法则共同实施，如图 3-12-12 所示。

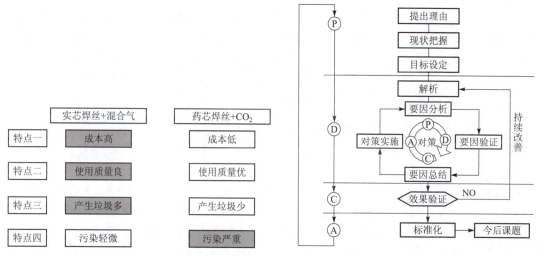

图 3-12-11　焊接改善效果比较　　　　图 3-12-12　改善活动八步法

4. 设备改善活动的步骤

设备改善活动是通过"5S"活动，查找设备发生源与难点问题（六大源），选定主题，开展设备改善活动，再进行改善成果总结，填写改善活动表，呈报上级主管部门。

（1）选定课题。

通过查找设备六大源，将设备存在的问题统计分类，列出重点、难点、紧迫性等问题，结合设备改善实施的成本、可行性等因素，各组选定 1 个课题，并说明为什么做此项改善，选题理由必须充分。

（2）现状把握。

在设备现场进行观察、调查，把课题中的问题点列出来，收集设备点检表、设备故障记录表等数据，运用排列图、饼分图、柱状图、管理图表等管理工具进行数据的统计分析，找出突出的问题点，掌握设备现状结果，即现有的状态或标准进行比较。

① 掌握现有的状况（找到主要的环节或要素）。

② 为设定目标提供依据（针对主要的要素设置指标）。

③ 确定主要问题，明确突破口（确定主要问题，课题能达到的目标）。

④ 解决主要问题前后的原始资料比较。

（3）目标设定。

设定目标时，要确定做出什么（结果＝评价的项目），做到什么时候（期限），达到什么程度（目标值）。目标设定应遵守指标设定（SMART）原则：

① 明确性（Specific）：是指绩效考核要切中特定目标，不能笼统。

② 衡量性（Measurable）：是指绩效指标是数量化或者行为化的，验证这些绩效指标的数据或者信息是可以获得的。

③ 可接受性（Acceptable）：是指绩效指标在付出努力的情况下是可以实现的。

④ 实际性（Realistic）：是指实实在在的，可以证明和观察。

⑤ 时限性（Timed）：是指要注重完成绩效指标的特定期限。

(4) 分析要因。

针对找出的问题点，找出其真正的原因。运用鱼骨图、特性要因图、关联图等工具进行分析，分析重要要因和特性之间的关系（相关），找出影响主导因素的主要原因。对不合格现象的原因进行分析，分析手法可采用因果图，按照构成全面罗列所有可能的原因（是否属于要因需要验证），重要的要因要打上标识，其他的根据特性情况也可使用系统图、关联图等工具。对要因分析的结果，说明"有哪些要因"。

对重要的要因和特性的关系进行调查或验证，尽可能运用已掌握的数据，如果在没有数据或者数据不足的情况下，要明确计划（将什么怎么做、做到什么程度）。

(5) 对策方案。

制订解决主要问题的对策方案。对每一条主要原因，必须要有解决方案。根据内容的不同，有时也会将缩短 MTTR、延长寿命等包含在一起进行讨论。明确将从什么时候开始实施。改善方案可从有效性、可实施性、经济性、可靠性等方面进行评估再做决定。

(6) 对策实施。

对策方案确定之后，必须认真策划来实现这个对策，研究采用哪些具体措施才能达到对策的要求。要有设定对策的目标，制订对策计划表，按照"5W1H"原则来制订，如表 3-12-1 所示（最简单的一种），即 What（对策）、Why（目标）、Who（负责人）、Where（地点）、When（完成日期）、How（措施）。

表 3-12-1　改善对策表

序号	主要原因	对策	目标	措施	地点	负责人	完成日期

(7) 效果确认。

确认是否达到了目标。将改善后的现状与目标值相对比并确认改善后的效果，如表 3-12-2，有形、无形效果都要确认。对比方法：与提出理由对比、与现状把握对比、与目标设定对比、与解析过程对比，以及经济效益计算、其他效果。同时，注意以下几点：

① 明确效果相对于目标值有多大程度的提高。

② 采用和现状把握相同的图表，照片采用相同的角度。

③ 因为对策是针对要因来进行的，所以首先要明确要因是如何变化的，接下来明确当

初的问题的改善程度。

④ 效果确认的时间使之和现状把握的时间程度大体同。

⑤ 现在的效果如何，最好运用数据进行总结（控制图表来证明）。

⑥ 有无形效果，要进行陈述。

表 3-12-2　改善前后对照表

___科___职___同心组　作成者：___	区域设备名：_____
改善前	改善后
发生现象	实施内容（成果）
发现日： 发现者： 日期：	解决日： 解决者： 确认：

（8）防止再次发生。

采取不让相同的失败再次发生的对策，反映到原因背景的管理机构中，用"5W1H"总结实施的内容，提炼出改进措施并将其标准化（如管理流程、修改设计图纸、制订或修订标准作业书等）。

（9）总结。

包括针对本次改善的不完善之处或今后要进一步努力的方向、目标；本次改善活动的主要体会，其他可以值得借鉴的经验。填写设备改善活动成果表，呈报上级主管部门。

看一看案例

提高铣削汽车前壳花键的加工效率。

1. 选定主题、提出理由

主题：提高铣削汽车前壳花键的加工效率

提出理由：

（1）加工汽车前壳花键采用的是 Y631K 型花键铣床，铣一件汽车前壳花键需要 43 min，加工时间过长，效率极低。

（2）随着加工量的增多，汽车前壳花键加工成为车间以及班组的生产瓶颈。

2. 现状把握

（1）现场调查：通过对现场的汽车前壳花键加工时间的测量为 43 min，而在铣花键的前几道工序中最长加工时间只有 6.78 min，这样导致生产极不顺畅，大量待加工汽车前壳积压在线上。

（2）查看花键加工工序表 3-12-3，其加工时间最长的就是铣花键为 43 min/件。

表 3-12-3　花键加工工序表

工序	工序名称	加工时间/min
1	粗车大头端面	3.2
2	车小头端面	3.56
3	打中心孔	5.86
4	粗车小头外圆	6.78
5	粗、精车大头	5.01
6	精车小头外圆及车螺纹	2.5
7	铣花键	43

从图 3-12-13 看出加工效率不高的问题是铣花键加工时间长。

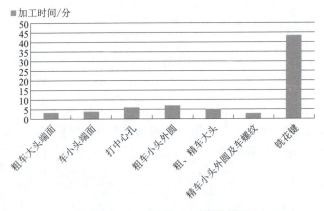

图 3-12-13　花键加工时间柱状图

3. 目标设定

（1）通过开展 QC 小组活动，降低铣花键加工时间，提高其加工效率，提高班产量；

（2）在提高加工效率的同时不降低零件的加工质量。

4. 解析

（1）要因分析。运用鱼骨图分析法，对铣花键加工时间长进行要因分析，找出主要问题，如图 3-12-14 所示。

通过对人、机、料、法 4 个方面进行分析，QC 小组找到了影响上述问题的 8 个因素。对问题进行深入分析，对各因素进行验证，找出问题的主要原因。

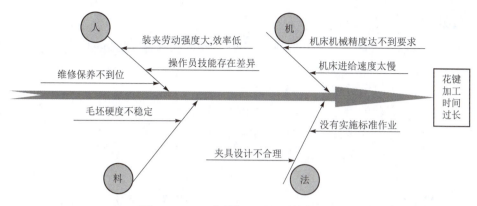

图 3-12-14　花键加工时间过长鱼骨图

（2）要因验证。

根据找出来的 8 个原因，安排人员进一步验证，见表 3-12-4，最终找出问题的主要原因是机床进给速度太慢。

表 3-12-4　要因验证

序号	原因	验证过程	结果	验证时间
1	装夹劳动强度大、效率低	机床有夹爪定位面，三爪以及顶尖夹紧装置	次要原因	2013.8.8
2	操作员技能存在差异	因多人轮换加工，操作员技能参差不齐，对产品质量、完成任务有一定影响	次要原因	2013.8.9
3	设备维修保养不到位	操作员每周进行设备维护、润滑保养	次要原因	2013.8.8
4	毛坯硬度不稳定	偶尔有毛坯硬度不统一，但影响不大	次要原因	2013.8.17
5	机械精度达不到要求	机械丝杠、导轨磨损，刀具影响不大	次要原因	2013.8.18
6	机床进给速度太慢	由于传动系统的齿轮比例一定，所以速度恒定	主要原因	2013.8.18
7	没有实施标准作业	操作员作业不规范，产量不稳定	次要原因	2013.8.8
8	夹具设计不合理	定位比较合理，夹具影响不大	次要原因	2013.8.18

5. 对策

根据要因验证结果，针对主要原因——机床转速太慢，制订了对策表 3-12-5。

表 3-12-5　对策表

主要原因	目标	措施	完成时间	负责人
机床进给速度太慢	解决进给速度，将原有的加工时间缩短，符合生产线生产节奏	1. 分析传动系统中的齿轮比例	2013.10.21	戴权
		2. 确定传动齿轮跟进给速度的关系	2013.11.18	秦武
		3. 重新设计传动齿轮，安装调试	2013.12.28	陈玉

6. 效果

（1）花键加工目标时间由原来的 43 min/件，降低到只需 18.7 min/件，生产效率提高 230%，而且保证加工质量精度稳定。

（2）经改善以后可节约成本 36 450 元/年。

（3）改善后由以前的班产 8 件，提高到班产 38 件（由于有两台花键铣床，以前只用一台，改进传动齿轮以后全部换上设计好的新齿轮同时加工）。

具体对策及效果见图 3-12-15。

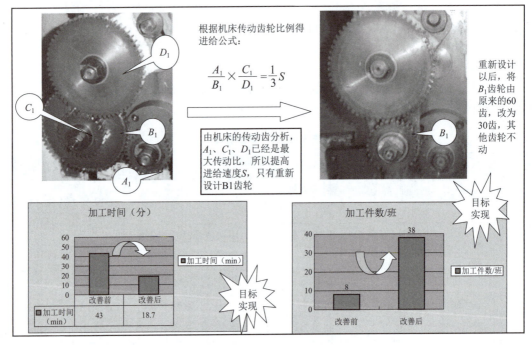

图 3-12-15　具体对策和效果图

7. 标准化

（1）推进新的操作方法，并编写标准化作业书。

（2）机床进给系统改进后，定期进行机床精度检测。

（3）机床传动的新齿轮设计图纸已由车间技术科存档。

8. 今后课题

通过这次 QC 活动，小组成员按照 PDCA 循环，很好地解决了生产中出现的问题，提高了分析问题、解决问题的能力，对机床传动方面也有了一定的了解。填报 QC 改善报告书，如图 3-12-16 所示，并报上级主管部门。

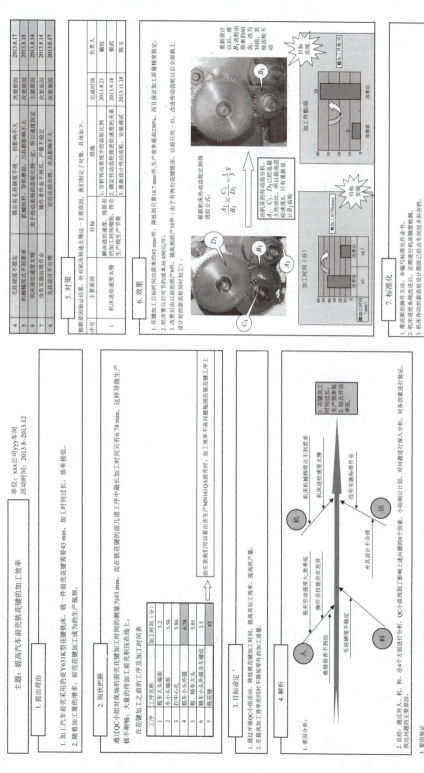

图 3-12-16　QC 改善报告书

学习情境 4

企业级的设备管理

任务 4.1　编制企业设备管理流程图

[引言] 设备管理的好坏将直接影响企业的经济效益。随着现代管理的要求，管好、用好设备的问题显得更为突出。在日常的设备管理中，不论是传统的方法还是现代信息化管理的方式，最终是需要通过管理流程的运行，达到管理目标。编制科学合理的设备管理流程能够体现先进的设备管理思想，使企业设备作为一种资产得到科学合理的利用并保值、增值，为企业创造最大的效益，提升综合竞争力，提高企业经济效益，保障经营目标的实现。

学习目标

（1）明确设备管理的目标和主要任务。
（2）了解企业设备管理组织机构。
（3）掌握设备管理流程图的作用和编制原则。
（4）能够正确绘制设备管理流程图。

工作任务

（1）编制企业设备安装调试验收工作流程图。
（2）编制企业车间设备管理流程图。

知识准备

设备管理是指以设备为研究对象，追求设备综合效率与寿命周期费用的经济性，应用一系列理论、方法，通过一系列技术、经济、组织措施，对设备的物质运动和价值运动进行全过程（从规划、设计、制造、选型、购置、安装、使用、维修、改造、报废直至更新）的科学管理。它包括设备的物质运动和价值运动两个方面的管理。

设备管理是企业整个经营管理中的一个重要组成部分。它的目标是以良好的设备效率和投资效益来保证企业生产经营目标的实现，取得最佳的经济效益和社会效益。设备管理的问题分为技术、经济和管理三个侧面。图 4-1-1 表示了三者之间的关系及三个侧面的主要组成因素。技术侧面是对设备硬件所进行的技术处理，是从物的角色控制管理活动。经济侧面是对设备运行的经济价值的考核，是从费用角度控制管理活动。管理侧面是从管理系统等软件方面控制，即从人的角度控制管理活动。

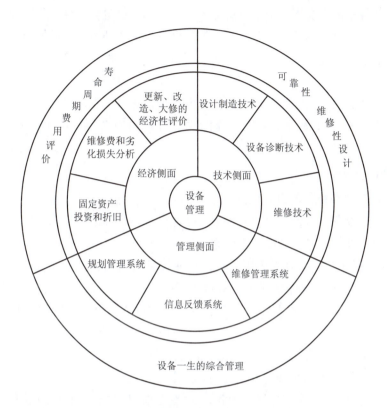

图 4-1-1　设备管理的三个侧面及其关系

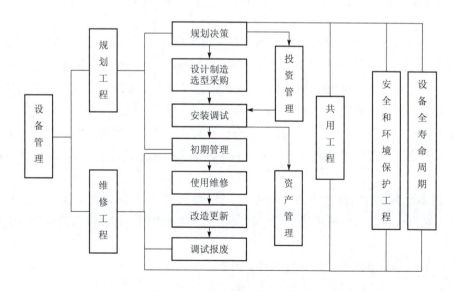

图 4-1-2　设备管理的内容体系

设备管理的内容体系如图 4-1-2 所示。设备管理是对设备全寿命周期，即设备一生的管理。设备寿命周期可分为规划决策、设计制造或选型采购、安装调试、初期管理、使用、改造更新、调试报废 7 个环节。按设备全寿命周期中的运动过程可分为规划工程和维修工程两个阶段。而设备整个寿命周期都不可避免要涉及供水、供电等公用工程以及安全与环境保护工程。要实现设备全过程的管理，就是要加强全过程中各环节之间的横向协调，克服设备制造单位和使用单位之间的脱节，提高设备的可靠性、维修性、经济性，为设备管理取得最佳综合效益创造条件。

企业设备管理的主要任务是对设备实行综合管理，保持设备性能的完好，不断改善和提高技术装备水平，充分发挥设备效能，降低设备寿命周期费用，使企业获得良好的投资效益。

1. 设备管理体制

（1）设备管理组织机构的设置原则。

企业享有自主设置设备管理机构的权力。企业对设备管理组织机构进行调整和改革，使其逐步科学化、合理化，应遵循以下主要原则：

① 体现统一领导、分级管理原则。建立企业设备管理机构，应根据现代化、社会化、大生产的要求，有利于加强企业设备系统的集中统一指挥。我国企业内部的设备管理工作，是在厂长（或经理）的领导下，一般由主管设备的副厂长（或副经理）统一指挥企业内部各级设备管理组织，按照设备副厂长（或副经理）统一部署开展各项活动，并协同动作，相互配合，以保证企业设备管理系统能够正常、有序地工作。统一领导要与分级管理相结合。各级设备管理组织在规定职权范围内处理有关的设备管理业务，并承担一定的经济责任。这样不仅可以充分调动各级设备管理组织的积极性，还可使设备副厂长（或副经理）集中精力研究和解决重大问题，诸如企业设备管理发展的战略与决策，企业整体技术装备水平的提高，及时跟踪并把握国外同行业设备技术现代化与设备管理现代化的发展等。

② 应有利于实现企业生产经营目标与设备系统的分目标，力求精干、高效、节约。

③ 既要合理分工，又要相互协作，贯彻责权利相统一的原则。设备系统的机构应从各项管理职能的业务出发，在机构之间进行合理分工，划清职责范围，并在此基础上加强协作与配合。由于设备管理和各项专业管理之间都有内在的联系，因此，在实现企业生产经营目标与设备管理分目标的过程中，必须注意它们之间的横向协调。同时，设备管理各类机构的责、权、利要适应。责任到人就要权力到人，不能有权无责，也不能有责无权，并要规定必要的奖惩办法。

④ 要贯彻设备综合管理基本制度的要求，即设计、制造与使用相结合，维护与计划检修相结合，修理、改造与更新相结合，专业管理与群众管理相结合，技术管理与经济管理相结合等。

（2）影响设备管理组织机构设置的有关因素。

对设备管理组织机构产生影响的因素很多，主要有：

① 企业规模。大型企业，尤其是特大型企业，生产环节多，技术与管理专业跨度大，设备管理业务内容繁杂，工作量大。通常公司（或总厂）一级设置主管设备的副厂长（或副经理）；在其领导下，分别设置总机械师与总动力师直接领导设备部、处等机构。各分厂设立相应的设备主管人员和职能机构。

小型企业生产环节少，技术与管理专业跨度小，设备管理业务内容较简单，工作量少，可由厂长直接领导或授权某副厂长领导设备系统（科、股）的工作。

② 机械化程度。一般说来，生产机械化程度高、设备拥有量多的生产单位，由于设备管理与维修员作量大、技术复杂，设备管理机构分工细，机构设置要多一些。

③ 生产工艺性质。化工、冶炼企业由于高温、高压、连续生产、腐蚀性强等原因，对设备运行与完好要求十分苛刻，设备管理与维修员作量大，设备管理机构相应要更齐全。对于一般的加工企业，设置的机构可相应少一些。

④ 协作化程度。设备维修、改造、备件制造等的专业化、协作化、社会化程度，对于企业设备管理组织机构的设置具有重要影响。在某些大中城市，上述各项的专业化、社会化程度较高，围绕企业设备维修的社会服务体系较完善，大大减轻了企业自身的设备维修、技术改造、备件制造等工作量，使企业的设备管理机构得以精简。

⑤ 生产类型。在加工装配行业中，例如机器制造、汽车、家用电器等行业，由于生产类型（大量生产、成批生产、单件小批量生产）不同，设备管理机构的设置也有较大的差别。

2. 设备管理的领导体制与组织形式

厂（公司）级设备管理领导体制。

（1）厂级领导成员之间的分工。厂（公司）级设备管理领导体制，是企业最高层次领导班子诸成员之间在设备管理方面的分工协作关系。我国企业内设备管理领导体制大致有以下几种情况：

① 设备副厂长（或副经理）与生产副厂长（或副经理）并列，即在厂长（或经理）的统一领导下，企业设备系统与生产系统并列，分别由两位副厂长（或副经理）领导各自系统的工作。我国冶金系统的不少大型企业采用这种设备管理领导体制。据报道，瑞典的不少企业也用这类领导体制，在公司总经理领导下，设立维修经理与生产经理。

② 生产副厂长（或副经理）领导企业设备系统工作，即由生产副厂长（或副经理）直接领导设备处（科、室）。

③ 总工程师领导企业设备系统工作。

（2）设备综合管理委员会（或综合管理小组）。它是我国不少企业在推行设备综合管理过程中逐步建立的机构。在厂长（或经理）直接领导下，由企业各业务系统主要负责人参加。它的主要任务是处理设备工作中重大事项和横向协调，如《设备管理条例》的贯彻执行，重大设备的引进或改造，折旧率的调整和折旧费的使用等等。我国航空工业有50多个企业建立了设备综合管理委员会，铁道部戚墅堰机车厂，上海第二、第三钢铁厂等也成立了设备（综合）管理委员会或小组。

（3）技术装备中心。有些企业内部成立了几大中心或多个公司，技术装备中心（或设备工程公司）是其中之一，承担设备的综合管理工作。在经济体制改革过程中，随着各类承包责任制的推行，技术装备中心（设备工程公司）一般都逐步发展成为相对独立、自主营销、自负盈亏的经济实体。

（4）基层设备管理组织形式。现代企业基层组织有多种设备管理形式，其重要特点是打破了两种传统分工：一是生产操作员人与设备维修员人的分工；二是检修工人内部机械、电气的分工。有些企业成立了包机组，把与设备运行直接有关的工人组成一个整体，成为企业生产设备管理的基层组织和内部相对独立核算的基本单位。

3. 设备管理工作流程及流程图

对于某项工作任务，应该先干什么，后干什么，哪些部门或人员参与，如何交接等，应当有个顺序。工作流程是指某项业务从起始到完成，经由多个部门、多个岗位、多个环节协调及顺序工作，共同完成的完整过程。简单地讲，工作流程就是一组输入转化为输出的过程。

流程不仅包括先后顺序，还包括做事的内容，包括信息、人员、技术等。为了能表达上述规定与关系，通常用框图或流程图表示。工作流程图是使用适当的符号记录全部事项，用来阐述工作流向的顺序。图中用各种符号（如方框、菱形、流程线段、箭头等）表示各种操作、工作的先后流向及其间的相互关系。

设备管理流程就是对企业设备全寿命周期内的各种管理活动的顺序进行标准化、规范化设计，包括选购设备、安装调试设备、正确使用设备、维护修理设备以及更新改造设备的全过程。在设备管理中充分利用管理流程图，可以促进设备日常管理的高效率和规范性，满足企业快节奏的生产需要。流程图对设备运行过程中各种要素进行梳理，衔接各环节，明确各自的职责，及时进行信息反馈。同时，运用管理流程图绘制车间工艺流程，能一目了然地清楚设备布局是否能消除人、机、料等各个环节上的浪费，有利于提高工艺能力，减少搬运，提高设备使用率，提高空间利用率，减少作业量，适宜作业环境的改善等，符合设备布局要求，符合减少设备故障、提高设备综合效率的要求，从而提高企业经营效益。

（1）设备管理流程图的绘制原则。

① 遵循企业实行的质量管理体系中的设备管理程序文件。

② 熟知企业不同的部门（或岗位）在设备管理过程中的职能，分清主流程和旁路流程。

③ 不同部门或岗位的衔接和配合要有清楚的横向关系以及准确的"接口"描述。

④ 遵循计划、实施、检查、改进的 PDCA 工作循环。

⑤ 绘图尽量简单、清晰，便于阅读，有步骤、有条理地表达设备工作流程。

（2）设备管理流程图的绘制方法。

① 选择和确定绘制对象。

② 收集资料，分列工作步骤。即先不考虑每项处理由谁做和根据什么做，以及有何具体要求，只是单一列举工作内容。

③ 加入信息资料的输入和输出。此处的信息，包括内部环节之间的交流，也包括与外界的交流。前者一般只列正式的部分，后者则应具体。

④ 列入部门。按实际情况将每一处理步骤安排在相应的部门/岗位的位置之下，即确定由谁做的问题。至此已形成了流程图的草图。

⑤ 反复核实和修正草图，仔细斟酌每个步骤和环节。

⑥ 加入有关的要求或说明，绘出正式的管理流程图。

编制流程图时，对现状的调查了解是最主要的工作量。

绘制流程图的常见符号和常见错误，如图 4-1-3 所示。

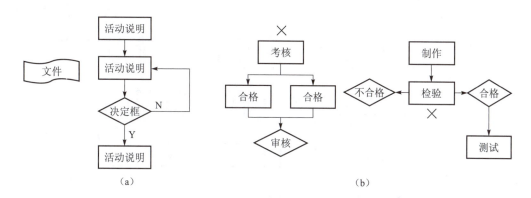

图 4-1-3　流程图的常见符号和常见错误
（a）常见规定符号；（b）常见错误

看一看案例

根据某企业车间设备管理工作过程及相关的要素，编制车间设备管理的流程图。

1. 工作准备

（1）到企业调查，了解企业的组织机构及各相关部门管理职责，并做记录。

（2）了解车间设备管理的模式，了解并掌握设备从接收、使用、维修到报废的管理过程，记载的数据、报表，维护维修所用的管理表格、管理记录等，并做好记录。

（3）熟悉设备管理流程图的编制方法。

2. 工具、材料的准备

索取企业三年前的设备管理制度、管理表格等。

3. 实施

根据所掌握的信息资料编制车间设备管理流程图。

4. 工作检验

（1）工作质量检验。

将编写好的初稿与企业工程师、车间主管一起验证管理流程图的可操作性和适应性，将不合理、不适用的内容记录下来进行修改。

（2）标准文件的形成。

经过车间主管、企业主管审批后，纳入企业管理体系。

5. 完成样式

完成车间设备管理的流程图，如图 4-1-4 所示。

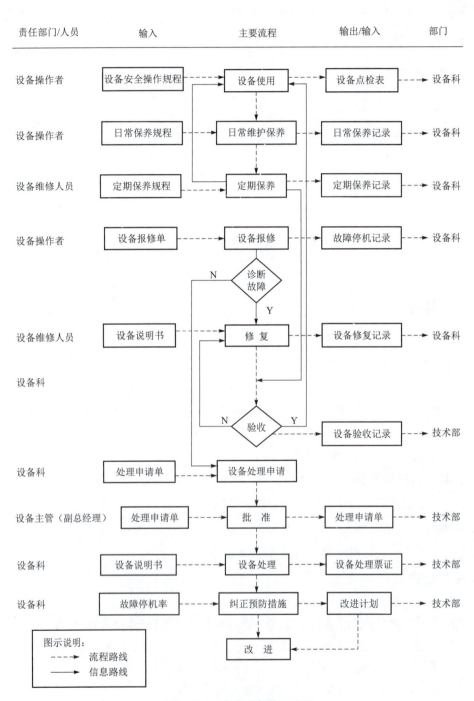

图 4-1-4　车间设备管理流程

任务 4.2　运用设备管理软件管理设备资产、备件

[引言] 企业设备资产是企业总资产的主要组成部分。企业设备不仅是生产经营活动的重要手段，也是企业投资。企业设备不仅是要在设备资产购置或建造时进行认真的经济技术分析和安全、环保性能评价，更重要的是要管好用好，充分发挥效能，为企业创造经济效益和社会效益。

为了实现设备管理科学化、规范化、信息化，要运用现代信息技术，构建起高效的设备管理信息化平台，建立规范的设备管理工作体系，提高设备的综合效率，降低设备运行与维护成本，减少备件采购及库存成本，使设备资源得到最优化利用，从而使企业获得最大的利益。

学习目标

（1）了解设备资产管理的作用及内容。
（2）了解设备、备件管理方法。
（3）会用设备管理软件进行资产、备件管理。

工作任务

（1）运用软件管理设备资产。
（2）运用软件管理设备、备件。

知识准备

设备资产是企业固定资产的重要组成部分，是进行生产的技术物质基础。本书所述设备资产管理，是指企业设备管理部门对属于固定资产的机械、动力设备进行的资产管理。要做好设备资产管理工作，设备管理部门、使用单位和财会部门必须同心协力、互相配合。设备管理部门负责设备资产的验收、编号、维修、改造、移装、调拨、出租、清查盘点、报废、清理、更新等管理工作；使用单位负责设备资产的正确使用、妥善保管和精心维护，并对其保持完好和有效利用直接负责；财会部门负责组织制订固定资产管理责任制度和相应的凭证审查手续，并协助各部门、各单位做好固定资产的核算及评估工作。

设备资产管理的主要内容包括生产设备的分类与资产编号、重点设备的划分与管理、设备资产管理基础资料的管理、设备资产变动的管理、设备的库存管理、设备资产的评估。

1. 企业的固定资产

企业的固定资产是企业资产的主要构成项目，是企业固定资金的实物形态。

（1）固定资产的特点。作为企业主要劳动资料的固定资产，主要有以下三个特点：

① 使用期限较长，一般超过一年。固定资产能多次参加生产过程而不改变其实物形态，其减少的价值随着固定资产的磨损逐渐地、部分地以折旧形式计入产品成本，并随着产品价

值的实现而转化为货币资金,脱离其实物形态。随着企业再生产过程的不断进行,留存在实物形态上的价值不断减少,而转化为货币形式的价值部分不断增加,直到固定资产报废时,再重新购置,在实物形态上进行更新。这一过程往往持续很长时间。

② 固定资产的使用寿命需合理估计。由于固定资产的价值较高,它的价值又是分次转移的,所以应估计固定资产的使用寿命,并据以确定分次转移的价值。

③ 企业供生产经营使用的固定资产,以经营使用为目的,而不是为了销售。如一个机械制造企业,其生产零部件的机器是固定资产,生产完工的机器(准备销售的机器)则是流动资产中的成品。

(2) 固定资产应具备的条件。供企业长期使用,多次参加生产过程,价值分次转移到产品中去,并且形态长期不变的实物,并不都属于固定资产。

满足下列条件的可称为固定资产:

① 使用期限超过一年的建筑物、机器、机械、运输工具,以及其他与生产经营有关的设备、器具和工具等。

② 与生产经营无关的主要设备,但单位价值在 2 000 元以上,并且使用期限超过两年的物品。

从以上条件可以看出,对与生产经营有关的固定资产,只规定使用时间一个条件;而与生产经营无关的主要设备,同时规定了使用时间和单位价值标准两个条件。凡不具备固定资产条件的劳动资料,均列为低值易耗品。有些劳动资料具备固定资产的两个条件,但由于更换频繁、性能不稳定、变动性大、容易损坏或者使用期限不固定等原因,也可不列作固定资产。固定资产与低值易耗品的具体划分,应由行业主管部门组织同类企业制定固定资产目录来确定。列入低值易耗品管理的简易设备,如砂轮机、台钻、手动压床等,设备维修管理部门也应建账管理和维修。

2. 固定资产的分类

为了加强固定资产的管理,根据财会部门的规定,对固定资产按不同的标准分类。

(1) 按经济用途分类。分生产经营用固定资产和非生产经营用固定资产两类。生产经营用固定资产是指直接参加或服务于生产方面的在用固定资产;非生产经营用固定资产是指不直接参加或服务于生产过程,而在企业非生产领域内使用的固定资产。

(2) 按所有权分类。分自有固定资产和租入固定资产两类。在自有固定资产中又分自用固定资产和租出固定资产两类。

(3) 按使用情况分类。分使用中的、未使用的、不需用的、封存的和租出的。

(4) 按所属关系分类。分国家固定资产、企业固定资产、租入固定资产。

(5) 按性能分类。分房屋、建筑物、动力设备、传导设备、工作机器及设备、工具、仪器、生产用具、运输设备、管理用具、其他固定资产。

3. 固定资产的计价

固定资产的核算,既要按实物数量进行计算和反映,又要按其货币计量单位进行计算和反映。以货币为计算单位来计算固定资产的价值,称为固定资产的计价。按照固定资产的计价原则,对固定资产进行正确的货币计价,是做好固定资产的综合核算,真实反映企业财产和正确计提固定资产折旧的重要依据。

在固定资产核算中，常计算以下几种价值：

（1）固定资产原始价值。

原始价值是指企业在建造、购置、安装、改建、扩建、技术改造某项固定资产时所支出的全部货币总额，它一般包括买价、包装费、运杂费和安装费等。企业由于固定资产的来源不同，其原始价值的确定方法也不完全相同。从取得固定资产的方式来看，有调入、购入、接受捐赠、融资租入等多种方式。

① 购入固定资产。购入是取得固定资产的一种方式。购入的固定资产同样也要遵循历史成本原则，按实际成本入账，即按照实际所支付的购价、运费、装卸费、安装费、保险费、包装费等，记入固定资产的原值。

② 借款购建。这种情况下的固定资产计价有利息费用的问题。为购建固定资产的借款利息支出和有关费用，以及外币借款的折算差额，在固定资产尚未办理竣工决算之前发生的，应当计入固定资产价值；在这之后发生的，应当计入当期损益。

③ 接受捐赠的固定资产的计价。这种情况下，所取得的固定资产应按照同类资产的市场价格和新旧程度估价入账，即采用重置价值标准；或根据捐赠者提供的有关凭据确定固定资产的价值。接受捐赠固定资产时发生的各项费用，应当计入固定资产价值。

④ 融资租入的固定资产的计价。融资租赁有一个特点，就是在一般情况下，租赁期满后，设备的产权要转移给承租方，租赁期较长。租赁费中包括了设备的价款、手续费、价款利息等。为此，融资租入的固定资产按租赁协议确定的设备价款、运输费、途中保险费、安装调试费等支出计账。

（2）固定资产重置完全价值。

重置完全价值是企业在目前生产条件和价格水平条件下，重新购建固定资产时所需的全部支出。企业在接受固定资产馈赠或固定资产盘盈时无法确定原值，可以采用重置完全价值计价。

（3）净值。

净值又称折余价值，是固定资产原值减去其累计折旧的差额。它是反映继续使用中固定资产尚未折旧部分的价值。通过净值与原值的对比，可以初步了解固定资产的平均新旧程度。

（4）增值。

增值是指在原有固定资产的基础上进行改建、扩建或技术改造后增加的固定资产价值。

增值额为由于改建、扩建或技术改造而支付的费用减去过程中发生的变价收入。固定资产大修理不增加固定资产的价值，但如果与大修理同时进行技术改造，则进行技术改造的投资部分，应当计入固定资产的增值。

（5）残值与净残值。

残值是指固定资产报废时的残余价值，即报废资产拆除后留余的材料、零部件或残体的价值；净残值则为残值减去清理费用后的余额。

（6）固定资产折旧。

在固定资产的再生产过程中，同时存在着两种形式的运动：

① 物质运动，它经历着磨损、修理改造和实物更新的连续过程；

② 价值运动，它依次经过价值损耗、价值转移和价值补偿的运动过程。

固定资产在使用中因磨损而造成的价值损耗,随着生产的进行逐渐转移到产品成本中去,形成价值的转移;转移的价值通过产品的销售,从销售收入中得到价值补偿。因此,固定资产的两种形式的运动是相互依存的。

固定资产折旧,是指固定资产在使用过程中,通过逐渐损耗而转移到产品成本或商品流通费用中的那部分价值,其目的在于将固定资产的取得成本按合理而系统的方式,在它的估计有效使用期间内进行摊配。应当指出,固定资产的损耗分为有形和无形两种:有形损耗是固定资产在生产中使用和自然力的影响而发生的在使用价值和价值上的损失;无形损耗则是指由于技术的不断进步,高效能的生产工具的出现和推广,从而使原有生产工具的效能相对降低而引起的损失,或由于某种新的生产工具的出现,劳动生产率提高,社会平均必要劳动量的相对降低,从而使这种旧的生产工具发生贬值。

因此,在固定资产折旧中,不仅要考虑它的有形损耗,而且要适当考虑它的无形损耗。

① 计算提取折旧的意义。合理地计算提取折旧,对企业和国家具有以下作用和意义。

a. 折旧是为了补偿固定资产的价值损耗。折旧资金为固定资产的适时更新和加速企业的技术改造、促进技术进步提供资金保证。

b. 折旧费是产品成本的组成部分,计算提取折旧才能真实反映产品成本和企业利润,有利于正确评价企业经营成果。

c. 折旧是社会补偿基金的组成部分。正确计算折旧可为社会总产品中合理划分补偿基金和国民收入提供依据,有利于安排国民收入中积累和消费的比例关系,搞好国民经济计划和综合平衡。

② 确定设备折旧年限的一般原则。各类固定资产的折旧年限要与其预定的平均使用年限相一致。确定平均使用年限时,应考虑有形损耗和无形损耗两方面因素。

确定设备折旧年限的一般原则如下:

a. 统计计算历年来报废的各类设备的平均使用年限,分析其发展趋势,并以此作为确定设备折旧年限的参考依据之一。

b. 设备制造业采用新技术进行产品换型的周期,也是确定折旧年限的重要参考依据之一。它决定老产品的淘汰和加速设备技术更新。目前按表 4-2-1 计算设备的使用年限。

表 4-2-1 设备折旧年限表

设备类别	机器设备	管理工具	车辆	房屋建筑
折旧年限/年	14	5	10	50

c. 随着工业技术的发展,将会进一步缩短设备的折旧年限。

d. 对于精密、大型、重型、稀有设备,由于其价值高而一般利用率较低,且维护保养较好,故折旧年限应大于一般通用设备。

e. 对于铸造、锻造及热加工设备,由于其工作条件差,故其折旧年限应比冷加工设备短些。

f. 对于产品更新换代较快的专用机床,其折旧年限要短些,应与产品换型相适应。

g. 设备生产负荷的高低、工作环境条件的好坏，也影响设备使用年限。实行单项折旧时，应考虑这一因素。

设备折旧年限实际上就是设备投资计划回收期。回收期过长则投资回收慢，会影响设备正常更新和改造的进程，不利于企业技术进步；回收期过短则会使产品成本提高，利润降低，不利于市场销售。因此，财政部有权根据生产发展和适应技术进步的需要，修订固定资产的分类折旧年限和批准少数特定企业的某些设备缩短折旧年限。

③ 折旧的计算方法。根据折旧的依据不同，折旧费可以分为按效用计算或按时间计算两种。按效用计算折旧是根据设备实际工作量或生产量计算折旧，这样计算出来的折旧比较接近设备的实际有形损耗；按时间计算折旧是根据设备实际工作的日历时间计算折旧，这样计算折旧较简便。

对某些价值大而开动时间不稳定的大型设备，可按工作天数或工作小时来计算折旧，每工作单位时间（小时、天）提取相同的折旧费；对某些能以工作量（如生产产品的数量）直接反映其磨损的设备，可按工作量提取折旧，如汽车可按行驶里程来计算折旧。

从计算提取折旧的具体方法上看，我国现行主要采用平均年限法和工作量法。工业发达国家的企业为了较快地收回投资、减少风险，以利于及时采用先进的技术装备，普遍采用加速折旧法。

4. 设备的备件

在设备维修员作中，为了恢复设备的性能和精度，需要用新制的或修复的零部件来更换磨损的旧件，通常把这种新制的或修复的零部件称为配件。为了缩短修理停歇时间，减少停机损失，对某些形状复杂、要求高、加工困难、生产（或订购）周期长的配件，在仓库内预先储备一定数量，这种配件称为备品，总称为备品配件，简称备件。

备件管理是指备件的计划、生产、订货、供应、储备的组织与管理，它是设备维修资源管理的主要内容。

备件管理是维修活动的重要组成部分，只有科学合理地储备与供应备件，才能使设备的维修任务完成得既经济又能保证进度。否则，如果备件储备过多，会造成积压，增加库房面积，增加保管费用，影响企业流动资金周转，增加产品成本；储备过少，就会影响备件的及时供应，妨碍设备的修理进度，延长停歇时间，使企业的生产活动和经济效益遭受损失。

（1）备件管理的目标。

备件管理的目标是在保证提供设备检修需要的备件，提高设备使用的可靠性、检修性和经济性的前提下，尽量减少资金占用，具体来说有以下几点：

① 把设备计划检修的停机时间和检修费用减少到最低程度。
② 把设备突发故障所造成的生产停工损失减少到最低限度。
③ 把备件储备压缩到合理供应的最低水平。
④ 把备件的采购、制造和保管费用压缩到最低水平。

（2）备件管理的内容。

备件管理工作主要包括四个方面，即备件的技术管理、计划管理、库存管理和经济管理。技术管理是基础，计划管理是中心，库存管理是保障，经济管理是目的。

① 备件技术管理的内容主要包括积累和编制备件技术资料，预测备件消耗量，制订合理的备件储备定额和储备形式等。

② 备件计划管理指从提出订购和制造计划开始，直到备件入库为止这一段时间的工作，包括计划的编制和组织实施。

③ 备件库存管理是指备件的验收入库、科学保管、正确发放以及库房清洁与安全管理等工作。

④ 备件经济管理的主要内容包括备件库存资金的核定、出入库账目管理、备件资金定额及周转率的统计分析和控制、备件消耗统计、各项经济指标的统计分析等，重点是备件资金的核算和考核工作。

(3) 备件的 ABC 管理法。

一般来说，企业的备件库存物资种类繁多，每个品种的价格不同，库存数量也不等，有的备件品种不多但价值很高，而有的备件品种很多但价值不高。由于企业的人力、资源和资金有限，因此，对所有的备件品种均予以相同程度的重视和管理是不切实际的。为了使有限的时间、资金、人力、物力等企业资源能够得到更有效的利用，应对库存备件进行分类，依据库存备件重要程度的不同，分别进行不同的管理，这就是 ABC 分类管理法的基本思想。应用 ABC 管理法，可以解决备件管理工作繁杂浩大而人员相对较少的矛盾，能起到事半功倍的效果，不但能更好地保证供应生产维修需求，而且可以显著减少储备，加速资金周转。

一般常用的分类方法有：

① 按备件单价的高低分类。单价高的列为 A 类，单价低的列为 C 类。

② 按备件在设备上的重要性分类。将作用重要、设备要害部位的关键备件列为 A 类，作用次要的一般备件列为 C 类。

③ 按备件结构复杂程度分类。将设计结构复杂、加工难度大、制造周期长的备件列为 A 类，结构简单、加工容易、制造周期短的列为 C 类。

④ 按备件使用寿命长短分类。将使用寿命很短的、即在生产中大量消耗的备件，一般称为易损件的列为 A 类，而将使用寿命很长的列为 C 类。

⑤ 按备件对生产的影响程度分类。将在生产中出现较多问题，要解决又比较困难的备件列为 A 类；而在生产中很少发生问题，即使出现问题也比较容易解决的备件列为 C 类。

这样分类后，再将 5 条标准分出的 A、B 类备件综合起来，在综合过程中记录其出现的次数（最少一次，最多五次）。最终的目的是达到 A 类备件的资金累计占 70% 左右，而品种累计只占 10% 左右；C 类备件的资金累计占 10% 左右，而品种累计占 70% 左右；余下的 B 类备件，其资金累计占 20% 左右，品种累计也占 20% 左右。

要达到最终要求，显然，一次性综合是不可能达到要求的，要经过调整、综合、再调整、再综合的多次重复才可能达到要求，在调整过程中反复权衡、比较，使结果逐步接近最终的目标要求。在实际工作中，由于分类工作量太大，因此根据众多企业多年运用 ABC 分级的经验，最常用的一般是按照消耗金额中所占的百分比来划分。

对备件进行 ABC 分类后，就可以采取不同的策略进行管理。对于 A 类备件必须集中力量进行重点管理，严格清点，减少不必要的库存，将库存压缩到最低限度。对于 B 类备件按常规进行管理，可以利用存储理论进行合理储备，采取定量供货方式。对于 C 类备件进行一般性管理，对供货条件好的备件，可以采取只存备件供应商信息、需要时送货的储存模式，尽可能减少对备件资金的占用。

（4）备件的 3A 管理法。

3A 管理的分类是根据设备和备件对生产的影响大小、停机后果的严重程度等影响因素，首先将设备进行 ABC 分类，然后对部件做 ABC 分类，最后对零件做 ABC 分类。这样，可以由设备、部件、零件的 ABC 分类组合成从 AAA 到 CCC 共 27 种零件类别，再结合备件的消耗类型确定出不同类型备件的库存结构。

下面介绍 3A 管理的分类方法。

① 用 ABC 法对设备、设备部件、备件零件进行分类；
② 根据组合判断备件零件的重要程度；
③ 判断零件的消耗类型；
④ 综合备件零部件的重要程度和消耗类型，决定采取的备件的库存结构。

a. 设备的 ABC 分类：

A 类为重点设备，此类设备占 20%~30%。此类设备一旦发生故障，没有替用设备，将严重影响生产的顺利进行，甚至无法进行生产，如精、大、稀设备等，数量不多，但价值很高，是重点管理和维修的对象，要严格执行预防维修规定。

B 类为主要设备，此类设备占 40%~50%。此类设备一旦发生故障，有代用设备或临时处理办法，但对生产的节奏、交货期产生影响，这类设备也应执行预防维修规定，如生产流水线的设备。

C 类为一般设备，此类设备占 20%~30%。此类设备的零件有较大量的库存或对生产影响不是很大，可以等待修复。

b. 部件的 ABC 分类：

A 类部件，是设备的核心及主要负载部位，对设备生产运行产生直接重要影响，发生故障的后果严重，停机损失惨重。

B 类部件，是设备的较重要部位，发生故障影响设备功能、产品质量、生产效率，环保，但不会造成严重停机损失。

C 类部件，是设备的辅助部位，发生故障暂时不会对功能、质量、生产效率和安全环保产生即时影响。

c. 零件 ABC 分类：

A 类零件，是部件的核心及主要负载部位，对部件生产运行产生直接影响，影响重大，发生故障后果严重，停机损失惨重。

B 类零件，是部件较重要的部位，发生故障会影响设备功能、产品质量、生产效率，但不会造成严重停机损失。

C 类零件，是部件的辅助部位，发生故障暂时不会对功能、质量、生产效率产生影响。

备件的消耗类型分为：

① Ⅰ类型，消耗量大，短周期就损坏，供货周期明确。
② Ⅱ类型，消耗量小，长周期才损坏，供货周期明确。

③ Ⅲ类型，损坏、供货周期不确定。

根据 ABC 分类，如果采取设备类别、部件类别、零件类别进行组合，其形式见表 4-2-2。AAA—CCC 共有 27 种组合，根据重要程度可把设备备件分为四个等级，以建立和确定设备备件重要级别。

表 4-2-2　备件重要程度级别

重要程度	说　　明	等级意义	备件库存
IM1	全部为 AB 的组合中，A 的数量占 2 个以上（含 2 个）	最重要	冗余库存
IM2	组合中，A 的数量占 1 个以上或 AB 各占 1 个	较重要	一般库存
IM3	组合中，A 占 1 个或 B 占 2 个且其余为 C	不重要	短缺库存
1M4	组合中，A 的数量为零，B 的数量低于 1 个（含 1 个）	最不重要	不做实物的库存

如果再结合备件的消耗类型考虑，可以构造表 4-2-3 的备件库存结构。

表 4-2-3　备件库存结构

备件消耗类型	备件重要程度			
	IM1 最重要	IM2 较重要	IM3 不重要	IM4 最不重要
	备件库存结构			
Ⅰ	设置库存上下限，高于下限一定值就要订购	设置库存上下限，低于下限就要订购	设置库存上下限，低于下限一定数量就要订购	不做库存
Ⅱ	设置库存上下限，定期订购	定期订购，零库存	定期订购	不做库存
Ⅲ	设置库存上下限，低于下限就要订购	设置库存上限，低于下限就要订购	设置库存上下限，库存为零就要订购	不做库存

(5) 设备备件管理的衡量指标。

设备备件建立多少库存合适，这与企业设备的类型、设备使用的频率、设备的使用环境等有很大关系。机加工设备与焊接设备的备件库存就会存在很大的差别：机加工设备备件基本上长周期消耗少，备件数量少；焊接设备很多备件属于短周期消耗高类型，备件数量多。一般可用以下两个指标衡量设备备件管理，即：

设备备件资金率＝全部备件资金/企业设备原值

设备备件库存资金周转率＝月消耗备件费用/全部备件资金

5. 降低设备备件库存金额的方法

(1) 增强备件的可替代性和通用性。

这类备件主要是电器，如接触器、普通变频器等。设备备件的替代要求维修人员有较强的应变能力和综合能力。比如某车间使用的普通变频器有几种品牌，变频器功率从 0.37kW 到 11kW 合计几十个，如果采用一对一配置备件，需要资金将近 30 万元，但如果备上最大功率（如 11kW）和中等功率（如 5.5kW）的变频器即可，一旦变频器发生故障、烧毁、损坏，临时替用，则可以减少很多资金的支出。对于电器自动化系统元件，设备管理部门应当进行调查、了解，从可靠性、稳定性、先进性和发展趋势综合考虑，选定一个品牌系列，编程方法、设置方法相同，在设备购置或者技术改造时统一。这样做好处很多，一方面可以减少维修人员熟悉新器件的压力，另一方面可以减少库存量，减少资金积压。

（2）资源共享。

企业之间或者企业内部各车间备件资源在企业内部公开，实现备件共享，这点比较容易做到，特别是采用计算机管理的企业。对于没有使用设备管理软件的企业，需要进行备件盘点，列出型号、规格、数量、生产厂家、使用部门等信息，汇总到企业级的设备管理部门，一旦需要，从其他车间、部门调拨即可。

（3）尽可能实行状态维修。

状态维修就是在检查计划和工作计划的指导下，通过检查设备、检测状态，对照制订的完好标准，识别即将出现的问题，预计故障修理时机，可以优化库存。同时，依靠故障诊断技术，确认有问题才进行维修，可以防止维修过多，从而降低维修成本，有利于提高设备的可靠性和安全性。

（4）采用维修新技术、新方法。

密切关注机电设备维修技术的发展，了解掌握新出现的维修技术、维修方法，并利用到日常的维修实践中来。

（5）做好应急预案。

有些重要的设备，如机器人电路板等可靠性比较高，正常情况下损坏周期较长，属于免维护类型，但配件非常昂贵，供货周期非常长，要不要库存备件取决于几方面：一是企业周转资金是否支持；二是有无替代品；三是有无可行的应急预案，应急预案能否保证交货期和产品质量等。

在没有库存备件的情况下，对这类设备要做好应急预案。应急预案要明确预案的措施内容和相关人员的责任、协调和分工。

（6）综合平衡设备评价指标。

比较设备的维修成本和停机造成损失的大小，按照"两害选其轻"的原则选择。当停机生产损失大时，应侧重设备效率功能的评价而轻维修成本的评价；反之，当停工损失相对较小时，应侧重维修成本评价而轻设备效率功能评价。指标有轻重，设定指标时，设备管理部门和生产主管部门应该综合考虑。指标只是一个数据，不能仅仅为了追求某一个考核指标的达成而放弃非考核指标，追求整体的最优化才是企业的要求。

6. 设备管理软件的运用价值

由于计算机信息科学的迅速发展，目前市场上各种各样的计算管理软件开发公司，已将多套企业设备管理商品软件投入市场，如固定资产管理系统、工业设备管理系统、设备故障分析系统、备件管理系统、进销存管理系统软件等。企业还可根据自身发展和管理特点与软件开发公司进行二次开发，进一步完善设备管理软件，构建起高效的设备管理信息化平台。

企业运用设备管理软件主要完成以下几种功能：

（1）建立规范的设备管理工作体系。

建立比较完整的数据库，包括记录、储存、存取、处理设备资产数据、变动数据、运行数据、检查维护与维修数据、备件计划与库存数据、特种设备检验数据等，及时传递设备物质和价值形态的运动，设备运行与维护的状态信息，为生产安排和各项工作安排提供数据信息支持，从而建立规范的设备管理工作体系。这一工作管理体系涵盖了设备的整个寿命周期，并以设备履历（档案）的方式对设备的使用和维护、维修记录进行保存和查询。

（2）最大化的提高设备综合效率。

建立的设备运行数据信息库，进行设备运行状态分析和故障分析，直接为预防性维护与维修员作管理提供计划和任务制定的依据，从而最大限度地保障工作管理的合理性，保障设备的正常与安全运行，提高工作效率，改善工作质量，达到预防维修的目的，减少设备损失，提高设备的综合效率。

（3）降低设备运行与维护成本。

通过对设备折旧费用、修理费用及其他有费用记录的维护作业费用自动核算，并对设备运行及维护成本进行统计和分析，避免预防维修不足和预防维修过度等不良现象，有效提高设备的运行效能。同时，设备管理工作任务组织与安排采用系统分析，合理有效地进行安排，降低综合管理成本。

（4）减少备件采购及库存成本。

备件管理与维修管理紧密结合，减少备件采购，加强库存成本控制，做到科学化、合理化。

看一看案例

运用设备管理软件进行设备管理。

1. 设备采购管理

设备采购管理是利用系统处理设备采购申请和采购订单的管理过程（图4-2-1）。在系统积累了一定的采购数据后，采购部门或其他管理人员就以此为基础进行产品质量和供应商的分析，从中选出供货质量和产品可靠性程度较高的供应商，排除劣质产品，以此来保障生产现场使用的设备能够最大限度的、安全的和高质量的运转，降低故障率，保证设备的可靠性、稳定性。

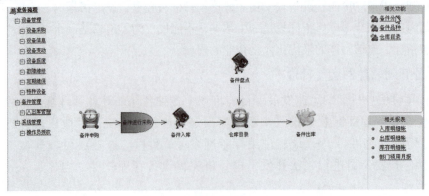

图 4-2-1　设备采购管理过程

2. 设备资产管理

（1）提供了完整的设备变动、调拨、租赁、台账等资产管理流程。根据图 4-2-2 的流程，可快速、准确地了解公司资产设备的使用情况。

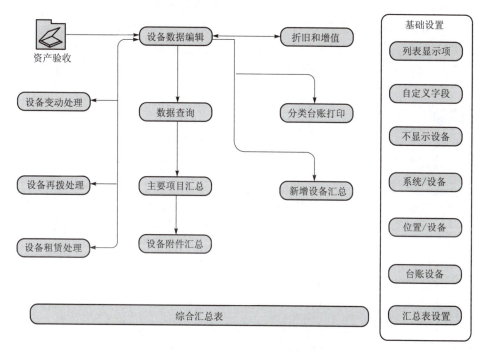

图 4-2-2　设备资产管理流程

（2）固定资产台账录入界面。如图 4-2-3 所示，详细记录了每一台设备的购置、安装时间、设备生产厂家、设备供应商、设备型号规格、设备出产编号、有关参数等，可以一目

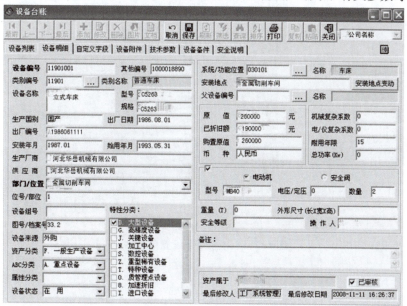

图 4-2-3　固定资产台账录入界面图

了然地了解设备物质形态和价值运动形态。同时，提供设备成本的多种信息。在设备采购之初，相应的采购价格就会在设备入库或安装时进入设备台账。设备使用的生命周期中所发生的一切费用，包括维修费用、更换费用、租借费用等都会由系统动态累计，从而使设备部门能够有效地跟踪设备的维修历史和维修费用，并可对维修成本进行月度比较。

（3）以单台设备建立完整的设备档案，任何时候都可以根据需要查询任何一台设备的运行与维护数据信息，使不同岗位的人员都可以对设备运行状态、管理状态、运行与维护费用了如指掌，如图4-2-4、图4-2-5所示。

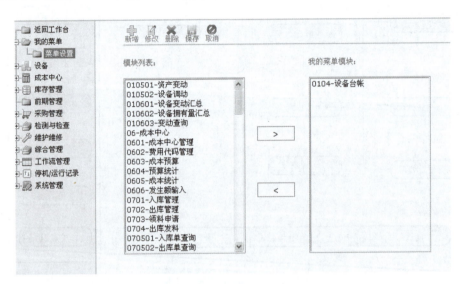

图4-2-4　菜单设置界面图

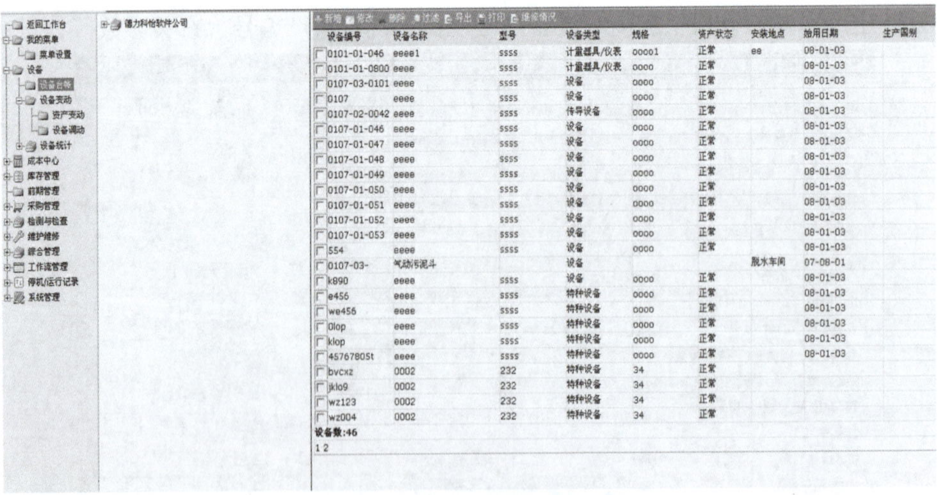

图4-2-5　设备台账设置界面图

3. 设备维护管理

（1）建立比较完整的设备管理技术规程库（含点检、保养、润滑、维修）和设备技术档案与维修档案，形成以单台设备为对象的技术标准、工作标准和作业标准等。通过计算机积累管理经验，可形成企业的管理优势，对大量的重复性工作提供基于企业经验的预设解决方案，如根据技术规程的作业时间标准，自动生成工作计划，保证工作计划和工作任务得到严格的管理和执行。

（2）通过工单模式管理维修员作过程，记录维护、维修员作中的相关信息。大量的数据的积累和提炼形成了一个专家系统，并对设备运行状态进行监控，预测故障的发生，起到预防的作用。同时支持日常的维护工作以及维修计划和维修策略的制订。

（3）如图 4-2-6、图 4-2-7 所示，建立完善的故障分析系统——对不同设备类型的所有可能发生的故障情况归纳汇总在同一个体系中，包括故障现象，任何一种现象所有可能的发生原因，以及解决任何一种故障所有的措施。同时，使用数据进行故障分析，能提高故障历史数据分析的质量，能对设备维修过程发挥更大的作用。

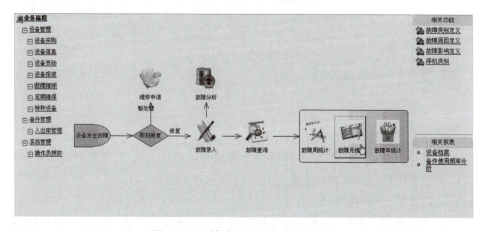

图 4-2-6　故障分析系统业务流程图

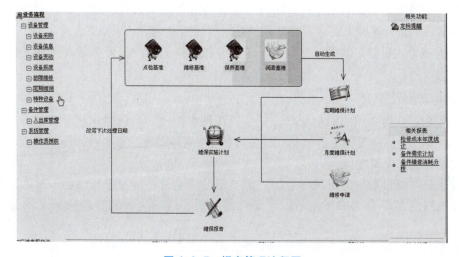

图 4-2-7　报表管理流程图

4. 设备备件管理

如图 4-2-8 所示，系统将备件管理和维修员作统一考虑，并可通过相应的数学模型公式来进行数据分析，提出一个安全、经济的备件库存建议，在保证及时准确的供应事故备件的前提下，尽可能降低库存量，降低紧急采购次数。同时，对价值较高的备件提供"修旧利废"处理功能。

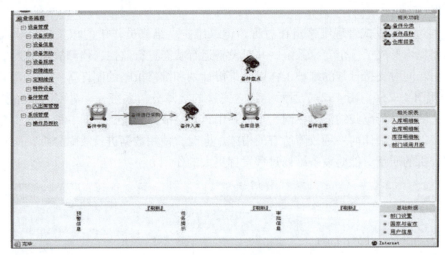

图 4-2-8　备件管理流程图

5. 工作任务提醒

（1）在系统中，所有的数据采集和数据处理都直接指向工作任务的处理，有效地帮助企业对工作任务进行控制和管理；企业领导可以非常方便地通过系统，了解设备的当前状态和设备运行及其费用方面的数据信息。

（2）给合适的人以合适的信息。系统通过附件上传和业务文档自动生成功能，形成完善的文档管理系统。

（3）无须搜索，信息自动发送。用户先定义各业务通知条件，如安全库存数量等，系统消息引擎将会进行实时监控，若发现条件满足情况则发送消息给相关人员。

（4）为每个人提供定制的信息。由于消息发送条件的不同及业务处理范围不同，从而达到定制的效果。

6. 领导查询及决策

（1）提供了众多实用的固定资产统计分析与报表功能，如故障年报、月报、周报、维修成本分析等，为提高设备生产效能、设备可靠性、可维修性、设备技术更新能力、技术装备水平提供分析和决策支持。

（2）通过对维修数据的记录和分析，能够帮助企业进一步对维修过程、维修质量、维修能力和维修成本等方面加以定量以至定性的分析，这对统一的管理决策来说是十分必要的。

（3）系统可将员工按照技能进行分类和管理，使企业能有效地调动合理的资源。根据系统中的历史数据，可以对员工在任意时间范围内的工作数量和质量进行评估，对员工的考核提供支持。

（4）统一编码、统一流程、统一报表，实施统一管理，将企业中各组织机构原来参差不齐的管理模式和数据模式统一起来，为企业的一致性管理提供有利的基础。这种一致性也能为管理、分析、决策创造方便条件。

（5）系统可以通过对数据多层次、多角度的分析，对类似条件下的不同组织机构的绩效进行真实的评估，为有效制订预算和决策提供依据。

7. 设备管理软件的应用

运用设备管理系统，查询 CA6150 车床主电机输出端轴承，就能获取到轴承的型号规格、价格、当前库存量、供货周期、供应商、供应商供货质量评估、上次维护加油脂时间、下一次维护加油脂时间、油脂的型号规格、加油量、上次更换时间、平均更换周期、下次更换时间、维护、维修等信息和该轴承曾经出过的故障信息、故障处理方法。通过设备管理软件平台，可以准确地控制备件存储量和设备预防维修的周期，能细致、规范地把备件与维修管理落实到位。

▶ 参考资料

（1）广州市广鸿软件科技有限公司（http://www.gzghsoft.com）。
（2）山东聊城兴华软件开发公司（http:// www.wj568.com）。
（3）http://www.5ucom.com/downsc/598723.shtml.

▶ 思考练习题

（1）设备资产有什么用途？如何分类？
（2）设备备件管理的目的是什么？
（3）运用设备管理软件有什么好处？

任务 4.3　编制企业发展设备规划、选型可行性方案

[引言] 设备管理是企业管理的重要内容，设备的前期管理尤其是设备的规划对设备一生的综合效益影响较大。维修固然重要，但就维修的本质来说是事后的补救，而设备寿命周期费用的 95% 以上取决于设备的规划、设计与选型阶段。因此，加强设备管理、降低设备成本的关键在于设备的规划、设计与制造阶段。

▶ 学习目标

（1）能够掌握编制设备规划的依据。
（2）能够掌握设备规划的编制程序。
（3）能够掌握设备规划的内容。
（4）能够掌握企业设备规划可行性分析的方法。
（5）能够掌握企业设备选型的基本原则。
（6）能够掌握企业设备选型的步骤。

▶ 工作任务

（1）编制数控车床的选型方案。
（2）编制数控加工中心的选型方案。

知识准备

企业设备规划主要包括企业设备更新规划、企业设备现代化改造规划、企业新增设备规划。企业设备更新计划是指用优质、高效、低耗、功能好的新型设备更换旧设备的规划。企业设备现代化改造规划是指用现代化技术成果改造现有设备的部分结构，给旧设备装上新部件、新装置、新附件，改善现有设备的技术性能，使其达到或局部达到新型设备的水平。这种方法投资较少、针对性强、见效快。企业新增设备规划是为满足生产发展需要，在考虑了提高现有设备利用率、设备更新和改造等措施后还需增加设备的计划。

设备选型是通过技术上和经济上的分析比较，从可以满足相同需要的多种品牌、型号、规格、性能的同类设备中选择，做出最佳的决策。

1. 设备规划的依据

（1）企业发展的需要。根据企业经营策略，新产品的开发计划，围绕提高质量、产品更新换代、扩大增加品种、改进加工工艺，以提高效率、降低成本等要求提出设备更新的建议。

（2）现有设备的技术状况。根据现有设备技术状况劣化情况，考虑是否有修复价值。对于虽仍可利用，但因磨损严重，造成产品质量低、成本高、失去市场竞争力的设备，应加以更新。

（3）国家政策的规定。设备规划必须考虑国家关于安全、环保、节能、增容等方面的要求，避免项目实施后因与国家相关政策冲突而被限产甚至停产。

（4）市场调研。根据企业的发展状况，了解需求设备在市场上的情况，包括供货渠道、供应价格、供货周期等，同时还要兼顾考虑大型改造或设备引进后的配套设施需求情况。

（5）评估投资资金。设备规划与企业的资金状况关系紧密，必须在企业的财务能力承受范围之内。因此，进行设备规划时必须注意投资风险，要量力而行。

2. 设备规划的编制程序

设备规划就是按编制依据，通过初步的技术经济分析来确定设备改造、更新和新增规划的项目及进度计划。编制程序如下：

（1）由设备使用部门、工艺部门和设备管理部门根据企业经营发展规划的要求，提出设备规划的项目申请表。对设备规划项目必须进行初步的经济分析，从几个可行方案中选出最佳方案。

（2）由规划部门汇总各部门的项目申请表进行论证与综合评估，提出企业经济效益和社会效益最佳的设备规划草案。对于重要设备的规划还须进行可行性分析，并送交相关部门会审。

（3）由规划部门根据会审意见修改规划草案，编制设备规划，经主管副总经理或总工程师审查后报总经理批准。

（4）设备规划经公司领导批准后，由规划部门依此制订年度设备规划，然后下达相关部门组织实施。

3. 设备规划的内容

（1）设备规划的依据。根据企业提高竞争能力的需要、设备技术状况情况、安全以及环保等国家政策的要求等制订。

（2）设备规划明细表包括设备名称、型号规格、性能参数、数量、费用预算、项目工期、使用部门、投资回收预期等。

（3）资金筹措及分年度投资计划。根据企业的经营情况，确定资金筹措方式，可以从银行贷款、自筹资金或利用外资等多种方式。应在企业能够承受的范围之内，制订合理的设备规划投资，避免因超前规划或错误规划导致资金的巨大浪费。

（4）可行性分析报告。对一般的设备规划，不一定进行可行性分析，但对于重大设备或生产线的规划，则必须进行可行性分析，这是重大投资规划的核心部分。

（5）引进国外设备申请书及批准文件。

4. 设备规划的可行性分析

设备规划的可行性分析就是事先对拟投资兴建的项目进行详细的调查、分析，在此基础上论证各种方案的可行性。同时，对总体布置、产品方案、建设规模、工艺流程、重要设备选型等进行比较、论证，推荐出可供领导决策的建议方案。

可行性分析的主要内容如下：

（1）确定设备规划项目的目的、内容和总体方案。根据企业生产发展需求，明确规划的目标、任务和要求，初步描述规划项目的评价指标、约束条件及方案等。

（2）产品的国内外市场情况。应当设法了解同类产品在当前国内外的发展状况，开发水平，市场需求、占有率，产品质量，企业信誉等。

（3）原有条件的适应性。包括原有建筑、设备、能源、交通、原材料供应、技术力量和劳动力资源等与规划的设备的相互平衡、相互补强的问题。

（4）项目的具体技术方案。包括设备的功能、精度、性能、生产效率、技术水平、能源消耗指标、安全、环保，和对工艺需要的满足程度等技术性内容，提出因此而产生的设备管理体制、人员结构、辅助设施（车间、备件、供电、供水等）的建设方案。

（5）项目技术特性。应对同类设备的不同方案进行比较，包括先进性、适用性、可靠性、维修性等。

（6）环保、安全及能源的评价。在论述设备购置规划与实施意见中，要同时包含对实施规划而带来的环境治理（如对空气、水质污染及噪声污染）、安全隐患及能源消耗等方面影响因素的分析与对策的论述。

（7）投资分析与资金筹措。报告中应着重对投资、成本及利润进行分析，确定资金来源、预计投资回收期、销售收入及预测投资效果等。

（8）项目实施计划。根据生产需求情况及资金筹措情况制订该项目的分步实施计划。

（9）风险分析。任何项目的实施过程中都存在不确定性，所以风险总是存在的。在项目筹划阶段，就应该充分考虑各种不确定因素带来的风险，并积极采取措施，防范各方面潜在的风险。

（10）结论。通过综合各种数据从技术上、经济上认证方案的可行性，同时提出项目实施的利弊。

5. 设备选型的基本原则

选择制造设备是要为制造某一些产品服务的，制造水平的高低首先取决于工艺过程的设计，它将决定用什么方法和手段来加工，从而也决定了对设备的基本要求。设备选择的基本要求确定后，还要根据市场上能提供什么技术水平的装备来选择。

设备选型的基本原则是：

（1）技术上先进。

在满足生产需要的前提下，要求其性能指标保持先进水平。产品加工质量、精度要符合要求，并有足够精度储备；能够扩大加工品种，有利于新产品的开发，具有较好的适应产品更新换代的能力；操作自动化程度高，可以降低操作者的工作强度。

（2）生产上适用。

所选购的设备应与本企业扩大生产规模或开发新产品等需求相适应。设备生产效率要与企业的经营方针、规模、生产计划、运输力量、劳动力素质、动力及原材料供应相匹配，不能盲目地认为生产效率越高越好。如果订货量不足、配套服务跟不上，就会造成生产效率高的设备出现闲置浪费现象，且自动化越高的设备投资相应越大，维护费用也越高，从而增加生产成本。

（3）经济上合理。

即要求设备价格合理，在使用过程中能耗、维护费用及原材料消耗低，投资回收期较短。

此外，设备选型还应统筹考虑设备的可靠性、安全性、配套性、节能性、维修性以及环保性等性能。对引进国外设备要进行信息汇总、分析、询价、对比，认真谈判，选择先进、适用的设备。

6. 设备选型的步骤

下面以机械零件加工设备选型为例来说明设备选型的步骤。

（1）确定典型加工工件"族"。确定加工什么零件是选择设备的第一步。企业根据技术改造和生产发展需要，确定有哪些零件、哪些工序准备用新的加工设备来完成。要考虑到产品发展的远景规划，用成组技术把这些零件进行分组归类，确定准备主要加工对象的典型零件族。典型零件分类清楚了，基本加工设备也就比较明确了。

（2）典型零件族的工艺规程设计。

在确定加工零件后，还必须用加工工艺学的观点对工艺流程进行新的规划设计，目的是得到规划机床的最佳工艺制造流程。

在安排工艺流程中应考虑下列因素：

① 选择最短的加工工艺流程。

② 在经济允许的基础上使用比较先进的工艺手段。

③ 尽量发挥规划机床的各种工艺特点。

④ 要考虑规划机床与车间其他设备之间的加工能力的平衡。

（3）数控机床主要特征规格的选择。

机床特征规格应包括机型、机床规格参数和机床主电机功率等。

在确定工艺内容的前提下，机型选择就较明确了。如回转体零件加工主要可供选择设备有车床、车削中心、数控磨床等；箱体的加工则应以立式或卧式加工中心为主。在机型选择中，应在满足加工工艺要求的前提下越简单越好。

数控机床的最主要规格是几个数控轴的行程范围和主轴电机功率。

数控机床的主轴电机功率，在同类规格机床上也可以有各种不同的配置，一般情况下反映了该机床的切削刚性和主轴高速性能。

（4）机床精度的选择。

典型零件的关键部位加工精度要求决定了选择机床的精度等级。按精度可分为普通型和精密型，一般数控机床精度检验项目都有 20~30 项，但其最有特征项目是：单轴定位精度、单轴重复定位精度和两轴以上联动加工出试件的圆度、定位精度和重复定位精度，这些反映了该轴各运动部件的综合精度。尤其是重复定位精度，它反映了该轴在行程内任意定位点的定位稳定性，这是衡量该轴能否稳定可靠工作的基本指标。

如果能选择，那么就选重复定位精度最好的设备。对定位精度要求较高的机床，还必须关注它的进给伺服系统是采用半闭环方式，还是全闭环方式。使用检测元件的精度及稳定性也必须关注。

（5）数控系统的选择。

在可供选择的数控系统中性能高低差别很大，直接影响到设备价格构成，因此不能片面追求高水平、新系统，而应以满足主机性能为主，对系统性能和价格等作一个综合分析，选用合适的系统。

目前，世界上比较著名的数控系统有日本的 FANUC、德国的 SINUMERIK、法国的 NUM、意大利的 FIDIA 等。

选择系统的基本原则是：性能价格比要高，购后的使用维护要方便，系统的市场寿命要长（不能选淘汰系统，否则使用几年后将找不到维修备件）等。

（6）机床功能选择及附件的选择。

在选购数控机床时，除满足基本要求的功能及基本件外，还应充分考虑选择相应的附件。

选择原则是：全面配置，充分发挥主机的最大潜力，远近期效益综合考虑。对一些价格增加不多，但对使用带来很多方便的附件，应尽可能配置齐全。总之，要选择与生产能力相适应的附件。

（7）技术服务。

现代设备尤其是数控机床设备作为一种高科技产品，包含了多学科的专业内容。对这样复杂的技术设备，要应用好、维修好，单靠应用单位自身努力是远远不够的，而且也很难做到，必须依靠和利用社会上的专业队伍。

因此，在选购设备时还应综合考虑选购设备的售前、售后技术服务，使设备更好地发挥作用。

》看一看案例

编制粗加工数控铣床的选型方案。

1. 工作准备

（1）根据生产情况，确定拟规划增加的设备主要用于大型型腔模具类零件的粗加工工序。

(2)根据零件加工工艺情况确定选择数控铣床。

2. 工具、材料的准备

(1)计算机(配有常用工具软件)。

(2)笔记本和笔。

(3)参考资料(相关书籍、网站资料、案例等)。

3. 实施

(1)将国内外相关设备的产品目录、广告及相关人员提供的信息进行汇总,从中筛选出可供选择的机型和厂家。

(2)对预选机型的生产厂家或供应商进行书面查询,详细了解各厂家产品的技术参数、价格、供货周期、付款方式、软件、随机附件及技术资料、人员培训、售后服务以及保修年限等情况,从中选择三个以上候选机型或厂家。

(3)对候选机型的厂家或供应商进行直接接触,进一步详细了解具体情况并做好记录。

(4)根据了解的候选机型的具体情况作出设备选型对比表。

4. 工作检验

将编制好的设备选型对比表上报公司相关部门(包括使用部门、工艺部门等)讨论并作出决策,报请公司主管副总经理或总经理审批,并进入实施阶段。

5. 完成样式(表4-3-1)

表4-3-1 设备选型对比表

供货方 比较项目	A公司	B公司	D公司	E公司
型号	XKA2425	LG5030	FV-5234	XK4250
机床结构	龙门框架式,床身、工作台、立柱、横梁铸造	龙门框架式,床身焊接	龙门框架式,床身、横梁铸造,立柱焊接	龙门框架式,床身、工作台、立柱、横梁铸造
机床外形/mm	15 200×8 110×6 150	12 000×6 000	12 500×6 000	13 600×9 120
机床重量/t	110	47	51	95
工作台面积/mm²	5 000×2 500	5 000×2 700	5 000×3 000	5 000×2 500
两立柱间距/mm	3 100	3 700	3 500	3 100
主轴转速/(r·min^{-1})	6~2 000	10~4 000	4 000	10~3 000
主轴电机功率/kW	60	22	22	40
工作台承重/t	30	20	20	25
导轨形式	床身双矩形静压	X轴采用两条日本线性轨	X轴三条线性轨	X轴两条线性轨

续表

供货方 比较项目		A 公司	B 公司	D 公司	E 公司
主轴头形式		滑枕式主轴头、变速箱	方箱型内藏式、齿轮传动	ZF 齿轮箱、皮带	滑枕和 ZF 变速箱
Z 轴配重		双油缸	双油缸	双油缸加储能	双油缸
数据传输		RS-232	RS-232	RS-232	RS-232
机床行程	X 轴/mm	5 400	5 000	5 000	5 550
	Y 轴/mm	4 500	3 000	3 000	3 650
	Z 轴/mm	1 250	1 000	900	1 250
	W 轴/mm	无	无	无	无
主轴端至台面/mm		500~1 500	200~1 200	120~1 020	200~1 450
位置反馈		全闭环	X 轴全闭环	半闭环	全闭环
快速	X 轴/(r·min^{-1})	10 000	10 000	10 000	8 000
	Y 轴/(r·min^{-1})	6 000	15 000	10 000	8 000
	Z 轴/(r·min^{-1})	3 000	10 000	10 000	8 000
定位精度		德国检验标准	+/-0.02（全程）	0.01/300	0.04（全程）
数控系统		西门子 840DE	FANUC 18iMB	FANUC 21iMB	FIDIA C2
主轴伺服系统		西门子	FANUC	FANUC	西门子
对环境要求		空气纯净、干燥，需要空气干燥机	空气纯净、干燥，需要空气干燥机	空气纯净、干燥，	空气纯净、干燥，需要空气干燥机
附件		带刀库、直角铣头两套、排屑机	排屑机	排屑机	排屑机
标配价格/万元		485（不含运费）	425	435.6	436
厂家交货时间/月		9	6	5	6
售后服务		北京	北京	柳州（常驻 2 人）	济南
保修期		机械、数控 1 年	机械 1 年、数控 2 年	机械、数控 1 年	机械、数控 1 年
机械性能		刚性最强	一般	一般	刚性强

根据设备选型对比表，D 公司提供的设备符合"少花钱，多办事，办好事"的原则，建议选购 D 公司的产品。

任务 4.4　编制设备安装、调试方案

[引言] 设备安装、调试工作是设备投入使用前的重要环节，设备安装、调试质量的好坏，影响着设备是否能安全、正常、长周期、高效益地发挥作用。因此企业必须充分重视设备的安装、调试工作。

学习目标

（1）能够掌握设备安装、调试工作内容。
（2）能够掌握设备安装、调试工作流程。
（3）会编写设备安装、调试工作方案。
（4）会填写设备安装、调试工作表单。

工作任务

（1）编制普通铣床安装、调试方案。
（2）编制数控车床安装、调试方案。

知识准备

设备的安装、调试及验收工作是按照生产工艺所确定的设备平面布置图及安装技术规范的要求，将已到厂并经过开箱检查的外购或自制新设备安装在规定的基础上，进行找平、稳固，达到要求的水平精度，并经过调试验收合格后移交使用部门。安装工作一般由购置单位或受委托单位负责，安装后由购置单位组织安装部门、设备动力部门进行安装质量检查、试车验收并办理移交手续。

设备安装的具体工作包括基础准备、出库、运输、开箱检查、安装上位、安装检查、灌浆、清洗加油、检查试验、竣工验收等环节。对于较大型的设备或成套设备安装，涉及较多的部门和人员，通常由主管部门提出安装工程计划、安装作业进度及工作号令，经企业主管领导批准后由生产部门作为正式计划下达各部门执行。

1. 设备安装的准备工作

设备安装的准备工作包括以下具体内容：

（1）落实安装调试人员。如技术员、机修工、操作者、起重工等。精、大、稀设备的安装应设一名主管领导组织协调，并负责现场的安装指挥。

（2）准备安装技术资料。安装资料包括设备的使用说明书、安装图、装配图、零件图、安装位置的环境说明资料等。对结构性能不了解的设备，应当向制造厂索取资料。

（3）组织安装调试人员学习研究有关技术资料，了解设备有关情况。

（4）安排运输。按照设备资料所提供的设备重量、体积、结构，研究运输途径的通过可能性，吊装就位的条件和运送方式等。

（5）按生产现场设备布局规划设备摆放位置，完善设备运行环境条件。完善设备运转及操作维修所必需的环境、温度、湿度、动力源的供应、采暖、防尘、防振及隔音等特殊要

求等，严格按照设备地基图制作设备基础。重型设备基础需按厂家要求进行检验。

2. 设备开箱检查

设备开箱检查由设备采购、设备主管、设备安装及设备使用部门共同参与。如果是进口设备，还有商检部门人员参加。开箱检查的内容有：

（1）检查箱号、箱数及外包装情况。发现问题做好记录，及时处理。

（2）按照装箱单清点核对设备型号、规格、零件、部件、工具、附件、备件以及说明书等随机技术文件。

（3）检查设备在运输过程中有无锈蚀，如有锈蚀及时处理。

（4）凡属于清洗过的滑动面严禁移动，以防研损。

（5）不需要安装的附件、工具、备件等应妥善包装保管，待设备安装完工后一并移交使用单位。

（6）核对设备基础图和电气线路图与设备实际情况是否相符，检查地脚螺钉等有关尺寸及地脚螺钉、垫铁是否符合要求，电源接线口的位置及有关参数是否与说明书相符。

（7）检查后作出详细记录，填写设备开箱检查验收单。

设备开箱检查验收单见表 4-4-1。

表 4-4-1 设备开箱检查验收单

设备名称		规格型号		
生产厂家				
出厂日期		出厂编号		
到货日期		单价	数量	
开箱检查情况				
随机资料及附件情况				
验收结论	检验人员签字：	日期：	年 月	日
使用部门负责人签字		日期		
设备部门负责人签字		日期		
安装服务供应商代表签字		日期		
注：本表一式三份，设备使用部门、设备管理部门、设备档案室各一份。				

3. 设备安装与调整

运输、生产、人员等方面协调好后可进行设备的就位，按规定位置就位并找正，安装地脚螺栓和垫铁，预调水平，设备基础灌浆，连接水、电、液、气等管路。

待设备基础硬化后精调水平，上紧地脚螺栓，开始进行设备各部位的安装调试。设备现场的安装，应本着从小到大，从简单到复杂的原则，严格按照厂家要求进行，并保证各部件、组件的安装精度。安装时所用的量具及检验仪器的精度必须符合国家计量部门规定的精度标准，并定期检验。

设备安装完成后，按有关技术文件所规定的检验项目进行检查并做记录。电气部分按《电气装置安装工程及验收规范》的有关规定进行检查。如发现问题，应向制造厂家反馈并要求解决。

4. 设备调试和试运转

一般通用设备的调试工作包括清洗、检查、调整、试车，由使用单位组织进行。精、大、稀、关键设备以及特别情况下的调试，由设备动力部门会同工艺技术部门共同组织。自制设备由制造部门调试，工艺、设备、使用部门参加。

设备的试运转可分为空转试验、负荷试验、精度试验三种。试运转前应按设备说明书要求正确加注润滑油/脂。设备通电前应确认输入电源电压、频率及相序是否正确。

（1）空转试验的目的是为了检验设备安装精度的保持性、稳固可靠性，设备的传动、操作、控制等系统在运转中状态是否正常。

（2）负荷试验主要检验设备在一定负荷下的工作能力，以及各组成系统的工作是否正常、安全、稳定、可靠。

（3）精度检验一般应在正常负荷试验后按照厂家提供的合格证明书进行检验并记录。

设备试运转后应做好各项检验工作的记录，根据试验情况填写设备试运转记录单、设备精度检验记录等。

设备试运转记录单见表 4-4-2，设备精度检验记录见表 4-4-3。

表 4-4-2　设备试运转记录单

设备名称		规格型号	
生产厂家			
出厂日期		出厂编号	
使用车间		安装日期	
运转速度			
运转时间			
运转异常情况记录			
	检验人员签字：	日期： 年 月 日	
使用部门负责人签字		日期	
设备部门负责人签字		日期	
安装服务供应商代表签字		日期	
注：本表一式四份，设备移交部门、设备使用部门、设备管理部门、设备档案室各一份。			

表 4-4-3　设备精度检验记录

设备名称					
生产厂家					
出厂日期		出厂编号			
使用车间		安装日期			
精度检验记录					
序号	检验项目	标准值	实测值		备注
			试运转前	试运转后	
检验结论					
检验人员签字：			日期：	年　月　日	
使用部门负责人签字			日期		
设备部门负责人签字			日期		
安装服务供应商代表签字			日期		
注：本表一式四份，设备移交部门、设备使用部门、设备管理部门、设备档案室各一份。					

5. 设备验收与移交

设备安装验收工作一般由购置设备部门或主管领导负责组织，由设备提供方、基础安装施工方和检查、使用、财务等部门有关人员参加，根据所安装的设备的类别按照《机械设备安装工程施工及验收通用规范》和《设备安装施工及验收规范》的有关规定进行验收。

设备安装工程的验收是在设备调试合格后进行，由设备管理部门、工艺技术部门协调组织安装检查，使用部门有关人员参加，共同鉴定。设备管理部门和使用部门双方签字确认后方为竣工。对于复杂的设备安装工程，验收时除了需具备开箱检验记录、精度检验记录、试运转记录以外，还需要具备竣工图、设计修改的有关文件、主要材料出厂合格证明和检验记录、重要焊接工作的焊接试验和检验记录、重要浇注混凝土强度试验记录等资料。

验收人员要对整个设备安装工程作出鉴定，合格后在各记录单上进行会签，并填写设备安装验收移交单，办理移交生产手续及设备入固定资产账目手续。

6. 设备使用前的培训

设备合同一般还会包括设备的培训内容，包括设备的使用操作、维护保养等方面内容（数控设备还包括数控系统备份与恢复、常见故障的诊断与判别等），有随机软件的应进行软件的使用培训，时间一般在半日到一周不等。

培训一般由生产厂家派人到现场进行，参加现场培训的人员应包括使用部门设备管理人员或指定人员、维修人员、操作人员等，对于一些特殊或复杂设备还会安排到生产厂家进行进一步的培训。

看一看案例

编制锅炉设备安装方案。

1. 工作准备

（1）根据生产情况，确定拟安装的锅炉设备。

（2）查阅锅炉设备基本信息与参数。

（3）熟悉设备基本结构、原理等。

2. 工具、材料的准备

（1）笔记本和笔。

（2）电脑（配有常用工具软件）。

（3）水平仪、百分表、角尺、直尺、塞尺等。

（4）参考资料（相关书籍、网站资料、案例等）。

3. 实施

（1）到生产现场实际考察设备的安装环境。

（2）确定设备安装由哪些部门共同完成。

（3）编制设备安装方案。

4. 工作检验

将编制好的锅炉安装方案报相关部门审核，审核通过后进入实施阶段。

5. 完成样式

锅炉设备安装方案

为了优质、高效地完成公司二车间锅炉设备安装工程，确保全年生产任务顺利完成，特制订本方案。

1. 设备安装负责部门

（1）锅炉设备安装工程由公司设备部负责组织，生产部、财务部配合。

（2）成立安装工程领导小组，组长由主管副总经理担任，副组长由设备部经理担任。

2. 安装调试进度安排

根据锅炉设备的数量及安装特点，在确保工程按期完成的前提下分三个阶段进行施工，进度安排如下表所示。

安装工程进度表

序号	阶段	时间	安装工程
1	第一阶段	×年×月×日—×年×月×日	安装工程准备阶段
2	第二阶段	×年×月×日—×年×月×日	锅炉设备安装阶段
3	第三阶段	×年×月×日—×年×月×日	锅炉设备安装验收阶段

3. 安装准备

（1）确定安装单位。设备部通过招投标的形式确定设备安装单位。

（2）锅炉安装前向质监局办理施工申请手续。

4. 安装程序

（1）锅炉开箱检验。

（2）基础验收、放线。

锅炉及附属设备的基础尺寸、位置必须符合下表要求。

锅炉及附属设备的基础尺寸、位置等的质量要求

项 目	允许偏差/mm
基础坐标位置（纵、横轴线）	±20
基础上不同平面的标高	−20
基础上平面外形尺寸 凸台上平面外形尺寸 凹穴尺寸	±20 −20 +20
基础上平面水平度（每米/全长）	5/20
预埋地脚螺栓孔 中心位置	±10 +20

（3）锅炉运输吊装。

安装前放置锅炉应用衬垫将设备垫妥，吊运捆扎应稳固，主要承力点要高于设备重心。由于锅炉位于封闭的车间内，无法采用吊车运送就位，需采用滚杠拖排的方法进行二次运输，将锅炉缓慢水平移动到其安装基础上，利用千斤顶将设备顶起，撤去滚杠，将锅炉就位。

（4）锅炉安装。

按照技术要求安装。

（5）成品保护。

锅炉安装完毕后对配管接口处应用盲板堵死，其他接头接嘴用布绑扎，另外整机再用塑料膜统一包扎，并定期检查包装是否完整完好。当锅炉设备安装完毕后进行地面施工时，不得损坏安装好的设备。

5. 设备安装验收

（1）锅炉安装完毕由设备部组织成立设备验收小组，设备安装验收小组成员包括主管副总经理、设备部经理、使用部门经理。

（2）设备安装验收小组根据设备安装规范和技术标准对锅炉各部分进行检查，如有问题要求安装单位及时处理。设备验收完毕，验收小组根据验收情况撰写验收报告交主管副总经理审批。

(3) 公司确认验收合格后，在 3 日内向质监局申报安装验收。

设备部
×年×月×日

> **思考练习题**

(1) 设备安装、调试的主要工作内容有哪些？
(2) 合同成立的有效条件是什么？

任务 4.5　编制企业设备技术更新、改造流程和管理办法

[引言] 采用新技术、新工艺、新设备对现有设备进行改造、更新，是加速企业技术改造、提高企业竞争能力的有效方法。从企业产品更新换代、发展品种、提高质量、降低消耗、提高劳动生产效率和经济效益的实际需要出发，进行充分的技术经济分析，有针对性地改造和更新现有设备，提高机械装备的现代化水平，满足企业发展的需要。

> **学习目标**

(1) 正确认识设备的寿命。
(2) 掌握设备更新及改造的方式。
(3) 掌握设备更新的原则。
(4) 掌握设备更新对象的选择方法。
(5) 熟悉设备更新及改造的流程。
(6) 会制订设备更新及改造的管理办法。

> **工作任务**

(1) 编制普通铣床更新、改造申请单。
(2) 编制普通车床更新、改造申请单。
(3) 编制数控铣床更新、改造申请单。
(4) 编制冲压设备更新、改造申请单。

> **知识准备**

企业为了生产适销对路、物美价廉、具有市场竞争力的产品，必须不断采用新技术、新材料、新设备、新工艺来实现产品的升级换代，实现优质高产和高效低耗。设备是企业生产的主要手段，是科学技术的物质载体，只有用包含最新科技成果的新型设备来替换技术上陈旧的设备，才能为企业生产经营的可持续发展提供可靠的物质技术保证。设备更新是企业维持再生产的必要条件，是企业提高经济效益的重要途径，是发展国民经济的物质基础，适时地更新老设备是提高企业经济效益的有效途径。

(1) 设备更新。是指采用新的设备替代原有的技术性能落后、经济效益差的设备。设备更新可对设备的有形和无形磨损进行综合补偿，以保证简单再生产的需要，同时对扩大再

生产起到一定的作用。

设备更新一般不应是用原样或原水平的设备以旧换新，而应根据企业需要，尽可能地以高水平的设备替换技术落后的老设备，以促进企业的技术进步和提高经济效益。

（2）设备改造。是指按照生产需要，用现代技术成就和先进经验来改变现有设备的结构，改善现有设备的技术性能，使之全部或局部达到新设备的技术性能。

设备改造是克服现有设备技术陈旧状态，补偿无形磨损的重要方式。设备改造是促进现有设备技术进步的有效方法之一，是提高设备质量的重要途径。因此，要依靠自己的力量，采用现代技术，对老旧设备进行改装、改造，走花钱少、见效快、符合企业实情的道路。

对改造不经济或不宜改造的设备，应予以更新。

1. 设备寿命的分类

企业在进行设备更新时，应进行技术经济认证和可行性研究，对更新时机进行选择，也就是需确定设备的寿命。

设备的寿命，是指设备从投入生产开始至需要进行更新所经历的时间。设备的使用寿命通常可以分为物质寿命、技术寿命与经济寿命三种。

（1）设备的物质寿命。

又称物理寿命和自然寿命，是指设备从开始使用直到报废为止所经过的时间。设备经使用磨损后，通过维修可以延长物质寿命。但随着设备使用时间延长，支出的维修费日益增加，设备技术状况不断劣化。过分延长设备的物质寿命，在经济上、技术上都是不合理的。

（2）设备的技术寿命。

是指设备在技术上有存在价值的时期，即设备从开始使用直到因技术落后而被淘汰所经历的时间。技术寿命的长短取决于设备无形磨损的速度。由于现代科学技术的发展速度大大加快，往往会出现一些设备的物质寿命尚未结束，就被新型设备所淘汰的情况。要延长设备的技术寿命，就必须用新技术对设备加以改造。

（3）设备的经济寿命。

也称设备的价值寿命。它是依据设备的使用费用（即使用成本）最经济来确定的使用期限，通常是指设备平均每年使用成本最低的年数。经济寿命用来分析设备的最佳折旧年限和经济上最佳的使用年限，即从经济角度来选择设备的最佳更新时机。

设备经济寿命是设备更新、改造的重要依据。影响设备经济寿命或更新期的主要因素有以下三种：

（1）效能衰退，即指现有设备与其全新状态相比较，在工程效率上降低。

（2）技术陈旧，即由于新技术的出现和应用，产生了新型设备，而现存设备与新型设备相比较工程效率低，生产费用高。

（3）资金成本，即购置新设备所支出的资金或投资的成本。

2. 设备役龄和新度系数

反映一个国家（行业或企业）装备更新换代水平的重要标志，是设备役龄、设备新度系数和设备更新换代频数，即技术性无形磨损速度。

从各国工业发展的速度来看，许多国家认为一般设备的役龄以 10~14 年较为合理，而以 10 年最为先进。美国为了加速更新，规定了各类设备的服役年限，如机床工具行业和电子机械工业的设备平均服役年限为 12 年，上限为 14.5 年，下限为 9.5 年。

设备的新旧也可用"新度"来表示。所谓设备新度系数，就是设备固定资产净值与原值之比。设备新度系数可分别按设备台数、类别、企业或行业的主要设备总数进行统计计算，其平均值可反映企业装备的新旧程度。从设备更新的意义上看，平均新度系数可在一定程度上反映装备的更新速度。某些行业把设备新度系数作为设备管理的主要考核指标之一。

表示技术进步程度的另一个标志是设备更新换代频数，即使设备役龄很"年轻"，也不能称设备属于先进水平。因此，考虑设备的更新问题时要将平均役龄、平均新度系数和更新换代频数等指标结合起来进行逐一分析，才会较为全面和客观。

3. 设备更新及改造的方式

（1）设备更新一般可以分为简单更新和技术更新两种方式。

① 简单更新，是指采用相同型号的新设备替换原来使用的陈旧设备。简单更新也叫做原型更新，它只能解决原用设备的有形磨损问题，并不能提高设备本身技术的水平。因此，这种方式一般适用于原用设备严重磨损，已无修复价值，并且又无适宜的新型设备能替代的情况。

② 技术更新，是指用结构更先进、性能更完善、生产效率更高、能源和原材料消耗更少的新型设备替换原用的陈旧设备。技术更新也可叫做新型更新，它不但能完全补偿设备的有形磨损，而且还能补偿设备的无形磨损，提高设备自身的技术水平。因此，技术更新应当是设备更新的主要方式。

（2）设备改造的实质是设备局部更新。设备改造可以使原有设备获得技术上的先进性和较高的可用性，同时具有投资少、针对性强、收效快的优点，这是目前企业解决设备陈旧问题的一种经常性手段。

设备改造的方式分为设备局部的技术更新和增加新的技术结构。

① 局部的技术更新，是指采用先进技术改变现有设备的局部结构。

② 增加新的技术结构，是指在原有设备基础上增添部件和新装置等。

4. 设备更新的原则

企业的设备更新，一般应当遵循以下原则：

（1）紧密围绕企业的产品开发和技术发展规划，有计划、有重点地进行。

（2）采用技术更新的方式改善和提高企业技术装备素质，达到优质高产、高效低耗、安全环保的综合效果。

（3）认真进行技术经济论证，采用科学的决策方法，选择最优的可行方案，确保获得良好的设备投资效益。

5. 设备更新对象的选择

企业应当从生产经营的实际需要出发，对下列设备优先安排更新：

（1）役龄过长、设备老化、技术性能落后、生产效率低、经济效益差的设备。

（2）原设计、制造质量不良，技术性能不能满足生产要求，而且难以通过修理、改造得到改善的设备。

（3）经过预测，继续进行大修理其技术性能仍不能满足生产工艺要求，不能保证产品质量的设备。

（4）设备运行时，耗能大或严重污染环境、危害人身安全与健康、进行改造又不合算的设备。

（5）按国家或有关部门规定应该淘汰的设备。

6. 设备更新及改造的流程

设备更新及改造的流程如图4-5-1所示。

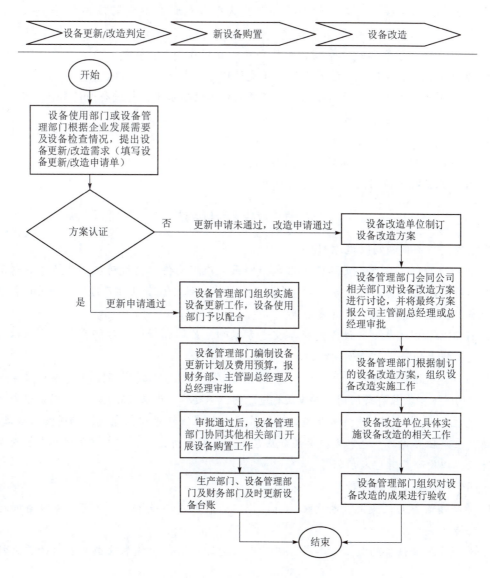

图4-5-1 设备更新改造的流程

7. 设备更新及改造管理办法（模板）

设备更新及改造管理办法

第一章 总 则

第一条 目的。

为提高设备的生产效率，保证产品加工质量，提高企业的经济效益，特制订本制度。

第二条 负责单位。

企业应成立由总经理（或主管副总经理）为领导的设备更新与改造领导小组，以加强对设备更新、改造工作的协调和指导。其主要成员应包括设备管理部经理、技术部经理、生产部经理、财务部经理等相关人员。其主要职责如下：

1. 制订设备更新、改造的滚动规划与年度计划。
2. 采用成熟、先进、实用的技术，不断提高技术装备水平，推进企业的科技进步。
3. 组织对项目的技术经济认证并进行决策。
4. 批准项目费用的预算，审查资金使用的情况。
5. 检查项目实施情况，协调各部门之间的工作配合事项。
6. 对已完成将会使用的项目进行效益考核。

第二章 设备更新与改造

第三条 设备更新与改造原则。

1. 针对性原则。从设备实际情况出发，按照生产工艺要求，针对生产设备中的薄弱环节，对不能满足生产要求的设备，采取有效的新技术，结合设备在生产过程中所处地位及其技术状态，决定设备的技术改造或更新。

2. 经济性原则。在制订设备更新与改造方案时，必须进行技术经济分析，力求以较少的投入获得较大的产出，回收期要适宜。

3. 技术先进适用性原则。由于生产工艺、产品质量和生产批量不同，对设备的要求不一样，采用的技术标准应有所区别。要重视先进适用，不要盲目追求高指标，防止功能过剩。

4. 自主性原则。在实施技术改造时，应尽量由本单位维修人员完成，如因技术难度大，本单位无法单独实施时，也可委托有关专业厂家、科研院所完成，但本单位维修人员应参与整个过程，以便今后管理及维修。

第四条 设备更新与改造的工作范围。

1. 为提高设备的机械化、电气化、自动化水平和采用新技术、新工艺、新设备而进行的技术改造。

2. 为提高原有设备的加工效率或加工精度而进行的综合性技术改造和采取的更大技术措施。

3. 综合利用原材料、环境保护、劳动保护、节能等需要添置的设备。

第五条 设备更新与改造的重点。

设备更新改造应围绕满足企业的产品更新换代、提高产品质量、提高加工效率、降低产品能耗和物耗、达到设备综合效能最高为目标。所以，设备更新改造的重点应该包括以下几方面内容：

1. 对满足产品更新换代和提高产品质量要求的关键设备进行更新改造时，应尽量提高设备结构的技术水平，扩大生产能力。

2. 严重消耗能源的设备。

3. 经过经济分析、评价，认为经济效益太差的设备。

第六条 编制和审定设备更新申请单。

设备更新申请单由企业设备主管部门根据各设备使用部门的意见汇总编制，经有关部门审查，在充分进行技术经济分析认证的基础上，确认实施的可能性和资金来源等情况后，经设备管理部门和总经理审批后实施。

第七条 在作出设备更新改造的决策时，必须经过可行性研究分析，对多种备选方案进行比较，选择投资少、收效快、效益高、能适宜企业长期发展需要的项目。

可行性研究报告的内容一般包括以下七个方面：

1. 更新改造理由，既有设备状况及能力使用情况，存在的主要问题，也有更新改造的必要性。

2. 更新改造的方案及规模。

3. 涉及的范围、标准及主要技术条件。

4. 有关协作配合事项。

5. 主要工程数量、设备和投资估算。

6. 更新改造方案交付日期、工期及实施进度。

7. 新增生产能力及经济效益分析、资金来源、投资回收年限和社会效益的初步测算等。

第八条 制订设备更新改造方案应从企业发展的实际需要出发，同时还要考虑设备本身的投资改造价值。一般来说，应考虑以下几方面的因素：

1. 提高设备的生产效率、加工精度和产品质量。

2. 适应新产品开发和产品升级换代。

3. 节约能源，节约原材料，降低消耗和成本。

4. 提高和改善工艺性能。

5. 促进安全生产，改善环境。

6. 改善劳动条件，减轻劳动强度。

第九条 设备技术改造的设计、制造、调试等工作，原则上由各分厂（车间）的主管部门负责实施，设备管理部门予以指导并监督。

第十条 设备管理部门要经常了解、跟踪在建项目的施工进度情况，对重点工程要深入现场调查，必要时提出调整计划的建议。

第十一条 设备改造工作完成后，需经设备管理部、技术部及其他相关部门进行验收。

第十二条 设备技术改造验收后，分厂（车间）填报设备改造竣工验收单，并报送设备管理部。

第三章 附 则

第十三条 本制度由设备管理部会同生产部共同制订，报主管副总经理审核、总经理审批后颁布执行。其修订、废止亦同。

第十四条 本制度自 2008 年 8 月 18 日起执行。

▶ 看一看案例

编制数控铣床 XKF 718 更新改造申请单。

1. 工作准备

（1）根据维修记录和日常、定期点检记录及加工产品情况，选定 XKF 718 数控铣床。

（2）主要从加工精度和性能方面等了解设备现状基本情况。

（3）查阅 XKF 718 数控铣床说明书，了解设备的基本信息与参数。

2. 工具、材料的准备

（1）水平仪、百分表、角尺、直尺、塞尺等。

（2）笔记本和笔。

（3）计算机（配有常用工具软件）。

（4）参考资料（相关书籍、网站资料、案例等）。

3. 实施

（1）到生产现场实际考察设备现状。

（2）对照说明书，熟悉设备的基本结构。

（3）借助工具检查机床的几何精度，并与机床出厂精度要求进行对比。

（4）了解设备使用运行情况及加工情况。

（5）根据设备使用运行情况及加工情况，综合分析设备能否满足生产加工要求及环保、能耗要求。

（6）分析对该设备进行更新或改造的必要性、可行性及经济效益。

（7）根据取得的信息制作设备更新改造申请单。

4. 工作检验

将编制好的设备更新改造申请单上报公司设备更新与改造领导小组讨论，讨论通过后报公司主管副总经理或总经理审批，并进入实施阶段。

5. 完成样式

XKF 718 数控铣床设备更新/改造申请单

部门：设备管理部　　　　　填写日期：2008 年 8 月 18 日

设备编号	C1-SX-002	设备名称	数控仿形铣床	设备型号	XKF 718
更新/改造理由与经济分析	改造理由： 1. 现使用的软驱为专用软驱，对环境要求较高，易损坏，断电必须重新加装系统，系统易丢失，加工可靠性差。				

续表

设备编号	C1-SX-002	设备名称	数控仿形铣床	设备型号	XKF 718
	2. 主轴电源控制模块极易出现故障,相当不稳定,开机时正常,停机一小时或一天后再开机,主轴控制板极易坏掉,维修时间长,且费用较高。 3. 该机床采用全闭环的玻璃光栅尺形式,这种玻璃光栅尺对环境要求较高,一到南方潮湿天气,水汽雾化光栅尺,造成对数不准,找不到零点,导致无法加工,或加工位置偏差较大。 4. 滑枕在 Z 轴向运动时抖动,加工速度越快,抖动越严重,影响加工精度和加工质量。 5. 根据上一年度统计,该机床使用率不足 50%,维修等待时间比加工时间还长。 综上所述:该机床精度差,故障率高,维修时间及费用较高,经济效益差,必须进行更新或改造。					
更新/改造的要求、型号	本着经济性和先进适用性原则,根据该机床的使用需求,建议对该机床作如下改造: 1. 采用 FIDIA 数控系统对机床电气系统进行彻底的数控改造。 2. 鉴于 Z 轴丝杠磨损严重,更换 Z 轴丝杠。 3. 根据该机床使用要求(能够满足所加工零件的精度要求),取消该机床光栅尺。						
资金来源与费用预算	调拨		外购	自制	改造 ∨	其他
设备部门意见: 签名: 日期:		技术部门意见: 签名: 日期:			(副)总经理审批意见: 签名: 日期:	

参考资料

(1)《生产管理职位工作手册》。

(2) 中国设备管理网（http://www.pmec.net）。

(3) TnPM 学府网（http://www.tnpm.org）。

> **思考练习题**

(1) 机电设备更新与改造有何区别？

(2) 如何选择设备的更新对象？

任务 4.6　制订 TPM（全员生产维修）管理推行方案

[引言] 在市场经济体系日益发展，市场竞争日益激烈的今天，经济效益的提高越来越依赖于管理水平的提高和人的素质的提高，尤其是管理者素质的提高。我国现有的管理水平与国际先进管理水平相比差距很大，管理落后是不少企业生产经营困难的重要原因之一。TPM（全员生产维修）是日本学习了美国的生产维修体制之后发展起来的设备维修管理体制。推行 TPM 可以使企业获得良好的经济效益，充分发挥设备的生产潜力，同时能提高人的素质和管理水平，树立良好的企业形象，增加企业的无形资产。TPM 在日本及世界各国都得到认可并不断发展。

> **学习目标**

(1) 了解 TPM 的定义、内涵。

(2) 了解 TPM 的特点及作用。

(3) 掌握推行 TPM 的主要步骤。

(4) 会制订 TPM 管理推行方案。

> **工作任务**

制订中小企业推行全员生产维修管理的方案。

> **知识准备**

全员生产维修（Total Productive Maintenance，TPM）是以达到最高的设备综合效率（OEE）为目标，以全系统的预防维修为过程，从最高领导到第一线工人全员参加，依靠开展小组自主活动来推行的设备维修管理体制。

1. 全员生产维修（TPM）的内涵

(1) 全员生产维修（TPM）的形成和发展。

全员生产维修（TPM）的形成和发展经历了 4 大发展阶段，10 个发展小阶段，每发展一个阶段都较前段有所进步，每个阶段的内容和特点如表 4-6-1。

表 4-6-1 全员生产维修（TPM）的形成发展过程

阶段	第一阶段	第二阶段		第三阶段		第四阶段				
年份	1950年以前	1951年	1954年	1957年	1960年	1962年	1970年	1971年	1972年	1974年以后
内容	事后维修	预防维修	生产维修	改善维修	维修预防	可靠性工程	设备综合工程学	全面生产维护	日本型设备综合工程学	预知维修
									预知维修	
									日本型设备综合工程学	
								全面生产维护		
							设备综合工程学			
						可靠性工程等				
					维修预防					
				改善维修						
			生产维修							
		预防维修								
	事后维修									
要点	设备坏了再修	从美国引进预防维修	为提高生产率，从美国通用电气公司引进生产维修	强调改善设备的素质	在新设备设计时考虑可靠性	强调设备的可靠性、维修性、经济性	强调设备寿命周期费用管理	提倡日本式的设备工程	推广日本式的设备综合工程	强调状态监测

（2）全员生产维修（TPM）的特点。

全员生产维修（TPM）突出一个"全"字，"全"字有三个含义，即全效率、全系统、全员参与。

全效率是追求最佳的经济效益，指以最有效的方式利用人力、物力和财力等各种资源。全系统是建立对设备一生管理的全系统，维修方式系统化，包括预防维修、维修预防，必要的事后维修和改善维修。全员参与是指从公司生产计划、设备使用到维修等各部门，从公司最高领导者到一线操作员工全员参加，强调操作人员自主小组维护活动。

（3）全员生产维修的作用。

① 推行 TPM 可有效减少设备六大损失，提高设备综合效率（OEE）；提高可预知运行时间；延长设备使用寿命；减少生产转换时间，提高生产柔性；减少设备引起的质量问题。设备运行中的六大损失如图 4-6-1 所示。

② 推行 TPM，通过全系统的预防维修，帮助我们在故障产生前就发现并克服常见的问题。机器的损坏或故障都由污染、技术性停机、操作或维护失误三个原因引起的，如图 4-6-2 所示。通过 TPM 管理活动，使问题在故障产生前就得到有效解决。

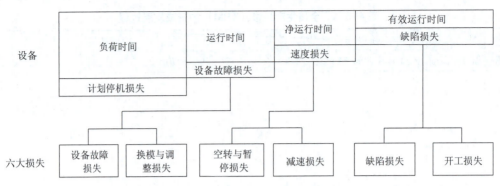

图 4-6-1 设备运行中的六大损失

图 4-6-2 设备常见故障

(a) 常见故障现象;(b) 常见故障原因

③ 推行 TPM,通过全员参与,还可以提高操作者技能,提高管理者水平,改进员工工作精神面貌,改善企业运行环境。

2. 设备运行水平及全员生产维修的效果评估

(1) 设备综合效率的提高,是生产率水平的提高,也就是以少量的输入产生良好的输出效果,如表 4-6-2 所示。

表 4-6-2 设备综合效率

输入\输出	资金(M)			管理方法(M)
	人力(M)	设备(M)	材料(M)	
产量(P)			▶	生产控制
质量(Q)			▶	质量控制
成本(C)			▶	成本控制
交货期(D)			▶	交货期控制
安全(S)			▶	安全与污染
士气(M)	▼	▼	▼	人际关系
	人力管理	生产维护	库存控制	

产量（Production，P）：需要完成的生产任务，即设备的生产效率要高。
质量（Quality，Q）：能保证生产高质量的产品，即设备有利于提高产品质量。
成本（Cost，C）：产品成本要低，即设备能源、原材料等耗费少。
交货期（Delivery，D）：设备故障少，不耽误合同规定的交货期。
安全（Safety，S）：设备的安全性能好，设备对环境污染小，文明生产。
士气、劳动情绪（Morale，M）：人机匹配关系较好，使操作人员保持旺盛的工作情绪。
（2）评价设备输出的指标（表4-6-3）。

表4-6-3 设备输出指标

类别	一般指标	特殊指标	类别	指标
生产率（P）	*劳动生产 *设备综合效率OEE *每人的附加价值	*时间开动率 *性能开动率 *故障维修次数 *平均故障间隔期MTBE *生产准备和调整时间 *小故障停机次数 *每人操作的机器数	质量（Q）	*CP值 *顾客报怨次数 *次品/返修率
成本（C）	*人力节约指标 *维护成本下降率 *备件成本下降率 *能耗下降率 *故障时间		交货期（D）	*交货延误 *存货时间 *库存周转率
			安全（S）	*事故次数
			士气（M）	*士气 *提案数量 *小组会议次数

3. 全员生产维修（TPM）的主要活动

（1）实施TPM的阶段与步骤（表4-6-4）。

表4-6-4 实施TPM的阶段与步骤

阶段	说明	步骤	时间
可行性研究（调研）	提供工厂或业务系统实际需要的信息。确定实际情况与理想情况的差距	1. 找出设备问题 2. 问题按轻重缓急排序 3. 确定目前业绩——实际产出、效率、人员、维护 4. 拟定初步改进目标 5. 拟定成本估计的投资回报（ROI） 6. 确定实施计划	6~8周
准备实施	确定TPM计划并确定在本单位有效执行的办法	7. 宣布实施TPM的决定 8. 进行TPM教育 9. 成立TPM组织 10. 制订TPM目标和政策（实施教育后，由全体有关人员参与） 11. 制订总计划 12. 推出首期计划	8~16周

续表

阶段	说　明	步　骤	时　间
实施	实施分为两步： （1）试行实施以找出困难所在 （2）在全系统内全面实施 TPM 计划	13. 个别设备效率的改善 14. 制订自主维修方案 15. 为维修部门制订有计划维修的方案 16. 视需要，为维修和操作人员提供补充培训 17. 形成设备的初期管理体制	3 年完成 6 个月 稳定下来
巩固	坚持 TPM 并对计划加以完善以求持续改进	18. 完善实施工作，提高 TPM 水平	继续

（2）实施 TPM 管理系统具体要做以下几个方面的工作：

① 教育和培训方面。

TPM 导入阶段，公司应开展前期教育工作，向员工灌输 TPM 基础知识以及 TPM 管理理念，转变员工的思想，为以后工作的开展打下基础；然后确定有资质的培训人员，建立培训系统，对员工技能进行分析评估，确定培训方案；培训结束后对培训效果进行跟踪验证，持续改进现有的方法。

② 自主维护方面。

公司应针对全体员工倡导积极的自主维护管理办法，要求员工做到：初期清扫，实施初始清洁和检查，识别维修需求和故障缺陷；弱点对策，掌握问题发生的根源和困难点，消除影响失效的因素；制订自主保全基准，包括清洁、加油、仪表示值等简单作业的标准，全体共同遵守；制订总点检可视化标准，培训员工，加以实施；从总点检中划分出自主点检，确定执行方法，并将点检结果纳入故障分析系统；点检表标准化，通过案例分析进行经验总结；自主管理，配置基本条件，按要求点检发现问题，不断自主改善。

③ 计划维护方面。

对设备计划维护，第一要制订及实施分级的设备维修、改进、预防的维护保养计划，第二要建立关键、日常的备件计划，第三要制订关键设备突发故障的紧急预案。另外，在计划中，要确定专业维修人员和设备操作人员的负责范围。

④ 设备早期管理方面。

为保证在正式生产之前，能够具备生产和检测条件的设备，设备部负责组织各个部门参加对设备配置的条件进行策划，其中包括维护性的计划，策划主要以合同文件和技术协议形式输出，所有策划结果必须符合 TPM 的目标和要求，包括设备、辅助装置、人员、技术、培训、维护保养及方法等。

⑤ 供应商管理方面。

物资部应对设备（含辅助装置）供应商建立分类原则并进行分类，通过采购控制程序实行采购控制。为了保证采购设备装置和服务符合要求，物资部通过供应商管理程序，评价、选择、连续监测并重新再评价供应商，保证供应商在质量、数量、交付期限等方向满足规定的要求，评价、选择、监测和再评价供应商的结果应记录并保留。

各个部门在需要采购设备装置的时候，通过书面提出申请，物资部门通过采购控制程序组织实施。采购文件应包括采购合同及技术协议、设备的技术或产品要求、有关程序方面的要求、供应商设备安装过程和售后服务方面的要求、有关设备使用及维护保养培训方面的要求和有关设备验收的要求。采购文件在发放前，应经批准，确保采购要求是适宜的。

采购文件、合同、技术协议必须规定好验证的办法，包括本公司内进行的验收准则、供应商处进行的验收准则，以及免检规定。

4. 样板设备管理建设

在企业内选出样板设备，生产技术设备维修、操作人员等组成 TPM 小组，为提高设备效率进行个别改善，以实际典型示范效果体现 TPM 的成效，带动整体设备效率的提高。个别设备提高的步骤如图 4-6-3 所示。

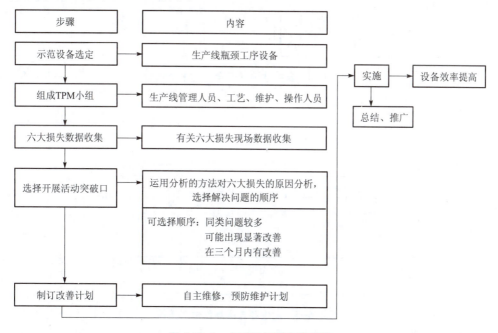

图 4-6-3　个别设备提高的步骤

5. 设备自主维护的内容

实施自主维护（保全）的七个步骤（阶段）：初期清扫；发生源困难部位对策；制订自主保全临时基准；总点检；自主点检；标准化；自主管理。步骤如图 4-6-4 所示。

（1）初期清扫。

首先要做基础清洁，清洁的必要性是：了解机器构造和污染物的位置，了解机器的弱点和弱点的补救方法，只有在干净的机器和设备上才容易找出问题。清洁是改进的前提。

清洁时要关注设备经常出现问题的部位（部件），例如螺丝、污物、削屑、油等，清洁同时拧紧螺丝，发现并修正误差（比如油标），找出问题所在。

清扫就是点检，把垃圾、灰尘、异物等祸害的东西清除掉，用五官和直觉发现任何异常并找到问题的发生源。

（2）发生源及困难部位对策（见图 4-6-5）。

（3）实行基础维护的标准化（维护标准、点检标准等）。

设备的水平	活动的水平	自主保全七阶段	能力培养目标		操作人员的水平
高效率生产设备	面向未来的预见性设备管理	7.自主管理	维持管理能力	处置恢复能力	能修理设备
不良为零故障为零生产设备		6.标准化			了解设备精度与产品质量的关系
	建立真正全员参加自主保全的体质	5.自主点检	条件设定能力		
向应有状态的体质改善		4.总点检			了解设备功能结构
	诚心反省过去不足	3.制定自主保全临时基准			
排除强制恶化		2.发生源及困难部位对策	异常发现能力		改善意识推进方法
	彻底提高自主意识	1.初期清扫			缺陷意识专业眼光

图 4-6-4 自主维护（保全）的七个步骤

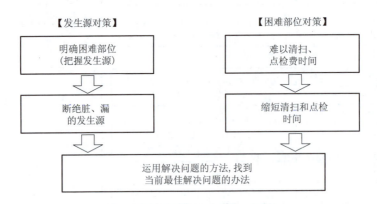

图 4-6-5 发生源与困难部位对策图

找到问题所在，并采取当前最佳的方法解决，制订解决问题的标准，根据六大损失原因分析，找出设备故障的主要原因和解决方法，然后制订维护标准和点检标准，包括标准的持续完善、失败事例的总结和运用等。

(4) 总点检、自主点检和标准化。

点检制是以点检为中心的设备维修管理体制，点检制的医学内涵就像人要做身体检查一样，利用一些检查手段，对设备进行早期检查、诊断和维修。实施 TPM 的企业可根据自己的实际情况制订自己的点检制度。如一些企业形成了"三位一体"点检制和"五层防护线"的做法。"三位一体"指岗位操作员的日常点检、专业点检员的定期点检、专业技术人员的精密点检三者结合起来的点检制度。"五层防护线"是指：第一层防护线是岗位操作员的日常点检；第二层防护线是专业点检员的定期点检；第三层防护线是专业技术人员的精密点检；第四层防护线是对出现的问题进一步通过技术诊断等找出原因及对策；第五层防护线是每半年或一年的精密检测。

实施点检制，由专业点检人员和设备操作人员根据制订的点检标准对设备点检，在点检中进一步发现问题，完善维护标准和点检标准。实施点检制的要求如图 4-6-6 所示。

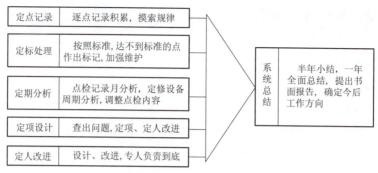

图 4-6-6 实施点检制的要求

(5) 自主管理。

设备操作人员、专业点检人员和专业维修人员根据企业制订的《全员生产性维护手册》《设备维护管理程序》等规章制度，自觉地做好设备维护保养、点检和维修等工作，在工作中不断发现问题和持续改善，达到对设备的自主管理。

(6) TPM 的管理流程图（图 4-6-7）。

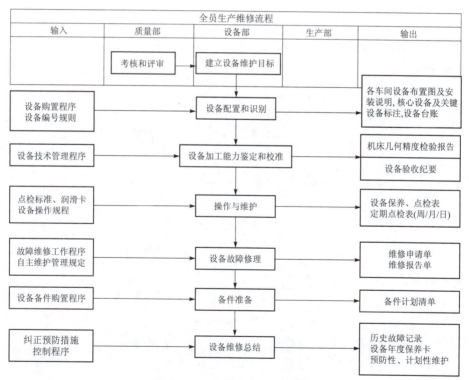

图 4-6-7 全员生产维修流程图

看一看案例

编制 TPM 组织机构图、职责和维修体制流程图。

1. 工作准备

(1) 选定一家中小企业开展 TPM。

(2)了解企业的设备管理现状态。

(3)熟悉 TPM 管理模式和理念及推进步骤。

2. 工具、材料的准备

(1)笔记本和笔。

(2)电脑（配有常用工具软件）。

(3)参考资料（相关书籍、网站资料、案例等）。

3. 实施

(1)学习 TPM 管理模式和理念。

(2)了解企业设备管理的现状和不足。

(3)制订实施工作计划。

(4)分阶段实施。

(5)检查、评价。

(6)总结、规范化。

4. 工作检验

拿着编制好的 TPM 组织机构图、职责和维修体制图，到该企业与相关人员讨论分析，找出问题，作出修改，反复验证，直至合理可用。

5. 完成样式

(1)组织机构（图 4-6-8、图 4-6-9）。

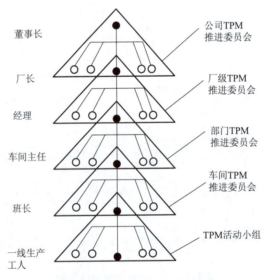

图 4-6-8　TPM 推进组织构架

(2)TPM 组织职责界定。

TPM 项目负责人职责：能力评定，确定项目需求，实施计划。

主管职责：监控，授权，促进合作。

维护人员职责：预防性维护，建立数据库，与操作员合作并提供技术支持。

操作员职责：执行基本工作，提出改进建议，促进 TPM 活动开展。

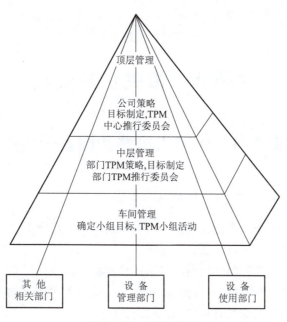

图 4-6-9　TPM 组织

（3）TPM 系统维修体制流程图（图 4-6-10）。

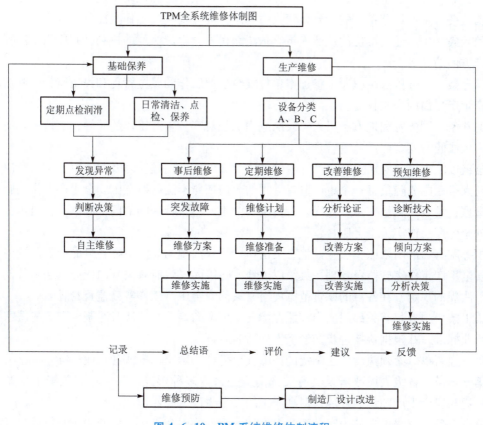

图 4-6-10　PM 系统维修体制流程

附录 A 相关法规资料

附录 A-1 中华人民共和国安全生产法

第一章 总 则

第一条 为了加强安全生产监督管理，防止和减少生产安全事故，保障人民群众生命和财产安全，促进经济发展，制定本法。

第二条 在中华人民共和国领域内从事生产经营活动的单位（以下统称生产经营单位）的安全生产，适用本法；有关法律、行政法规对消防安全和道路交通安全、铁路交通安全、水上交通安全、民用航空安全另有规定的，适用其规定。

第三条 安全生产管理，坚持安全第一、预防为主的方针。

第四条 生产经营单位必须遵守本法和其他有关安全生产的法律、法规，加强安全生产管理，建立、健全安全生产责任制度，完善安全生产条件，确保安全生产。

第五条 生产经营单位的主要负责人对本单位的安全生产工作全面负责。

第六条 生产经营单位的从业人员有依法获得安全生产保障的权利，并应当依法履行安全生产方面的义务。

第七条 工会依法组织职工参加本单位安全生产工作的民主管理和民主监督，维护职工在安全生产方面的合法权益。

第八条 国务院和地方各级人民政府应当加强对安全生产工作的领导，支持、督促各有关部门依法履行安全生产监督管理职责。

县级以上人民政府对安全生产监督管理中存在的重大问题应当及时予以协调、解决。

第九条 国务院负责安全生产监督管理的部门依照本法，对全国安全生产工作实施综合监督管理；县级以上地方各级人民政府负责安全生产监督管理的部门依照本法，对本行政区域内安全生产工作实施综合监督管理。

国务院有关部门依照本法和其他有关法律、行政法规的规定，在各自的职责范围内对有关的安全生产工作实施监督管理；县级以上地方各级人民政府有关部门依照本法和其他有关法律、法规的规定，在各自的职责范围内对有关的安全生产工作实施监督管理。

第十条 国务院有关部门应当按照保障安全生产的要求，依法及时制定有关的国家标准或者行业标准，并根据科技进步和经济发展适时修订。

生产经营单位必须执行依法制定的保障安全生产的国家标准或者行业标准。

第十一条 各级人民政府及其有关部门应当采取多种形式，加强对有关安全生产的法律、法规和安全生产知识的宣传，提高职工的安全生产意识。

第十二条 依法设立的为安全生产提供技术服务的中介机构，依照法律、行政法规和执业准则，接受生产经营单位的委托为其安全生产工作提供技术服务。

第十三条　国家实行生产安全事故责任追究制度，依照本法和有关法律、法规的规定，追究生产安全事故责任人员的法律责任。

第十四条　国家鼓励和支持安全生产科学技术研究和安全生产先进技术的推广应用，提高安全生产水平。

第十五条　国家对在改善安全生产条件、防止生产安全事故、参加抢险救护等方面取得显著成绩的单位和个人，给予奖励。

第二章　生产经营单位的安全生产保障

第十六条　生产经营单位应当具备本法和有关法律、行政法规和国家标准或者行业标准规定的安全生产条件；不具备安全生产条件的，不得从事生产经营活动。

第十七条　生产经营单位的主要负责人对本单位安全生产工作负有下列职责：

（一）建立、健全本单位安全生产责任制；

（二）组织制定本单位安全生产规章制度和操作规程；

（三）保证本单位安全生产投入的有效实施；

（四）督促、检查本单位的安全生产工作，及时消除生产安全事故隐患；

（五）组织制定并实施本单位的生产安全事故应急救援预案；

（六）及时、如实报告生产安全事故。

第十八条　生产经营单位应当具备的安全生产条件所必需的资金投入，由生产经营单位的决策机构、主要负责人或者个人经营的投资人予以保证，并对由于安全生产所必需的资金投入不足导致的后果承担责任。

第十九条　矿山、建筑施工单位和危险物品的生产、经营、储存单位，应当设置安全生产管理机构或者配备专职安全生产管理人员。

前款规定以外的其他生产经营单位，从业人员超过三百人的，应当设置安全生产管理机构或者配备专职安全生产管理人员；从业人员在三百人以下的，应当配备专职或者兼职的安全生产管理人员，或者委托具有国家规定的相关专业技术资格的工程技术人员提供安全生产管理服务。

生产经营单位依照前款规定委托工程技术人员提供安全生产管理服务的，保证安全生产的责任仍由本单位负责。

第二十条　生产经营单位的主要负责人和安全生产管理人员必须具备与本单位所从事的生产经营活动相应的安全生产知识和管理能力。

危险物品的生产、经营、储存单位以及矿山、建筑施工单位的主要负责人和安全生产管理人员，应当由有关主管部门对其安全生产知识和管理能力考核合格后方可任职。考核不得收费。

第二十一条　生产经营单位应当对从业人员进行安全生产教育和培训，保证从业人员具备必要的安全生产知识，熟悉有关的安全生产规章制度和安全操作规程，掌握本岗位的安全操作技能。未经安全生产教育和培训合格的从业人员，不得上岗作业。

第二十二条　生产经营单位采用新工艺、新技术、新材料或者使用新设备，必须了解、掌握其安全技术特性，采取有效的安全防护措施，并对从业人员进行专门的安全生产教育和培训。

第二十三条　生产经营单位的特种作业人员必须按照国家有关规定经专门的安全作业培

训，取得特种作业操作资格证书，方可上岗作业。

特种作业人员的范围由国务院负责安全生产监督管理的部门会同国务院有关部门确定。

第二十四条 生产经营单位新建、改建、扩建工程项目（以下统称建设项目）的安全设施，必须与主体工程同时设计、同时施工、同时投入生产和使用。安全设施投资应当纳入建设项目概算。

第二十五条 矿山建设项目和用于生产、储存危险物品的建设项目，应当分别按照国家有关规定进行安全条件论证和安全评价。

第二十六条 建设项目安全设施的设计人、设计单位应当对安全设施设计负责。

矿山建设项目和用于生产、储存危险物品的建设项目的安全设施设计应当按照国家有关规定报经有关部门审查，审查部门及其负责审查的人员对审查结果负责。

第二十七条 矿山建设项目和用于生产、储存危险物品的建设项目的施工单位必须按照批准的安全设施设计施工，并对安全设施的工程质量负责。

矿山建设项目和用于生产、储存危险物品的建设项目竣工投入生产或者使用前，必须依照有关法律、行政法规的规定对安全设施进行验收；验收合格后，方可投入生产和使用。验收部门及其验收人员对验收结果负责。

第二十八条 生产经营单位应当在有较大危险因素的生产经营场所和有关设施、设备上，设置明显的安全警示标志。

第二十九条 安全设备的设计、制造、安装、使用、检测、维修、改造和报废，应当符合国家标准或者行业标准。

生产经营单位必须对安全设备进行经常性维护、保养，并定期检测，保证正常运转。维护、保养、检测应当做好记录，并由有关人员签字。

第三十条 生产经营单位使用的涉及生命安全、危险性较大的特种设备，以及危险物品的容器、运输工具，必须按照国家有关规定，由专业生产单位生产，并经取得专业资质的检测、检验机构检测、检验合格，取得安全使用证或者安全标志，方可投入使用。检测、检验机构对检测、检验结果负责。

涉及生命安全、危险性较大的特种设备的目录由国务院负责特种设备安全监督管理的部门制定，报国务院批准后执行。

第三十一条 国家对严重危及生产安全的工艺、设备实行淘汰制度。

生产经营单位不得使用国家明令淘汰、禁止使用的危及生产安全的工艺、设备。

第三十二条 生产、经营、运输、储存、使用危险物品或者处置废弃危险物品的，由有关主管部门依照有关法律、法规的规定和国家标准或者行业标准审批并实施监督管理。

生产经营单位生产、经营、运输、储存、使用危险物品或者处置废弃危险物品，必须执行有关法律、法规和国家标准或者行业标准，建立专门的安全管理制度，采取可靠的安全措施，接受有关主管部门依法实施的监督管理。

第三十三条 生产经营单位对重大危险源应当登记建档，进行定期检测、评估、监控，并制定应急预案，告知从业人员和相关人员在紧急情况下应当采取的应急措施。

生产经营单位应当按照国家有关规定将本单位重大危险源及有关安全措施、应急措施报有关地方人民政府负责安全生产监督管理的部门和有关部门备案。

第三十四条 生产、经营、储存、使用危险物品的车间、商店、仓库不得与员工宿舍在同一座建筑物内，并应当与员工宿舍保持安全距离。

生产经营场所和员工宿舍应当设有符合紧急疏散要求、标志明显、保持畅通的出口。禁止封闭、堵塞生产经营场所或者员工宿舍的出口。

第三十五条 生产经营单位进行爆破、吊装等危险作业，应当安排专门人员进行现场安全管理，确保操作规程的遵守和安全措施的落实。

第三十六条 生产经营单位应当教育和督促从业人员严格执行本单位的安全生产规章制度和安全操作规程，并向从业人员如实告知作业场所和工作岗位存在的危险因素、防范措施以及事故应急措施。

第三十七条 生产经营单位必须为从业人员提供符合国家标准或者行业标准的劳动防护用品，并监督、教育从业人员按照使用规则佩戴、使用。

第三十八条 生产经营单位的安全生产管理人员应当根据本单位的生产经营特点，对安全生产状况进行经常性检查；对检查中发现的安全问题，应当立即处理；不能处理的，应当及时报告本单位有关负责人。检查及处理情况应当记录在案。

第三十九条 生产经营单位应当安排用于配备劳动防护用品、进行安全生产培训的经费。

第四十条 两个以上生产经营单位在同一作业区域内进行生产经营活动，可能危及对方生产安全的，应当签订安全生产管理协议，明确各自的安全生产管理职责和应当采取的安全措施，并指定专职安全生产管理人员进行安全检查与协调。

第四十一条 生产经营单位不得将生产经营项目、场所、设备发包或者出租给不具备安全生产条件或者相应资质的单位或者个人。

生产经营项目、场所有多个承包单位、承租单位的，生产经营单位应当与承包单位、承租单位签订专门的安全生产管理协议，或者在承包合同、租赁合同中约定各自的安全生产管理职责；生产经营单位对承包单位、承租单位的安全生产工作统一协调、管理。

第四十二条 生产经营单位发生重大生产安全事故时，单位的主要负责人应当立即组织抢救，并不得在事故调查处理期间擅离职守。

第四十三条 生产经营单位必须依法参加工伤社会保险，为从业人员缴纳保险费。

第三章　从业人员的权利和义务

第四十四条 生产经营单位与从业人员订立的劳动合同，应当载明有关保障从业人员劳动安全、防止职业危害的事项，以及依法为从业人员办理工伤社会保险的事项。

生产经营单位不得以任何形式与从业人员订立协议，免除或者减轻其对从业人员因生产安全事故伤亡依法应承担的责任。

第四十五条 生产经营单位的从业人员有权了解其作业场所和工作岗位存在的危险因素、防范措施及事故应急措施，有权对本单位的安全生产工作提出建议。

第四十六条 从业人员有权对本单位安全生产工作中存在的问题提出批评、检举、控告；有权拒绝违章指挥和强令冒险作业。

生产经营单位不得因从业人员对本单位安全生产工作提出批评、检举、控告或者拒绝违章指挥、强令冒险作业而降低其工资、福利等待遇或者解除与其订立的劳动合同。

第四十七条 从业人员发现直接危及人身安全的紧急情况时，有权停止作业或者在采取可能的应急措施后撤离作业场所。

生产经营单位不得因从业人员在前款紧急情况下停止作业或者采取紧急撤离措施而降低其工资、福利等待遇或者解除与其订立的劳动合同。

第四十八条 因生产安全事故受到损害的从业人员，除依法享有工伤社会保险外，依照有关民事法律尚有获得赔偿的权利的，有权向本单位提出赔偿要求。

第四十九条 从业人员在作业过程中，应当严格遵守本单位的安全生产规章制度和操作规程，服从管理，正确佩戴和使用劳动防护用品。

第五十条 从业人员应当接受安全生产教育和培训，掌握本职工作所需的安全生产知识，提高安全生产技能，增强事故预防和应急处理能力。

第五十一条 从业人员发现事故隐患或者其他不安全因素，应当立即向现场安全生产管理人员或者本单位负责人报告；接到报告的人员应当及时予以处理。

第五十二条 工会有权对建设项目的安全设施与主体工程同时设计、同时施工、同时投入生产和使用进行监督，提出意见。

工会对生产经营单位违反安全生产法律、法规，侵犯从业人员合法权益的行为，有权要求纠正；发现生产经营单位违章指挥、强令冒险作业或者发现事故隐患时，有权提出解决的建议，生产经营单位应当及时研究答复；发现危及从业人员生命安全的情况时，有权向生产经营单位建议组织从业人员撤离危险场所，生产经营单位必须立即作出处理。

工会有权依法参加事故调查，向有关部门提出处理意见，并要求追究有关人员的责任。

第四章　安全生产的监督管理

第五十三条 县级以上地方各级人民政府应当根据本行政区域内的安全生产状况，组织有关部门按照职责分工，对本行政区域内容易发生重大生产安全事故的生产经营单位进行严格检查；发现事故隐患，应当及时处理。

第五十四条 依照本法第九条规定对安全生产负有监督管理职责的部门（以下统称负有安全生产监督管理职责的部门）依照有关法律、法规的规定，对涉及安全生产的事项需要审查批准（包括批准、核准、许可、注册、认证、颁发证照等，下同）或者验收的，必须严格依照有关法律、法规和国家标准或者行业标准规定的安全生产条件和程序进行审查；不符合有关法律、法规和国家标准或者行业标准规定的安全生产条件的，不得批准或者验收通过。对未依法取得批准或者验收合格的单位擅自从事有关活动的，负责行政审批的部门发现或者接到举报后应当立即予以取缔，并依法予以处理。对已经依法取得批准的单位，负责行政审批的部门发现其不再具备安全生产条件的，应当撤销原批准。

第五十五条 负有安全生产监督管理职责的部门对涉及安全生产的事项进行审查、验收，不得收取费用；不得要求接受审查、验收的单位购买其指定品牌或者指定生产、销售单位的安全设备、器材或者其他产品。

第五十六条 负有安全生产监督管理职责的部门依法对生产经营单位执行有关安全生产的法律、法规和国家标准或者行业标准的情况进行监督检查，行使以下职权：

（一）进入生产经营单位进行检查，调阅有关资料，向有关单位和人员了解情况。

（二）对检查中发现的安全生产违法行为，当场予以纠正或者要求限期改正；对依法应当给予行政处罚的行为，依照本法和其他有关法律、行政法规的规定作出行政处罚决定。

（三）对检查中发现的事故隐患，应当责令立即排除；重大事故隐患排除前或者排除过程中无法保证安全的，应当责令从危险区域内撤出作业人员，责令暂时停产停业或者停止使用；重大事故隐患排除后，经审查同意，方可恢复生产经营和使用。

（四）对有根据认为不符合保障安全生产的国家标准或者行业标准的设施、设备、器材予以查封或者扣押，并应当在十五日内依法作出处理决定。

监督检查不得影响被检查单位的正常生产经营活动。

第五十七条 生产经营单位对负有安全生产监督管理职责的部门的监督检查人员（以下统称安全生产监督检查人员）依法履行监督检查职责，应当予以配合，不得拒绝、阻挠。

第五十八条 安全生产监督检查人员应当忠于职守，坚持原则，秉公执法。

安全生产监督检查人员执行监督检查任务时，必须出示有效的监督执法证件；对涉及被检查单位的技术秘密和业务秘密，应当为其保密。

第五十九条 安全生产监督检查人员应当将检查的时间、地点、内容、发现的问题及其处理情况，作出书面记录，并由检查人员和被检查单位的负责人签字；被检查单位的负责人拒绝签字的，检查人员应当将情况记录在案，并向负有安全生产监督管理职责的部门报告。

第六十条 负有安全生产监督管理职责的部门在监督检查中，应当互相配合，实行联合检查；确需分别进行检查的，应当互通情况，发现存在的安全问题应当由其他有关部门进行处理的，应当及时移送其他有关部门并形成记录备查，接受移送的部门应当及时进行处理。

第六十一条 监察机关依照行政监察法的规定，对负有安全生产监督管理职责的部门及其工作人员履行安全生产监督管理职责实施监察。

第六十二条 承担安全评价、认证、检测、检验的机构应当具备国家规定的资质条件，并对其作出的安全评价、认证、检测、检验的结果负责。

第六十三条 负有安全生产监督管理职责的部门应当建立举报制度，公开举报电话、信箱或者电子邮件地址，受理有关安全生产的举报；受理的举报事项经调查核实后，应当形成书面材料；需要落实整改措施的，报经有关负责人签字并督促落实。

第六十四条 任何单位或者个人对事故隐患或者安全生产违法行为，均有权向负有安全生产监督管理职责的部门报告或者举报。

第六十五条 居民委员会、村民委员会发现其所在区域内的生产经营单位存在事故隐患或者安全生产违法行为时，应当向当地人民政府或者有关部门报告。

第六十六条 县级以上各级人民政府及其有关部门对报告重大事故隐患或者举报安全生产违法行为的有功人员，给予奖励。具体奖励办法由国务院负责安全生产监督管理的部门会同国务院财政部门制定。

第六十七条 新闻、出版、广播、电影、电视等单位有进行安全生产宣传教育的义务，有对违反安全生产法律、法规的行为进行舆论监督的权利。

第五章　生产安全事故的应急救援与调查处理

第六十八条　县级以上地方各级人民政府应当组织有关部门制定本行政区域内特大生产安全事故应急救援预案，建立应急救援体系。

第六十九条　危险物品的生产、经营、储存单位以及矿山、建筑施工单位应当建立应急救援组织；生产经营规模较小，可以不建立应急救援组织的，应当指定兼职的应急救援人员。

危险物品的生产、经营、储存单位以及矿山、建筑施工单位应当配备必要的应急救援器材、设备，并进行经常性维护、保养，保证正常运转。

第七十条　生产经营单位发生生产安全事故后，事故现场有关人员应当立即报告本单位负责人。

单位负责人接到事故报告后，应当迅速采取有效措施，组织抢救，防止事故扩大，减少人员伤亡和财产损失，并按照国家有关规定立即如实报告当地负有安全生产监督管理职责的部门，不得隐瞒不报、谎报或者拖延不报，不得故意破坏事故现场、毁灭有关证据。

第七十一条　负有安全生产监督管理职责的部门接到事故报告后，应当立即按照国家有关规定上报事故情况。负有安全生产监督管理职责的部门和有关地方人民政府对事故情况不得隐瞒不报、谎报或者拖延不报。

第七十二条　有关地方人民政府和负有安全生产监督管理职责的部门的负责人接到重大生产安全事故报告后，应当立即赶到事故现场，组织事故抢救。

任何单位和个人都应当支持、配合事故抢救，并提供一切便利条件。

第七十三条　事故调查处理应当按照实事求是、尊重科学的原则，及时、准确地查清事故原因，查明事故性质和责任，总结事故教训，提出整改措施，并对事故责任者提出处理意见。事故调查和处理的具体办法由国务院制定。

第七十四条　生产经营单位发生生产安全事故，经调查确定为责任事故的，除了应当查明事故单位的责任并依法予以追究外，还应当查明对安全生产的有关事项负有审查批准和监督职责的行政部门的责任，对有失职、渎职行为的，依照本法第七十七条的规定追究法律责任。

第七十五条　任何单位和个人不得阻挠和干涉对事故的依法调查处理。

第七十六条　县级以上地方各级人民政府负责安全生产监督管理的部门应当定期统计分析本行政区域内发生生产安全事故的情况，并定期向社会公布。

第六章　法律责任

第七十七条　负有安全生产监督管理职责的部门的工作人员，有下列行为之一的，给予降级或者撤职的行政处分；构成犯罪的，依照刑法有关规定追究刑事责任：

（一）对不符合法定安全生产条件的涉及安全生产的事项予以批准或者验收通过的；

（二）发现未依法取得批准、验收的单位擅自从事有关活动或者接到举报后不予取缔或者不依法予以处理的；

（三）对已经依法取得批准的单位不履行监督管理职责，发现其不再具备安全生产条件而不撤销原批准或者发现安全生产违法行为不予查处的。

第七十八条 负有安全生产监督管理职责的部门，要求被审查、验收的单位购买其指定的安全设备、器材或者其他产品的，在对安全生产事项的审查、验收中收取费用的，由其上级机关或者监察机关责令改正，责令退还收取的费用；情节严重的，对直接负责的主管人员和其他直接责任人员依法给予行政处分。

第七十九条 承担安全评价、认证、检测、检验工作的机构，出具虚假证明，构成犯罪的，依照刑法有关规定追究刑事责任；尚不够刑事处罚的，没收违法所得，违法所得在五千元以上的，并处违法所得二倍以上五倍以下的罚款，没有违法所得或者违法所得不足五千元的，单处或者并处五千元以上二万元以下的罚款，对其直接负责的主管人员和其他直接责任人员处五千元以上五万元以下的罚款；给他人造成损害的，与生产经营单位承担连带赔偿责任。

对有前款违法行为的机构，撤销其相应资格。

第八十条 生产经营单位的决策机构、主要负责人、个人经营的投资人不依照本法规定保证安全生产所必需的资金投入，致使生产经营单位不具备安全生产条件的，责令限期改正，提供必需的资金；逾期未改正的，责令生产经营单位停产停业整顿。

有前款违法行为，导致发生生产安全事故，构成犯罪的，依照刑法有关规定追究刑事责任；尚不够刑事处罚的，对生产经营单位的主要负责人给予撤职处分，对个人经营的投资人处二万元以上二十万元以下的罚款。

第八十一条 生产经营单位的主要负责人未履行本法规定的安全生产管理职责的，责令限期改正；逾期未改正的，责令生产经营单位停产停业整顿。

生产经营单位的主要负责人有前款违法行为，导致发生生产安全事故，构成犯罪的，依照刑法有关规定追究刑事责任；尚不够刑事处罚的，给予撤职处分或者处二万元以上二十万元以下的罚款。

生产经营单位的主要负责人依照前款规定受刑事处罚或者撤职处分的，自刑罚执行完毕或者受处分之日起，五年内不得担任任何生产经营单位的主要负责人。

第八十二条 生产经营单位有下列行为之一的，责令限期改正；逾期未改正的，责令停产停业整顿，可以并处二万元以下的罚款：

（一）未按照规定设立安全生产管理机构或者配备安全生产管理人员的；

（二）危险物品的生产、经营、储存单位以及矿山、建筑施工单位的主要负责人和安全生产管理人员未按照规定经考核合格的；

（三）未按照本法第二十一条、第二十二条的规定对从业人员进行安全生产教育和培训，或者未按照本法第三十六条的规定如实告知从业人员有关的安全生产事项的；

（四）特种作业人员未按照规定经专门的安全作业培训并取得特种作业操作资格证书，上岗作业的。

第八十三条 生产经营单位有下列行为之一的，责令限期改正；逾期未改正的，责令停止建设或者停产停业整顿，可以并处五万元以下的罚款；造成严重后果，构成犯罪的，依照刑法有关规定追究刑事责任：

（一）矿山建设项目或者用于生产、储存危险物品的建设项目没有安全设施设计或者安全设施设计未按照规定报经有关部门审查同意的；

（二）矿山建设项目或者用于生产、储存危险物品的建设项目的施工单位未按照批准的安全设施设计施工的；

（三）矿山建设项目或者用于生产、储存危险物品的建设项目竣工投入生产或者使用前，安全设施未经验收合格的；

（四）未在有较大危险因素的生产经营场所和有关设施、设备上设置明显的安全警示标志的；

（五）安全设备的安装、使用、检测、改造和报废不符合国家标准或者行业标准的；

（六）未对安全设备进行经常性维护、保养和定期检测的；

（七）未为从业人员提供符合国家标准或者行业标准的劳动防护用品的；

（八）特种设备以及危险物品的容器、运输工具未经取得专业资质的机构检测、检验合格，取得安全使用证或者安全标志，投入使用的；

（九）使用国家明令淘汰、禁止使用的危及生产安全的工艺、设备的。

第八十四条　未经依法批准，擅自生产、经营、储存危险物品的，责令停止违法行为或者予以关闭，没收违法所得，违法所得十万元以上的，并处违法所得一倍以上五倍以下的罚款，没有违法所得或者违法所得不足十万元的，单处或者并处二万元以上十万元以下的罚款；造成严重后果，构成犯罪的，依照刑法有关规定追究刑事责任。

第八十五条　生产经营单位有下列行为之一的，责令限期改正；逾期未改正的，责令停产停业整顿，可以并处二万元以上十万元以下的罚款；造成严重后果，构成犯罪的，依照刑法有关规定追究刑事责任：

（一）生产、经营、储存、使用危险物品，未建立专门安全管理制度、未采取可靠的安全措施或者不接受有关主管部门依法实施的监督管理的；

（二）对重大危险源未登记建档，或者未进行评估、监控，或者未制定应急预案的；

（三）进行爆破、吊装等危险作业，未安排专门管理人员进行现场安全管理的。

第八十六条　生产经营单位将生产经营项目、场所、设备发包或者出租给不具备安全生产条件或者相应资质的单位或者个人的，责令限期改正，没收违法所得；违法所得五万元以上的，并处违法所得一倍以上五倍以下的罚款；没有违法所得或者违法所得不足五万元的，单处或者并处一万元以上五万元以下的罚款；导致发生生产安全事故给他人造成损害的，与承包方、承租方承担连带赔偿责任。

生产经营单位未与承包单位、承租单位签订专门的安全生产管理协议或者未在承包合同、租赁合同中明确各自的安全生产管理职责，或者未对承包单位、承租单位的安全生产统一协调、管理的，责令限期改正；逾期未改正的，责令停产停业整顿。

第八十七条　两个以上生产经营单位在同一作业区域内进行可能危及对方安全生产的生产经营活动，未签订安全生产管理协议或者未指定专职安全生产管理人员进行安全检查与协调的，责令限期改正；逾期未改正的，责令停产停业。

第八十八条　生产经营单位有下列行为之一的，责令限期改正；逾期未改正的，责令停产停业整顿；造成严重后果，构成犯罪的，依照刑法有关规定追究刑事责任：

（一）生产、经营、储存、使用危险物品的车间、商店、仓库与员工宿舍在同一座建筑内，或者与员工宿舍的距离不符合安全要求的；

（二）生产经营场所和员工宿舍未设有符合紧急疏散需要、标志明显、保持畅通的出口，或者封闭、堵塞生产经营场所或者员工宿舍出口的。

第八十九条 生产经营单位与从业人员订立协议，免除或者减轻其对从业人员因生产安全事故伤亡依法应承担的责任的，该协议无效；对生产经营单位的主要负责人、个人经营的投资人处二万元以上十万元以下的罚款。

第九十条 生产经营单位的从业人员不服从管理，违反安全生产规章制度或者操作规程的，由生产经营单位给予批评教育，依照有关规章制度给予处分；造成重大事故，构成犯罪的，依照刑法有关规定追究刑事责任。

第九十一条 生产经营单位主要负责人在本单位发生重大生产安全事故时，不立即组织抢救或者在事故调查处理期间擅离职守或者逃匿的，给予降职、撤职的处分，对逃匿的处十五日以下拘留；构成犯罪的，依照刑法有关规定追究刑事责任。

生产经营单位主要负责人对生产安全事故隐瞒不报、谎报或者拖延不报的，依照前款规定处罚。

第九十二条 有关地方人民政府、负有安全生产监督管理职责的部门，对生产安全事故隐瞒不报、谎报或者拖延不报的，对直接负责的主管人员和其他直接责任人员依法给予行政处分；构成犯罪的，依照刑法有关规定追究刑事责任。

第九十三条 生产经营单位不具备本法和其他有关法律、行政法规和国家标准或者行业标准规定的安全生产条件，经停产停业整顿仍不具备安全生产条件的，予以关闭；有关部门应当依法吊销其有关证照。

第九十四条 本法规定的行政处罚，由负责安全生产监督管理的部门决定；予以关闭的行政处罚由负责安全生产监督管理的部门报请县级以上人民政府按照国务院规定的权限决定；给予拘留的行政处罚由公安机关依照治安管理处罚条例的规定决定。有关法律、行政法规对行政处罚的决定机关另有规定的，依照其规定。

第九十五条 生产经营单位发生生产安全事故造成人员伤亡、他人财产损失的，应当依法承担赔偿责任；拒不承担或者其负责人逃匿的，由人民法院依法强制执行。

生产安全事故的责任人未依法承担赔偿责任，经人民法院依法采取执行措施后，仍不能对受害人给予足额赔偿的，应当继续履行赔偿义务；受害人发现责任人有其他财产的，可以随时请求人民法院执行。

<h3 style="text-align:center">第七章　附　　则</h3>

第九十六条 本法下列用语的含义：

危险物品，是指易燃易爆物品、危险化学品、放射性物品等能够危及人身安全和财产安全的物品。

重大危险源，是指长期地或者临时地生产、搬运、使用或者储存危险物品，且危险物品的数量等于或者超过临界量的单元（包括场所和设施）。

第九十七条 本法自 2002 年 11 月 1 日起施行。

附录A-2　企业设备管理条例

第一章　总　则

第一条　为规范设备管理，提高企业技术装备水平和经济效益，保证设备安全运行，促进国民经济可持续发展，制定本条例。

第二条　本条例适用于各种所有制企业的全部生产、运营设备管理。

第三条　企业设备管理应当遵循依靠技术进步、促进生产经营活动和预防为主的方针，坚持设计、制造与使用相结合，维护与检修相结合，修理、改造与更新相结合，专业管理与群众管理相结合，技术管理与经济管理相结合的原则。

第四条　企业设备管理的主要任务，是对设备实行综合管理，保持设备性能的完好，不断改善和提高技术装备素质，充分发挥设备效能，降低设备寿命周期费用，使企业获得良好的投资效益。

第二章　政府有关部门的职责

第五条　国务院有关部门应当按照各自的职责，依据国家的法律、法规，制定有关设备管理的规章与办法，对企业设备管理工作实施监督管理与规范管理。

第六条　各省、自治区、直辖市人民政府有关部门，应当按照国家有关法律、法规和规章，对企业的设备管理实行监督和指导。

第七条　国务院有关部门和各省、自治区、直辖市人民政府有关部门根据工作需要，委托全国和行业、地方设备管理协会，负责规范和协调企业的设备管理工作。

第三章　设备资产管理

第八条　企业设备资产是企业总资产的主要组成部分。企业设备不仅是生产经营活动的重要手段，也是企业投资的重要组成部分。设备资产购置或建造应进行认真的经济技术分析和安全、环保性能评价。企业董事会和经理（厂长）要对投资决策承担责任。

第九条　按照财政部门规定的限额标准，确定企业固定资产。企业固定资产设备应按照有关规定折旧，并保证企业设备的改造与更新。

第十条　企业大型、成套设备的购置或建造应实行招标和投标制度。

第十一条　企业大型、成套设备的制造、安装应实行监理制度。企业的自制设备应实行严格的验收制度，并纳入固定资产管理。

第十二条　企业大型、成套设备的处置应实行技术鉴定与价值评估，按质论价转让或淘汰报废。

第四章　设备安全运行管理

第十三条　设备制造单位应具备良好的生产备件，具有工商行政管理部门颁发的《营业执照》和有关部门颁发的《生产许可证》。设备制造单位生产的设备和选用的备件均应达到技术质量要求，保证用户安全使用。

第十四条 企业对各类设备均应制定安全操作规程和保养、检修规程。严禁违章操作、带病作业和超过负荷标准运行。

企业起重运输设备（含电梯）、锅炉、压力容器（含压力管道）、汽车、供变电设施和大型游艺设施等特种设备，要按照国家有关部门制定的规程，定期进行安全检测，发现异常应停止使用，及时修理。

第十五条 生产易燃易爆危险品的企业，所使用的设备必须具备防爆性能。

第十六条 企业发生设备事故，应当认真分析原因，确定事故性质与类别，确定责任者，并做出妥善的处理。

企业发生重大、特大设备事故，应及时报告安全生产监督管理部门。

各行业设备事故分类标准，由行业主管部门或委托行业设备管理协会制定。

第十七条 从事特种设备检测、修复、安装和改造的单位，应按照国家有关部门的规定，严格履行市场准入制度，以保证特种设备的安全运行。

第五章 设备节约能源管理

第十八条 企业购置或建造能耗高的设备与设施，应按照《合理用能标准》和《节能设计规范》进行审核。

第十九条 企业对在用能耗高的设备，应采用先进技术进行节能改造。

国家鼓励企业实现电动机、风机、泵类设备和系统的经济运行，采用电机调速节能和电力电子节能技术。

第二十条 企业对无法改造或无改造价值的能耗高的设备，应按国家有关部门规定的淘汰目录与淘汰期，实行资产报废。

属于淘汰范围的能耗高的设备，不准转让。

第六章 设备环境保护管理

第二十一条 企业购置设备和实施技术改造，应选用污染物排放量达标的设备。防治污染的设施，未经环境保护主管部门的同意，不准擅自拆除或闲置。

第二十二条 企业在生产作业过程中，各类设备向大气排放烟尘、废气浓度和向自然水域排废水、废液的有害物质含量，均应低于国家有关标准。企业对超过标准的设备应停止使用，及时治理或改造。

第二十三条 企业在生产作业过程中，各类设备产生的噪声，在界域边缘应低于国家有关标准。企业对超过标准的设备应及时治理或改造。企业在城市建筑施工工作过程中，各类设备产生的噪声应低于国家有关标准，并应在规定时段作业。

第二十四条 国家对严重污染环境的落后设备实行淘汰制度。企业必须在国家有关部门的期限内，停止生产、销售、进口和使用淘汰目录中规定的设备。

前款规定被淘汰的设备，不得转让给他人使用。

第七章 设备资源市场管理

第二十五条 国务院有关部门和各省、自治区、直辖市人民政府有关部门应积极培育与规范设备维修市场、设备备品配件市场、设备租赁市场、设备调剂市场和设备技术信息市场等设备资源市场。

第二十六条 设备资源市场的交易与服务实行合同制度。合同应包括当事人、交易内容、交易质量、交易期限、交易金额和违约责任以及解决争议的方法等项内容。合同纠纷按国家有关规定处理。

第二十七条 设备维修（含改造）交易活动技术性较强。国务院有关部门和各省、自治区、直辖市人民政府有关部门应主持制定各类设备修理技术标准，以保证设备维修质量。

在国家、行业和地区修理技术标准不足的情况下，企业应自订标准。从事设备修理的企业应根据相关标准制定设备修理规程。

第二十八条 从事特种设备维修（含检测、安装、改造）的企业，需经国家规定的专业部门资格认证后，到工商行政管理部门核准、注册登记，领取《营业执照》后方可营业。

第二十九条 生产与销售设备备品、配件的企业，要保证备件、配件的质量，严禁以次充好。

第三十条 出租设备的企业应保证设备性能良好、运行安全可靠和及时进行检测与修理。

第八章　设备规范管理

第三十一条 企业应不断规范设备管理，积极采用以计算机为主要手段的设备管理方式，采用以状态监测为基础的设备维修方式，采用以可恢复性技术为主的修理方式，采用以微电子技术为重点的设备技术改造方法。

第三十二条 为保证设备管理任务的完成，企业应根据生产规模、运营性质和设备数量与复杂程度，配备高效、精干的设备管理与维修部门和人员。

第三十三条 企业应根据国家有关法律、法规和规章，制定和完善设备管理制度和技术规程与技术标准。

第三十四条 企业应加强设备管理基础工作，完善凭证管理、数据管理、定额管理和档案资料管理，并定期进行统计分析，作为企业规划、决策和改进设备管理工作的依据。

第三十五条 企业应重视设备经济管理，加强设备资产核算与折旧工作，合理制定维修费用指标。

第三十六条 企业应重视对各级设备管理与技术人员以及操作者的培训，提高他们的技术、业务素质，使其达到岗位要求。

第九章　法律责任

第三十七条 国务院有关部门和各省、自治区、直辖市人民政府有关部门应根据相关法律、法规和规章，对违法行为予以处罚。

第三十八条 企业违反本条例规定，违反操作规程和检修规程，导致发生设备事故，应追究相关人员的责任。

（一）对于一般事故，对直接责任人给予经济处罚；

（二）对于重大事故，对主管负责人和直接责任人给予经济处罚和行政处分；

（三）对于特大事故，对经理（厂长）、主管负责人和直接责任人给予经济处罚和行政处分。情况特别严重构成犯罪的，依法追究刑事责任。

第三十九条 企业违反规定，使用国家明令淘汰的能耗高的设备和严重污染环境的设备，由县以上有关部门责令停止使用或没收；情节严重的，可报县以上人民政府批准，责令停业整顿或关闭。

第四十条 企业违反规定，转让国家明令淘汰的用能设备和严重污染环境的设备，由县以上有关部门没收非法所得，并处以相应罚款。

第四十一条 企业违反规定，向大气排放污染物超过国家标准的，应当限期整改，并由县以上地方人民政府有关部门处以一万元以上十万元以下的罚款。

第四十二条 企业违反规定，向自然水域排放污染物超过国家标准的，或在噪声敏感建筑物集中区域造成严重环境噪声污染的，应限期治理。逾期未完成治理任务的，除按国家规定征收两倍以上超标准排污费外，可以根据所造成的危害和损失，由环境保护部门处以罚款，或者由县以上地方人民政府决定责令其停业、搬迁或者关闭。

第四十三条 企业违反规定，未经环境保护部门同意擅自拆除或者闲置环境保护防治设施，致使排放超过规定标准的，由县以上地方人民政府环境保护部门责令改正，并处罚款。

第四十四条 企业违反本条例规定，未经资质认证从事特种设备检测、修理、安装和改造，造成重大设备事故的，给予经济处罚和责令停业整顿。情节特别严重构成犯罪的，依法追究刑事责任。

第四十五条 企业违反本条例规定，生产、销售伪劣设备、备件，由县以上地方人民政府有关部门予以没收，并处以罚款。

第十章 附 则

第四十六条 本条例原则上亦适用于各种所有制事业单位的设备管理工作。

第四十七条 本条例由国家发展计划委员会、国家经济贸易委员会会同国务院有关部门组织实施。

第四十八条 国务院有关部门和各省、自治区、直辖市人民政府，可根据本条例制定实施办法。

第四十九条 本条例自发布之日起施行。1987年7月28日国务院发布的《全民所有制工业交通企业设备管理条例》同时废止。

附录 B 设备管理主要考核指标

设备管理考核评估指标主要分为四类：第一类为设备性能维护和发挥类指标；第二类为设备维护成本及生产损失类指标；第三类为维修组织管理类指标；第四类为综合评价类指标。

1. 设备性能维护和发挥类指标

（1）设备完好率=设备完好台数/设备总台数

（2）可动率指在满足精度要求下，机器设备可开动起来的概率

（3）设备利用率类主要有：

① 日历时间利用率=实际工作时间/日历时间

② 设备日历台时利用率=实际使用台时/日历台时

③ 设备能力利用率=∑（报告期产量×单位产量所需定额台时）/∑（报告期产量×单位产量所需实际台时）=生产产品所需定额台时总数/生产产品实际消耗台时总数

④ 设备利用率=全年设备实际开动时间/全年日历开动时间

（4）设备精度指数类，主要有：

① 单台设备综合精度指数：

$$T = \sqrt{\sum (T_{pi}/T_{si})^2 / n}$$

式中　T_{pi}——设备实测第 i 项单项精度值；

　　　T_{si}——标准规定的第 i 项单项精度值；

　　　n——实测项数。

② 精度劣化速度

$$V_t = (\Delta T_t / T_h) / t$$

式中　$\Delta T_t = T - T_h$；

　　　T——单台设备实测精度指数；

　　　T_h——标准精度指数；

　　　t——设备使用时间。

（5）设备新度系数类：

① 设备役龄新度=1-役龄/规定寿命年限

② 设备净新度=设备净值/设备原值

（6）设备有用系数=（全部设备原值-用全部维修费）/设备原值

2. 设备维护成本及生产损失类指标

（1）费用率主要用：

① 单位产品费用率：

$$V/K \times 100\%$$

式中　V——单位时间内设备维修总费用；

K——单位时间内生产产品的数量。

② 万元产值费用率：

$$V/H \times 100\%$$

式中 H——单位时间内生产总产值（单位：万元）。

（2）设备维修费用率＝设备维修费用/总产值

（3）千元产值设备事故损失费＝设备事故损失费（元）/企业总产值（千元）

（4）设备事故率：

设备事故影响生产台数时/设备实际开动台时数

（5）万元设备固定资产维修费用率＝全年设备维修费用/全年设备平均原值

（6）设备损失费用＝影响生产时数×小时计划产量×（单位产品价格-原材料费用)+维修总费用

（7）设备磨损系数＝零件实际磨损量/零件规定允许磨损

（8）备件资金率＝全部备件资金/企业设备原值

（9）维修材料费用比＝企业年度维修材料费用/企业年度维修费用

（10）维修费用强度＝企业年度维修费用/企业年度生产费用

（11）维修员时费用比＝企业年度维修员时费用/企业年度维修费用

（12）设备修理复杂系数（用于指导维修员时、维修价格、维修员作效率的评价）

上述公式可能适应不同的企业、不同的设备类型，有的可以改进、完善，有的可以淘汰、废弃。

3. 维修组织管理类指标

（1）主要设备大修理实现率＝主要设备大修理实际完成台数/主要设备大修理计划台数

（2）设备维修计划完成率＝完成维修设备台数/计划维修台数

（3）备件库存资金周转率＝月消耗备件费用/全部备件资金

（4）外委维修费用比＝企业年度外委维修费用/企业年度维修费用

（5）维修集中化强度＝企业维修中心实施的年度维修员时/企业年度总维修员时

（6）维修计划强度＝企业年度计划维修费用/企业年总实际维修费用

（7）维修费用预算偏差度＝（年度实际发生的维修费用-预算费用）/预算费用

（8）计划维修实施率＝年度实际完成的计划维修员时/年度计划制定的维修员时

（9）人均设备固定资产价值＝企业设备固定资产价值/企业设备维修人员总数

（10）维修技术人员比＝企业维修技术人员总数/企业维修人员总数

（11）维修人员比＝企业维修人员总数/企业全体员工总数

4. 综合评价类指标

（1）设备综合效率＝设备时间开动率×性能开动率（速度开动率×净开动率)×合格品率

（2）设备完全有效生产率＝设备利用率×设备综合效率＝设备利用率×设备时间开动率×性能开动率×合格品率

式中 设备利用率——（日历工作时间-计划停机时间-停水、电、气、汽、等待材料、等待上道工序、等待计划、等待检查、等待定单等所有非设备因素造成的停机）/日历工作时间。

（3）功效系数法设备管理综合评价体系：

设用 m 项指标来评定设备管理水平，则第 i 项指标无量纲处理后的得分为：

$$d_i = 40(X_i - X_i^{(s)}) / (X_i^{(h)} - X_i^{(s)}) + 60 \quad (I = 1, 2, 3, \cdots, m)$$

式中　d_i——第 i 项指标的分数；

　　　X_i——第 i 项指标的实际测定值；

　　　$X_i^{(s)}$——第 i 项指标的不允许值；

　　　$X_i^{(h)}$——第 i 项指标的最满意值；

　　　m——测定指标项数。

显然，当 $X_i^{(s)} < X_i < X_i^{(h)}$ 时，$60 < d_i < 100$，设 $p_1, p_2, \cdots, p_m$ 为各指标的权重数，若 $p = \sum p_i$，则得到综合分数为：

$$d = \sqrt{d_1 p_1 d_2 p_2 \cdots d_m p_m}$$

评价：$90 < d < 100$ 优秀，$80 < d < 90$ 良好，$70 < d < 80$ 一般，$d < 70$ 较差。

（4）生产现场设备管理（TPM）综合评价体系。

① 5S 活动评价。5S 是 TPM 生产现场改善的重要评价指标，可以编制出评价表格，见附录 B 表 1~附录 B 表 5，给出每一项评价指标的应得分数、观场检查实际分数。对多张评价表格的分数求和平均，即得到被评价部门（台）的总分。

5S 指整理、整顿、清扫、清洁和素养。下面给出评价实例供企业参考。

附录 B 表 1　5S 生产现场检查表

部门（　　）编号：　　　检查日：　　　检查人：				
项目	内　　容	满分	得分	改进措施
整理	有无定期实施红标签方式	5		
	有无不需要、不急用工具、设备	4		
	有无剩余材料等不需要用品	4		
	有无不必要隔间，妨碍视野广阔	4		
	作业现场有无定置标志	3		
	小　　计	20		

附录 B 表 2　5S 生产现场检查表

部门（　　）编号：　　　检查日：　　　检查人：				
项目	内　　容	满分	得分	改进措施
整顿	有无固定存储的储藏室	4		
	棚架有无设地址，物品规定放置	4		
	工具有无手边、附近集中摆放	5		
	工夹具有无归类存放	4		
	工夹具、材料有无固定放置处	5		
	废料有固定存放点并妥善管理	3		
	小　　计	25		

附录 B 表 3 5S 生产现场检查表

部门（   ）编号：　　检查日：　　检查人：

项目	内　　容	满分	得分	改进措施
清扫	作业现场是否杂乱	3		
	作业台面是否杂乱	3		
	生产设备有无污秽物或附着尘屑	3		
	区域线（存物、通道）是否明显	3		
	工作结束，下班前有无清扫	3		
	小　　计	15		

附录 B 表 4 5S 生产现场检查表

部门（   ）编号：　　检查日：　　检查人：

项目	内　　容	满分	得分	改进措施
清洁	3S 有无规则化	4		
	有无定期按规定点检设备	2		
	有无穿着规定工作服	3		
	有无任意放置私人物品	3		
	有无固定吸烟场所并被遵守	3		
	小　　计	15		

附录 B 表 5 5S 生产现场检查表

部门（   ）编号：　　检查日：　　检查人：

项目	内　　容	满分	得分	改进措施
素养	有无日程进度管理表并执行	5		
	有无安全保护物品并利用	4		
	有无规范作业指导书并被执行	5		
	有无紧急异常事件应对规则	3		
	有无积极参加小组会议和活动	3		
	有无遵守上下班时间	5		
	小　　计	25		

② 规范化作业评价。规范化作业指设备的清洁—点检—保养—润滑规范作业行为。组成评价小组随机抽查 3~5 个设备上要求规范作业的部位，对每个作业部位按照作业指导书说明的作业标准加以评价，给出优、良、中、差、劣 5 类评价。其中优秀为 100 分，良为 80 分，中为 60 分，差为 40 分，劣为 20 分。将评价小组每个人的评价结果换算成分数，求出几个作业点的平均分数。去掉一个最低分数和一个最高分数，将其余评价人的分数求出平均

分数即得到被评价机台或小组的总分。规范化作业评价表格见附表 B 表 6：

附录 B 表 6　规范化作业评价表

被评价班组（或机台，或流水线）								
评价时间　　　　　　　评价人								
作业点序号	作业点（部位）	作业内容		对照标准文件编号	评　语			
					优	良	中	差　劣
1								
2								
3								
4								
5								
6								

（5）软、硬指标的加权模糊综合评判。

设 E_1、E_2、E_3、E_4 分别代表某机台或流水线的平均设备综合效率、故障停机率、5S 活动、规范化作业的评价得分（均换算成 100 分制）；

设企业根据自己的评价倾向给出的权重分别为：A_1（设备综合效率）、A_2（故障停机率）、A_3（5S 活动）、A_4（规范化作业）（均以 100 分制给出），则：

某机台或流水线的评价结果为：

$$E=(A_1E_1+A_2E_2+A_3E_3+A_4E_4)/(A_1+A_2+A_3+A_4)$$

综合评估可以避免单一评估的片面性，兼顾各方面平衡发展。

附录 C 各类管理表格

岗位安全人

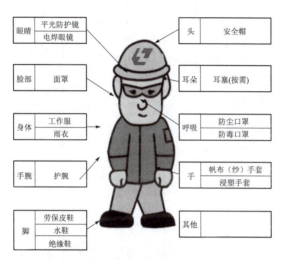

安全第一　预防为主

附录 C-1　岗位需戴劳保用品表

劳保用品 岗位	平光眼镜	电焊眼镜	劳保皮鞋	防尘口罩	防毒口罩	浸塑手套	帆布(纱)手套	耳塞(按需)	绝缘鞋	护腕	雨衣	面罩	安全帽	工作服	水鞋
车工	●		●										●	●	
铣工	●		●										●	●	
叉车工			●				●					●	●	●	
冲压工			●			●				●			●	●	
电工							●		●				●	●	
机修钳工	●	●	●			●						●	●	●	
零件返修工	●		●			●							●	●	
模修工	●	●	●			●						●	●	●	
洗模工	●		●			●	●						●	●	●
下料工			●				●		●				●	●	
小冲床工			●				●			●			●	●	
行车工			●				●						●	●	
转运工			●				●						●	●	
备注：打"●"标记的为本岗位需戴劳保用品															

附录 C-2 冒冷汗记录

发生年月日	年　月　日		班长	安全员	车间主任	厂长
发生场所						
车间:	工段:	班组:		工位	姓名	

* 吃一惊、冒冷汗的内容【体验·预测】
（使用5W2H将主要语言填写进去）

	展开	有 · 无	展开者
	上班	展开日 /	
	A班	/	
	B班	/	
	C班	/	
	基		
	迟		
	休假者		
	姓名		

* 你觉得怎么做才好：

* 作为班长怎么应付：

本人确认		* 分等级 　A · B · C
		* 发生频率　1. 日常频繁发生 2. 一个月会发生几次、频率高 3. 频率非常低

在对策内容的对应项目里标上〇。

1. 实施人的对策：　预定日：　　月　　日　　| 现场确认的必要性工段长·安全·班长作判断，标上〇。| 工段长 | 有·无 |
2. 实施物的对策：　预定日：　　月　　日　　| | 安全员 | 有·无 |
3. 委托相关部门：　预定日：　　月　　日　　| | 班长 | 有·无 |
（委托的部门：　　　　　　　）

	工段长	安全员	班长

* 评价：

	车间主任

附录 C-3 工伤事故快报与信息传递单

事故单位：		事故时间：	年	月	日	时	分	事故地点：			No：
事故发生前：											
		伤者基本情况									
		姓名			性别			年龄	工种		本工种工龄
		起因物									
		致害物									
事故发生后：											
主要启示：											
员工签名								班组长/日期	对　　策		

注：本事故快报要求全公司生产性班组展开，最后一栏为班组长签字栏及对策栏。

附录C-4 月度预防维修率

目标	优化工艺,提高效率,降低成本												
报告日期	责任人				状态	达到目标值	公式				更新频次:月		单位:%
月	1月	2月	3月	4月	5月	6月	7月	8月	9月	10月	11月	12月	YTD
实际													
目标													
实际													
完成TPM维修项数(项)													

月预防性维修率 = Σ月度完成的PM维修项数 / Σ当月完成总维修项目的维修项数 × 100%

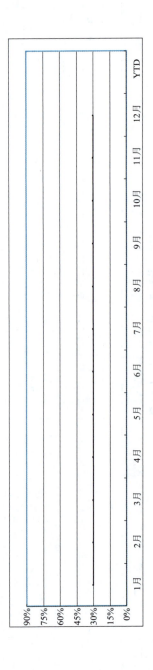

附录 C-5 周计划维修率（月累计）

目标	优化工艺，提高效率，降低成本													
报告日期	责任人		状态	达到目标值	公 式		更新频次：月						单位：%	
月	1月	2月	3月	4月	5月	6月	7月	8月	9月	10月	11月	12月	YTD	
实际周计划维修率														周计划维修率=Σ周计划维修完成项目的维修项数/Σ当周完成总维修项目的维修项数×100%
目标周计划维修率														
实际周临时维修率														
实际周应急维修率														
实际维修项数（项）														
计划维修完成项数（项）														
临时维修完成项数（项）														
应急维修完成项数（项）														
实际维修时间（分钟）														
计划维修完成时间（分钟）														
临时维修完成时间（分钟）														
应急维修完成时间（分钟）														

附录 C-6 故障管理表格汇总

____月____班重复故障管理表

编号：

NO.	日期	设备名称	故障次数	故障现象	故障原因	故障总时间	再发预防对策	责任人	计划时间	完成时间	确认	重复发生确认

制表人

附录 C-7 _____ 年重大停故障对策进度管理表

编号：

NO.	时间	设备名称	故障内容	停止时间	可节约时间	原因	对策/再发防止长久对策	承担	计划完成	实际完成	确认	三月后确认

科长	制表人

附录 C-8 润滑成本统计表

目标	降低工厂材料消耗						状态	没有数据	定义			更新频次:月		单位:元/千升 设备润滑油品成本=Σ月设备润滑油品费用/Σ当月产量	
报告日期			责任人												YTD
月	1月	2月	3月	4月	5月	6月	7月	8月	9月	10月	11月	12月			
实际															
目标															
设备润滑油品成本															
实际															
目标															
链条润滑剂成本															

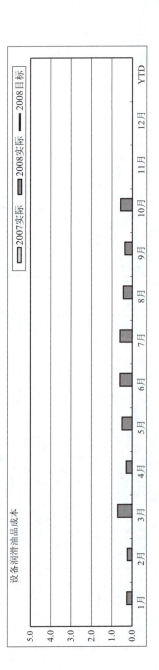

附录 C-9 普通车床日常保养基准表

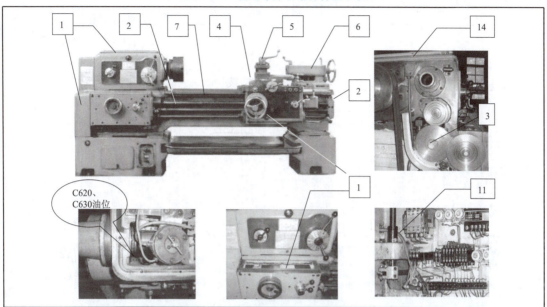

序号	部位	基准	作业方法	周期
1	齿轮箱、油箱	油量不得低于油标以下或保持在油窗 2/3 处，储油池毛线清洁、存油	目视，不足则加 46 号液压油，油窗玻璃模糊则更换油窗玻璃，储油池每班加注 1~2 次	每日班前
2	光杠、丝杠	清洁、润滑，储油池毛线清洁、存油	清洁布擦拭、涂油，储油池每班加 1~2 次	每日班前
3	挂轮	清洁、润滑	旋转润滑脂塞子一圈（加注钙基润滑脂）	每日班前
4	导轨	清洁、润滑	清洁布擦拭，油孔、油杯用油枪注射，如有手动油泵的应检查油泵是否工作正常，并撤拉手柄几次	每日班前
5	刀架	清洁、润滑		每日班前
6	尾座	清洁、润滑		每日班前
7	导轨	清洁、润滑	用清洁布擦拭，涂油防锈	每日班后
8	周边环境	无铁屑、油污、杂乱异物	扫帚清扫（油污用木糠吸收），零件摆放整齐	每日班后
9	外观表面	无油污、灰尘	清洁布擦拭	每个周末班后
10	电动机	散热片无灰尘	用合适木棍裹清洁布擦拭	每个周末班后
11	变向机构立轴	清洁、润滑	清洁布擦拭，用油枪注射（在电气箱内）	每个周末班后
12	各油管、水管	无油液、水液滴漏	目视，滴漏则用扳手扭紧	每个周末班后
13	设备接地	连接规范可靠	目视，地线断离应请电工接好	每个周末班后
14	滤油器滤网	无杂质	清洗	每月最后一周周末班后
15	床鞍毡垫	清洁、润滑	用煤油清洗，涂油，磨损则更换	每月最后一周周末班后
16	电气箱	无积尘	柜门常闭，用毛刷清扫（必须关闭总电源）	每月最后一周周末班后

附录 C-10　普通车床日常保养流程表

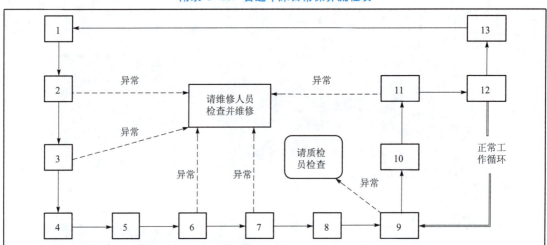

步骤	内容	基准	作业方法	注意事项	出现异常情况对策
1	检查	交接班记录	查看前一班运行记录	是否有故障记录	
2		各部分机构、安全防护设施完好	目视检查	设备接地线、防护罩等	通知维修人员
3		电动机三角带松紧合适，无裂纹、严重磨损	手动检查	三角带顶端不得低于带轮外边缘	调整或通知维修人员更换
4		各手柄在正常部位	目视检查		
5		设备班前保养	参照《日常保养基准表》		
6	试运转	启动电机后油窗出油	目视	电机运转1 min后方可起动主轴	停机检查通知维修人员检查
7		各传动机构无异响	听	主轴低速空运转 3~5 min	通知维修人员
8			填写设备检查记录		
9	零件加工前	确定零件切削余量正常	按《工艺卡片》测量加工余量	检查频次：1次/件	请质检人员检查
10	零件加工中	调节进给量或转速至适当值	手动调节	严禁超负荷使用机床	
11		不得随意离开机床	注意观察机床异常情况		通知维修人员
12	保养	设备班后保养	参照《日常保养基准表》		
13			填写设备运行记录		

附录 C-11 设备日常点检作业标准指导书

设备名称、型号：合锻 1600T 油压机　　　所属管理单位：
表号：lz 02-86

标记符号：点检状态：○ 运行中　■ 开机前
点检周期：S 班　D 天　W 周　M 月　Y 年

点检位置	部件	图号	点检内容	手段	要求规格（标准值）	点检周期 操作者	点检周期 维护者	点检状态 操作者	点检状态 维护者
电器、操作机构	操作面板、各个按钮及指示灯	1	外观	目视	无破损、固定无松动	1S		○	
电器、操作机构	光电保护装置	2	动作	手试	无损坏、无异常报警，能正常保护	1S		○	
电器、操作机构	电控柜	3	外观	目视、手试	无油污、无损坏，功能正常	1M		■	
油箱	上、下油箱油温指示灯	4	外观	目视	指示灯亮则油温过高	1S		■	
油箱	上、下油箱空指示灯	5	加油	加油机	指示灯亮则需要加油缺油时，添加 32 号普通液压油	1S		■	
指示灯	滑块润滑油指示灯	6	外观	目视	指示灯亮则需要加油	1S		■	
指示灯	液压垫润滑油空指示灯	7	加油	手动润滑泵	手动打压则加注润滑脂	1S		■	
压力表	主泵出口压力表	8	外观	目视	指示灯亮则需要加油	1S		○	
压力表	主缸上腔压力表	9	加油	手动润滑泵	手动打压则加注润滑脂	1S		■	
压力表	液压垫压力表	10	外观	目视	符合工艺要求	1S		○	
压力表	夹紧缸压力表	11	加油	手动润滑泵	手动打压则加注润滑脂	1S		○	
其他	安全爪	12	外观	目视	符合工艺要求	1S		○	
其他	底座叉气垫上表面	13	外观	目视	100～150kg/cm² 锁紧，松开灵活	1S		○	
其他	机床基础四周地面	14	外观	目视、触摸	无油污、废料杂物	1M		■	

注：其他型号同类型设备参照此标准执行（提示：用手拭电机温度时，先用手背轻轻靠近一下电机，以免烫伤、触电）。

附录 C-12　润滑作业标准指导书

部位图片	作业内容				
	润滑部位	油类	油量	加油周期	备注
	说明：				

附录 C-13 维修工作单

维修员单（工段：　　）				
工单编号：		派工时间：	年　月　日　时　分	
维修项目名称：	维修类型：		□PM □计划 □临时 □应急	

维修内容：

备件准备：

更换配件：

返库备件：

计划维修员时		实际维修员时	
完成情况		操作验收人	
未完成原因			
主维修人员签名		维修班长验收	
协助维修人员签名		督办人	

部　　门： 设备名称： 设备编号： 分析日期： 操作作工：	故障分析表	分析员	部门负责人
设备停机时间：	生产恢复时间：	总耗时：	

停机故障描述：

处理办法：

续表

1. 人、机、料、法、环分析法：	2. 根本原因分析（5个为什么?）
（1）人的原因：	为什么?
（2）设备的原因：	为什么?
（3）物料的原因：	为什么?
（4）方法的原因：	为什么?
（5）环境的原因：	为什么?

3. 长期对策——根本原因确定

行　　动	责任人	关闭日期	状态
3.1 短期措施：			
3.2 长期措施：			
3.3 PM 改进：			

4. 验证方式和结果

4.1 验证方式：

4.2 其他相似的机械或设备是否存在同样的问题？

4.3 下次同样故障怎样缩短修复时间？

4.4 该设备或备件是否需要配置备用设备或备件？

5. 关闭

关闭　☐　日期_____　部门负责人_____

关闭　☐　日期_____　设备管理员_____

附录 C-14　故障分析表

部　　门： 设备名称： 设备编号： 分析日期： 操作作工：	故障分析表	分析员	部门负责人

设备停机时间：	生产恢复时间：	总耗时：

停机故障描述：

处理办法：

1. 人、机、料、法、环分析法： （1）人的原因： （2）设备的原因： （3）物料的原因： （4）方法的原因： （5）环境的原因：	2. 根本原因分析（5 个为什么?） 为什么? 为什么? 为什么? 为什么? 为什么?

3. 长期对策——根本原因确定

行　　动	责任人	关闭日期	状态
3.1 短期措施：			
3.2 长期措施：			
3.3 PM 改进：			

4. 验证方式和结果

4.1 验证方式：

4.2 其他相似的机械或设备是否存在同样的问题？

4.3 下次同样故障怎样缩短修复时间？

4.4 该设备或备件是否需要配置备用设备或备件？

5. 关闭

关闭　☐　日期_____　部门负责人_____

关闭　☐　日期_____　设备管理员_____

附录 C-15　故障回顾总结表

故障回顾总结表（CPCP-R）					
课题名称		回顾地点		回顾时间	
参加人员：					
回顾总结：					
措施及跟踪：					
验证：					

附录 C-16 维修费汇总表

数据	年维修实际费	年预算	年购买预算	年实际	年产量	年每件产品维修费
1月						
2月						
3月						
4月						
5月						
6月						
7月						
8月						
9月						
10月						
11月						
12月						
平均值						
合计						

附录 C-17 设备修理竣工报告单

使用单位：　　　　　　　　　修理单位：　　　　　　　　　　　　年　　月　　日

设备编号		名称		型号与规格		复杂系数		
						JF	DF	
设备类别	精 大 重 稀 关键 一般		修理类别			施工令号		
修理时间	计划		年　月　日至　年　月　日共停修　天					
	实际		年　月　日至　年　月　日共停修　天					

修理工时/h					
工种	计划	实际	工种	计划	实际
钳工			油漆工		
电工			起重工		
机加工			焊工		

修理费用/元					
名称	计划	实际	名称	计划	实际
人工费			电动机修理费		
备件费			劳务费		
材料费			总费用		

修理技术文件及记录	1. 修理技术任务书　　　　份	4. 电气检查记录　　　　份
	2. 修理件明细表　　　　份	5. 试车记录　　　　份
	3. 材料表　　　　份	6. 精度检验记录　　　　份

主要修理及改装内容	
遗留问题及处理意见	

总机动师批示	验收单位		修理单位		质检部门检验结论
	使用单位	操作者		计划调度员	
		机动员		修理部门	
		主管		机修工程师	
	设备管理部门代表			电修工程师	
				主管	

附录 C-18 设备更新/改造申请单

部门：设备管理部　　　　　　　　　　　　　　　　　填写日期：　　年　月　日

设备编号		设备名称		设备型号	
更新/改造理由与经济分析					
更新/改造的要求、型号					
资金来源与费用预算	调拨	外购	自制	改造	其他
				√	
设备部门意见： 签名： 日期：	技术部门意见： 签名： 日期：		总（副）经理审批意见： 签名： 日期：		

附录 C-19 设备开箱检查入库单

检查日期：　　　　　　　　　　年　　月　　日　　　　　　　　　检查编号：

发送单位及地点				运单号或车皮		
发货日期	年　月　日			到货日期	年　月　日	
到货箱编号						
每箱体积 （长×宽×高）						
每箱标重	毛					
	净					
制造厂家				合同号		
设备名称				型号、规格		
台数				出厂编号		
附件清点	名称	件数	名称	件数	名称	件数
单据文件	装箱单		检验单		合格证书	
	说明书		安装图		备件图	
缺件检查			待处理问题			
技术状况检查			待处理问题			
备注			其他参与 人员名单		保管员签名	检查员签名

附录 C 各类管理表格

附录 C-20 设备安装验收移交单

设备编号			设备名称		型号规格		
制造厂			出厂日期		出厂编号		
安装地点			安装日期		重量及外形尺寸		
序号	费用名称	金额/元	序号	资料名称	份数	备注	
8	合计		8	备品、附件、工具清单			
附属电器及设备							
序号	名称		型号规格		数量	备注	
质量评定							
						操作员:	
设备使用部门	设备管理部门		固定资产管理员		工程部	财务部	

313

附录 C-21　设备固定资产卡片（正面）

设备编号		出厂编号		原值/元		
设　备 名　称		制　造 厂　家		复　杂 系　数	机	
					电	
型 号 规 格		出厂年月		电机/台	台	kW
设备重量/t		耐用年限		安装地点		
外形尺寸/mm		安装年月			类别	
附件及配套设备				附属电动机		
编号	名称	型号规格	数量	型号	功率/kW	转速/(r·min^{-1})	电压/V	作用	备注

（合并表）

编号	名称	型号规格	数量	型号	功率/kW	转速/(r·min^{-1})	电压/V	作用	备注

事故记录			移动记录			
时间	事故情况		时间	移置地点	移动原因	已提折旧

设备固定资产卡片（背面）

修理记录（包括大、项修理及改装）			封存记录		
开始时间	完工时间	修理情况	封存时间	开启时间	合计/月

附录 C-22 设备台账表

设备编号	设备名称	型号规格	出厂编号	电气容量/(kV·A)	制造厂家	出厂年月	进厂年月	安装地点	账面原值/元	折旧年限/年	设备类别	备注

附录 C-23 设备封存申请单

设备编号		设备名称		型号规格	
用途	专用 通用	上次修理类别及日期		封存地址	
封存开始日期			预计启封日期	年 月 日	
申请封存理由					
技术状态					
随机附件					
	财会部门签收	主管厂长或总工程师批示	设备动力部门意见	生产计划部门意见	
封存审批					
启封审批					

启用日期及理由：

使用、申请单位：   主管：   经办人：   年 月 日

附录 C-24 闲置设备明细表

序号	资产编号	设备名称	型号	规格	制造国及厂名	出厂年月	使用车间	原值/元	净值/元	技术状况	处理意见	备注

分管厂长：   财会部门：   设备动力部门：   技术发展部门：   填报人：

附录 C-25　设备变动情况季报表

季后三日内报

序号	设备编号	设备名称	型号规格	变动类型				凭证号	变动月日	原在单位	调入单位	备注
				仪装	调拨	新增	报废					

设备动力部门负责人：　　　　　　　　　　制表：　　　　　　　　　年　月　日

附录 C-26　备件清单表

设备名称	部位	备件名称	型号	数量	单位	单价	生产厂家	供应商	供货周期/天	更换周期/月	备注

附录 C-27　培训效果跟踪调查表

单位				姓名		工作岗位	
培训时间				培训地点		教员	
培训主题					分类	专业□	业务□
对内容的理解（简单描述主要内容）							
对内容的评价	A	B	A. 理论联系实际，针对性强		B. 实例多，容易理解		
	C	D	C. 理论性多，实例较少		D. 内容很深，不易理解		
	E. 其他：						
对教员的评价	A	B	A. 语言生动，通俗易懂		B. 有条有理，能够理解		
	C	D	C. 有些地方讲解不够仔细		D. 照本宣科的多		
	E. 其他：						
对培训组织工作的评价	A	B	A. 准备充分，安排合理		B. 有资料，按计划完成		
	C	D	C. 时间短，内容多，消化有困难		D. 目的不明，培训现场较乱		
	E. 其他：						
对内容的疑问（简要说明）							
对类似培训的意见和建议							
培训效果确认	A	B	A. 理解并实施		B. 理解但未行动	确认人	
	C	D	C. 未理解但有行动		D. 未理解也未行动	日期	

注：选择项在字母所在的方框内打钩（可以选择多项），如果所列项目都不被选择，请在 E "其他"项目后填写其他意见。

附录 C-28 设备交接班记录本

设备编号：　　型号：　　名称：　　规格：
车间：　　班组：　　操作人：

项目		Ⅰ班	Ⅱ班	Ⅲ班
设备清扫及润滑				
设备各部位情况	传动机构异常			
	零部件缺损			
	安全装置			
	磨损（新痕）			
	电器及其他			
	开车检测			
图样、工艺、材料、质量等问题				
故障、事故处理情况				

台时记录	Ⅰ班		Ⅱ班		Ⅲ班	
	实开	故障停开	实开	故障停开	实开	故障停开

Ⅰ班	交班人		Ⅱ班	交班人		Ⅲ班	交班人	
	接班人			接班人			接班人	

附录 C-29　设备故障响应预案

预案名称				适用范围		
背景						
启动预案条件						
启动预案负责人						
发生情况	故障发现		故障发现负责人		汇报点	联系方式
生产恢复紧急措施	预测故障现象	启动条件		生产恢复措施	工作要点	需要部门/车间配合的工作内容/人数
抢修的方案	预测故障现象	启动条件		生产恢复措施	工作要点	需要部门/车间配合的工作内容/人数
响应预案确认	编制人				编制日期	
	工段长 会签确认/日期					
	工程师 审核/日期					
	值班经理 会签批准/日期					

注：① 本响应预案主要是用于故障发现（出现）后，怎样快速恢复生产的途径、抢修的措施。在启动响应预案过程中，需遵循制造系统停线响应流程、暗灯管理控制规定、维修系统设备故障响应流程、制造系统应急计划与响应流程、安全作业危险危害辨识的相关管理要求。
② 可添加附件补充说明。

参 考 文 献

[1] 郁君平. 设备管理 [M]. 北京：机械工业出版社，2009.
[2] 杨耀双，刘碧云. 设备管理 [M]. 北京：机械工业出版社，2008.
[3] 张孝桐，李葆文，等. 规范化的设备点检体系 [M]. 北京：机械工业出版社，2011.
[4] 中国设备管理协会全面生产维护委员会. 妙用诊断分析方法 [M]. 广州：岭南美术出版社，2007.
[5] 邱绍军. 现场管理36招 [M]. 杭州：浙江大学出版社，2006.
[6] 张孝桐. 点检员——设备状态的侦察员 [M]. 广州：岭南美术出版社，2006.
[7] [美] 理查德 B. 蔡斯，等. 生产与运作管理 [M]. 宋国防，等，译. 北京：机械工业出版社，1999.
[8] 李葆文. 设备管理新思维新模式 [M]. 北京：机械工业出版社，2003.
[9] 刘承元. 新TPM活动——挑战企业生产效率极限的武器 [M]. 深圳：海天出版社，2002.
[10] http://www.pmec.net
[11] http://www.tnpm.org
[12] http://www.jdzj.com
[13] http://www.jc81.com
[14] http://www.beidabiz.com
[15] 辛雄飞. 设备部规范化管理工具箱 [M]. 北京：人民邮电出版社，2010.
[16] 周敏，魏原培，等. 现代设备工程学 [M]. 北京：冶金工业出版社，2011.